The Business Philosophy of Pagoda

唯慢不破

百果园的商业逻辑

夏惊鸣 ◎著

图书在版编目（CIP）数据

唯慢不破：百果园的商业逻辑 / 夏惊鸣著 . —北京：机械工业出版社，2023.9（2023.11重印）

ISBN 978-7-111-73381-2

I. ①唯⋯　II. ①夏⋯　III. ①果品—零售企业—商业模式—研究—中国　IV. ① F724.723

中国国家版本馆 CIP 数据核字（2023）第 112431 号

机械工业出版社（北京市百万庄大街22号　邮政编码100037）
策划编辑：李文静　　　　　责任编辑：李文静　王　芹
责任校对：龚思文　陈　越　责任印制：张　博
北京建宏印刷有限公司印刷
2023 年 11 月第 1 版第 2 次印刷
170mm×230mm・16 印张・3 插页・213 千字
标准书号：ISBN 978-7-111-73381-2
定价：99.00 元

电话服务　　　　　　　　　网络服务
客服电话：010-88361066　　机　工　官　网：www.cmpbook.com
　　　　　010-88379833　　机　工　官　博：weibo.com/cmp1952
　　　　　010-68326294　　金　书　网：www.golden-book.com
封底无防伪标均为盗版　　机工教育服务网：www.cmpedu.com

推荐序一

余惠勇
百果园集团创始人、董事长

1997年,我还在打工的时候,就产生了创办水果连锁店的想法,但是查了所有能查到的资料,都找不到成功的水果连锁销售模式样板,当时心中就生出了一个让我非常兴奋的愿望——全世界都没有成功的水果连锁销售模式,如果我做成了,不就有可能成为"世界第一"了?

这种想成为"世界第一"的情怀,相信当时很多同龄人都有,因为我们目睹了中国崛起的过程,特别希望能够为国争光。哪怕在体育比赛上,不管是排球也好,乒乓球也罢,只要中国能拿到世界冠军,只要中国能够被世界认同,我们都会非常兴奋。

在商业领域,也是一样的道理。中国在商业上起步较晚,1997年的时候,大部分商业模式都来自国外,都需要向外国学习,那时我们和外国差距还很大。所以,当时找到了一个有可能在商业上成为"世界第一"的机会,给我带来了很大的动力。

这种动力和由此产生的坚定信念给了我重要的支撑。百果园是2001年在深圳成立的,2002年开了第一家百果园水果专卖店,至今已经有21年了。这21年来,可以用"九死一生"来概括百果园创业的艰辛与不易。每一次遇到比较大的问题、比较大的坎,我都会想起"世界第一"这四个字。

如今，百果园已经成为水果专卖连锁行业的世界领军企业，拥有自己独特的商业模式和企业文化，这些都是在实践中逐步演进而来的。比如，百果园的"家文化"，并不是一开始就被采纳的。最初，百果园是严格禁止夫妻、家人在一起工作的，但是后来因为公司招不到人，只能靠亲戚朋友帮忙介绍，这才一步步发展出今天的"家文化"。这里要强调的是，虽然百果园有"家文化"，但实际是一家非家族的现代化管理企业。

百果园从创立到现在，像这样有意思的演变有很多，商业模式也随着科技的发展、市场环境的变化在不断演变。站在今天回看，我们认为这些演变都是成功的，这也引起了百果园的"外脑"——咨询顾问夏惊鸣老师的关注。本书就是他以百果园为案例分析得出的成果，一方面剖析了百果园成功模式的演变过程，另一方面总结出了模式背后的商业规律。这是一部复盘百果园过去成功经验的企业传记，也是一份真实可靠的商业案例分析报告。

如果让我自己来总结百果园的成功，那么它是靠两个方面驱动的。

一是文化驱动。文化驱动就是在信念、理念方面驱动。

经营信任这一理念是百果园文化非常重要的组成部分。这也是由其行业特性所决定的，因为水果是生鲜产品，很多方面都很难掌控，因此，发挥人的主观能动性就显得特别重要。这就需要给予人充分的信任。

于是，我们一步步认识到了信任的重要性，并形成了我们的观点——经营的本质就是经营信任，如果没有信任就没有商业可言。

有了这种认识后，我们就开始在经营过程中建立、巩固、维护、提升信任，无论是对内部的员工、股东，还是对外部的顾客、合作伙伴，都围绕着"信任"这一核心目标进行经营，打造以信任为底层逻辑的管理体系。

我们认为，中国人背后有一个"义"字，自古以来都不缺信任，然而也有两点需要思考。

第一，缺谁先付出信任。中国人讲究的是"你敬我一尺，我敬你一丈""投之以桃，报之以李"。你要是相信我，我就加倍相信你；你要是不相信我，我就更不相信你。所以，中国人从来不缺信任，而是缺能够先付出信任的人。

第二，缺无条件的信任。有条件的信任是一种交易，无条件的信任才蕴含非常强大的能量。我们在实践中认识到了这一点，也在实践中进一步验证了这一点。

我们常常用科技手段去验证理论，但借助科技手段能够掌握和监控的仍然很有限，还有大量科技手段无法触及的，比如信任文化，但它同样能够发挥巨大作用。

我们认为，以信任文化为底层逻辑的管理体系，才是东方特别是中国人应该采纳的最高效的管理体系，这与中国传统文化提倡的"无为而治""无为而无不为"不谋而合。

二是战略驱动。战略意味着明确的、长期的方向，如果不能坚持长期价值主义，战略的意义就不大了。

水果销售尽管古老，但水果专卖连锁是一个新事物；农业尽管古老，但科学种植在国内还存在"无人区"，所以，唯一的出路就是创新，就是改造。

没有可以参照的水果连锁销售模式样本，从商业模式、供应链、市场教育到人才积累……关于水果连锁销售的一切都是空白的，百果园每走一步都是在不断地试错、不断地交学费，可谓这个领域"第一个吃螃蟹的人"。百果园的很多举措都是以牺牲短期利益为代价来谋取长期发展的，比如，为了在冬天将草莓引入深圳，百果园连续亏损了四年才优化出从采摘到配送的整套方案；再比如，百果园的很多款水果甚至用了十多年的时间来研发才取得成果，走上餐桌……可也正是因为坚持长期主义，在方方面面进行改造和积累，百果园才有了今天的收获。

要想蹚过"无人区",必然要坚持长期主义,因为"无人区"之旅不是小修小补,而是要系统性、全链条地改造。蹚过"无人区"的过程是痛苦难熬的,但蹚过去之后,曾经的难点就会变成今天的壁垒。百果园虽然利润不高,但已经令我对未来抱有很大的信心,因为不管怎样,我们还能够盈利,还有能力进行技术、管理升级,进而进一步提升顾客满意度。

百果园走过了 21 年,未来的路更加清晰、坚定了,我也更加坚信百果园文化的正确性和战略的正确性,这是实践中最深刻的体悟,也是百果园最宝贵的财富。希望借由此书分享给企业家及其他社会各界人士,期待与大家碰撞出思想的火花。

2023 年 3 月

推荐序二

彭剑锋
中国人民大学教授、博导
中国人民大学劳动人事学院原副院长
华夏基石管理咨询集团董事长

纵观全球卓越企业的发展史，我们发现，伟大的企业都是煎熬出来的，企业家都是伟大的、煎熬的前行者。

百果园一直是华夏基石管理咨询公司长期服务的优秀客户，从接触之初，我就深切感受到百果园创始人余惠勇先生是一位有远大目标追求、有人文情怀的企业家。创业伊始，百果园就确立了要成为世界级行业领军企业的远大目标。如今，百果园也确实成了水果行业世界领先的龙头企业，虽然过程非常煎熬，但其背后的成功之道值得研究探讨。

余惠勇先生曾经和我分享过一个小故事。2009年，百果园的业绩出现了明显的下滑，一开始他们认为这是2008年爆发的全球金融危机导致的，但后来余总通过数据分析发现，这不是全球金融危机的问题，而是因为企业对经营的认识出现了大问题。最终，通过对问题的深入分析，百果园从自身找原因，立足做好自己，创新求发展，走出了一条独特的百果园创新发展之道，从而顺利地度过了此次危机。

百果园在遇到经营问题的时候，不是首先怪外部环境不好，而是通过自我批判，找到生存、发展、经营中的根本问题，迎难而上，找思路，找方法，创造性地解决问题，最终实现自我超越。这对今天的中国企业来说，是很有启发意义的，因为一家企业要想应对外部环境的不确定性和复杂性，最好的方式还是做好自己，增强内在的确定性。所谓内在的确定性，就是回归初心，回归价值观，回归商业的本质与底层逻辑，去思考决定企业生存和发展的核心问题，并采取切实的行动去践行。如果2009年时，百果园没有认识到是自身经营的根本出现了问题，还坚持认为是受全球金融危机的影响，可能就过不了那个坎，更不可能有今天的成就。

当然，想在水果行业做出世界级企业的不止百果园这一家，中国企业家不缺梦想，为什么只有百果园做成了，其他企业做不成？难道仅仅是因为它善于自我批判这一点？

本书很好地回答了这些问题。作者夏惊鸣先生这几年来一直扎根企业实践，深入市场一线，在担任百果园顾问期间，在切实帮助、推动百果园成长的同时，也深刻剖析了百果园的商业模式，总结出了丰富的实践经验和成功的关键要素。简单来说，这本书就是用百果园这一鲜活的案例来阐释企业经营的底层逻辑。

百果园经营的底层逻辑，我简单概括为三个方面：一是坚持长期主义，二是坚持利他精神，三是坚持信任文化。

第一，坚持长期主义

所谓隐形冠军、行业领袖都是坚持长期主义者，在一个细分领域里，不断超越竞争对手，创造比竞争对手更有价值的价值。百果园不搞投机主义，而是真正基于长期主义，做好自己，以好的产品赢得市场和客户，致力于做百年老店；同时也一直保持专注，深耕产业，聚焦于把水果这条赛道做深做透、线上线下高度融合，成为好吃水果的产业生态管理者。

百果园能够走到今天，是因为它真正抓住了为消费者提供好吃水果的产业链关键成功环节，并在关键成功环节下足了功夫。比如，百果园与一些世界级水果研究所共同创新技术，探讨如何改良水果品种；再比如，百果园与肥料企业合作探索科学施肥、生态施肥，让水果好吃……这些都不是追求短期盈利而是更看重长期回报的做法。

与此同时，热闹的概念虽然多，能付诸行动的企业却少之又少，百果园就是其中为消费者提供好吃、安全、营养水果的价值观的践行者。当别的企业不断追逐新商业模式和新概念时，百果园已经踏踏实实地将产业生态、新零售等商业模式做透了，而这依靠的正是长期主义的价值选择与坚守。

第二，坚持利他精神

在产业互联网时代，细分领域的隐形冠军与工业文明时代传统的隐形冠军不一样。传统的隐形冠军只要绑定大客户，埋头把某个产品做好就行了，但是在产业互联网时代，隐形冠军必须有产业生态思维。在一个细分领域里，要做成行业领袖，除了要做好自己，还要平衡和保障相关方的利益，让生态各参与方都有利可图，这就是百果园所谓的利他思维。

一家企业对产业价值链真正的控制能力要基于利他的原则，让大家都赚钱，各赚各的钱，自己可以利用自己的长板赚自己的钱，也可借用别人的长板来覆盖自己的短板，帮别人赚别人的钱。比如百果园是一家水果行业的连锁企业，但从本质上看，我认为百果园不是卖水果的，而是为消费者提供好吃水果的产业链管理者，某种意义上也是水果产业生态管理者，而作为产业生态管理者，对产业链各参与方绝对不能是吃干榨尽的思维，而应该是共创共享的思维。

我很赞赏百果园的全价值链经营模式。未来中国经济增长点之一就是农村经济的发展，大力发展种植业，尤其是提高种植业的附加价值是农村经济的根本。从地头到餐桌，价值链的任何一个环节都不能出问题，这是农业产业链经营的典型特点。但是，进行全价值链经营，并不等于全价值链都要自己亲自去做。不追求全产业链要素的拥有，而是基于生态的理念来进行合作整合，同样可以实现全价值链经营。各家企业可以只做自己最擅长的、最有优势的部分，赚自己能力范围内的钱，其他钱让合作伙伴去赚，这就是百果园的利他精神。

第三，坚持信任文化

文化这种东西看上去是虚的，往往是挂在墙上的"口号"，但又是很实际的。因为文化本身就是一家企业的核心竞争力，一家企业的核心竞争力也只有体现在文化上，才是竞争对手不可模仿或者短时间里难以学到的。

百果园的信任文化，说起来容易，要做到是很难的。但是百果园构建了一套基于信任的商业模式，树起了一面"消费者值得信赖"的旗帜，这是要冒很大经营风险的，令我非常感动。

比如百果园在生鲜行业首次提出"三无退货"（只要顾客不满意，就可以"无实物、无小票、无理由"退货）的信任政策，这需要坚定的信念和强大的定力，内心要相信消费者是值得信赖的。如果没有这样的信念和定力，谁敢这么做？说实在的，我对此也曾有过怀疑，但现在来看，百果园基于信任的商业模式无疑是成功的。

中国的企业如果都能像百果园一样阳光、利他、强调信任，真正一心一意地为消费者提供好吃、安全的果品，为全产业链利益相关方创造价值，能得不到利益相关方的认可吗？能得不到消费者的信赖吗？

此外，百果园在某种意义上还是一家高科技企业。它既能运用高科技，提高水果产量与品质，也能借力互联网、大数据，提高产业效能。这些为信任文化奠定了科技基础。

如果没有这些，只是简单地去谈信任文化，恐怕也是苍白的。所以，这就是一手文化，一手科技和好产品，两样都要有，两手都要硬。

我认为以上三点就是百果园能够走到今天，成为行业领袖的底层逻辑。

2023 年 3 月

前　言

百果园是一家奇特的企业。

我是从 2017 年开始做百果园管理顾问的，一开始觉得它不过就是一家卖水果的连锁企业，但是第一次和创始人余惠勇先生的交流就让我感受到了它的奇特。

当年商业界流行起了很多概念，如产业生态、产业互联网、数字化改造等，大家基本上还停留在讨论的阶段，很困惑到底该怎么做，而据余总介绍，百果园已经不声不响地进行了许多成功的实践。

另一点让我觉得奇特的是，我曾介绍一位做数字化物流的朋友和余惠勇合作，但后来这位朋友却告诉我没法合作，因为百果园的物流成本已经非常低了。这也给我留下了一个困惑，百果园的物流成本为什么会如此之低？毕竟我这位朋友的物流公司是数字化驱动的公司，优势就是成本低、效率高，而车辆、燃油、司机费用这些又都是刚性的。

2018 年，我和余惠勇在一次长谈时提出了心中这个困惑，才知道百果园物流费用低是因为对业务模式的改造。这也是他们在经历经营艰难时做出的创新选择。

当时百果园总部给门店送货需要验收，但如此一来，一辆车一天只能送几家店，效率太低，而且由于要从早上送到晚上，晚送的门店就会错过销售时机。怎么办？要么增加车辆，满足门店送货要求，但这意味着成本会急剧上升；要么保持现有做法，将物流成本控制在一定范围内，但有些门店会错过销售时机，并且库存会加大，水果鲜度会降低。

这是一个两难问题，但余惠勇却创新出第三条道路：保持现有做法，但取消门店验货。一旦后续出现缺货、坏货等情况，只要门店提报，总部都认账。这种方式既不用增加车辆，又能保证所有门店订的货都可以在凌晨送达。

这是百果园"经营信任"的开始。可以说，"信任"已经成为百果园的商业基因，体现在了方方面面。

百果园多年前就对消费者实行"三无退货"政策，这在极其非标准化（以下简称非标）的生鲜行业是不可想象的。要知道哪怕是同一棵树上的水果，味道都有可能不一样。"三无退货"是很容易把企业"退"破产的，然而，百果园用实际行动证明了"信任"的价值。

此外，百果园与供应商合作，从不让供应商吃亏，更不存在"店大欺客"；和区域管理班子合作，激励方案一签就是20年；在百果园，采购不轮岗；等等。这些在其他企业都是很少见的。

百果园是水果零售业的"丰田"，与上下游形成的是一体化战略关系。举个例子，一般超市是以议价选购的方式向上游采购，百果园则是根据自己的销售计划，指导战略性合作供应商的种植计划，从而实现整个产业链的协同。

可以说，百果园的成功关键就在于文化的成功和战略的成功。在商业模式、数字化、运营模式、管理机制、企业文化等方面，百果园都有自己独特的实践。

担任百果园管理顾问不久，我就被它在商业模式方面的独特实践所吸引，并专门写了一篇文章《别忽悠新零售了，还是看看独角兽百果园是怎么干的》（见本书后面的附录B）。那时，我就与余惠勇先生约定，等百果园再成熟一些，就写一本关于百果园的书，围绕百果园的商业逻辑，分享百果园的成功实践。这也正是本书的由来。

基于这篇文章中对百果园商业模式的初步总结，以及多年来的跟踪调研和微调，本书总结的百果园的商业逻辑如图 0-1 所示，即心零售 + 新零售、产品为王 + 全产业链管理、终端驱动 + 一体化协同。

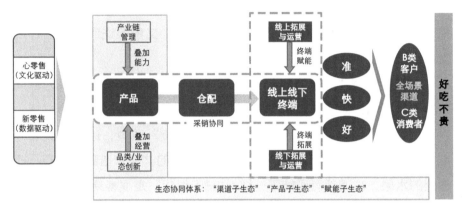

图 0-1　百果园的商业逻辑

心零售 + 新零售

信念加上信任的力量，一路为百果园保驾护航，让百果园意识到了"心零售"的力量，并提出"三大满意"战略——顾客满意、员工满意、加盟商满意，商业归根结底是经营人，经营人心。提前布局的"新零售"，更是让百果园如虎添翼，突飞猛进。

可以说，文化驱动的"心零售"和数据驱动的"新零售"是百果园的核心管理基础。

这是我总结的百果园商业逻辑的第一个底层机理"心零售 + 新零售"，具体实践见第一章至第四章。

产品为王 + 全产业链管理

如果说百果园只是一家水果专卖连锁企业，那也就没有什么独特性了。它的独特性不是体现在"商业"上，而是体现在"产品"上——产品为王。

水果是一种极其非标的生鲜产品。百果园总结出，要想在水果领域做到产品为王，必须以"标准"为抓手，进行全产业链管理。

根据多年来经营水果的经验，并通过三次大讨论，百果园最终将水果标准分为"四级三等"——招牌、A级、B级、C级四级，大、中、小三等，共12个等级。其中，"四级"标准就是从"四度一味一安全"（糖酸度、新鲜度、爽脆度、细嫩度、香味、安全性）这六大维度进行划分的。

百果园以"好吃"为定位（2019年将定位改为"好吃不贵"），以衡量水果好吃的标准为抓手，进行全产业链（包括农用物资、种植、采摘、采后、运输、仓配、门店陈列与销售）协同管理，实现了只要是相同标准等级的水果，好吃程度基本是一致的。在此基础上，百果园已打造出良枝（富士苹果）、猕宗（猕猴桃）等多个品类品牌，未来将打造100个这样的品类品牌，就像新西兰经营猕猴桃的佳沛公司一样。如果这些品类品牌发展起来，那就相当于百果园拥有了许许多多个小佳沛公司。

因此，我总结百果园商业逻辑的第二个底层机理是"产品为王 + 全产业链管理"，具体实践见第五章、第六章。

终端驱动 + 一体化协同

首先，百果园是一家终端驱动的企业——水果专卖连锁，拥有包含产品（采购）、仓配、线上线下终端（门店+app+微信小程序+第三方平台）的供应链体系。

随着终端的发展，百果园也会像亚马逊一样不断叠加品类。亚马逊原来只是卖书，现在已经发展成为一个拥有图书、音乐、手机数码、家电等几十个大类的商业帝国。终端的发展推动品类的叠加，反过来又会带来更多的顾客和流量，进一步推动终端的发展，这可能会形成百果园新的增长飞轮。

可以说，终端驱动对于百果园甚至整个种植行业都有着不一般的战略意义。因为终端驱动可以提高销售的确定性，不仅能够解决生鲜产品的"供应刚性"（种出多少就要尽快卖出多少）、"供应的不确定性"（每年能产出多少不确定，往往要看天吃饭）、"货架期（最佳口感期）短"等特性带来的问题，而且在某种程度上能够缓解种植业投资大、见效慢的矛盾。

其次，生鲜行业经营的本质是"准、快、好"。要实现"准、快、好"，最重要的一方面就是实现多个环节的一体化协同。

以百果园与供应商的协同为例。百果园会提前一年告诉供应商下一年的销售计划，供应商根据销售计划进行种植。到了采摘时节，百果园就会直接按照销售计划进行采购。在这种"以销定采"的模式下，市场与种植是直接对接的，这就大大提高了确定性和效率，降低了风险。这种模式改善的不是百果园一家企业的效率，而是整个产业链的效率。

所以，我总结百果园商业逻辑的第三个底层机理是"终端驱动 + 一体化协同"，具体实践见本书第七章。

如今，经过不断的延伸发展，百果园已初步形成包含渠道子生态、产品子生态、赋能子生态的产业生态型公司。百果园、果多美、小檬侠、殷果、第三方平台、与第三方合作的渠道公司等，共同形成渠道子生态；自有品类品牌和上游供应商达成战略合作，形成产品子生态；数字科技、金融、种植与采后研发等，共同形成对全产业链进行赋能的赋能子生态。

所以，你说百果园是一家什么公司？商业连锁公司？供应链公司？水果产品品牌公司？数字科技公司？金融公司？都是！

本书基于以上三个底层机理，对百果园的商业实践进行了系统性的刻画。希望书中的一些具体做法和演进过程，能够为读者提供一点场景化的启示。

尽管我担任百果园管理顾问多年，在本书正式创作期间，我和我的助理还是又集中访谈了 60 多位百果园人，其中既有百果园创业初期的"元老"，也有走上工作岗位时间不算长的"新人"，以及百果园生态圈里的合作伙伴。同时，我们还查阅了大量相关的内部资料和文件，在本书中也有所引用。

在这里，首先要感谢余惠勇先生，感谢他博大的胸怀和利他精神。他没有给我设任何限制，并表示非常乐意通过这样的方式，将自己经营企业的"秘密"和实践经验分享出去，为水果行业、种植行业乃至中国商业做出一份贡献。

还要感谢总裁徐艳林女士，以及焦岳、袁峰、龚建明、徐永剑、朱启东、肖晓明、杨茜、陈继敏、陈猛、范枫枫、付晓丹、龚勋、孙鹏、苏彦、吴中平、谢凌云、谢云、许楚然、张林凤、张旺波、耿艳辉、何专成、李想、李小雪、罗奎、姜珍珠、欧广强、陶军、王涛然、王筱东、王瑶、徐欣、姚杨、张虎、周月光、丁铭、何拥真、黄慧欣、胡燕兰、李双双、刘克文、罗杰锋、王辰龙、钟展华、曾剑城、张子平、左拉、陈炜达、戴俊杰、何晓东、龚哲明、管茹月、周超、陈方宇、胡巧萍、黎召云、宋玲、王康裕、谢绮翘、肖秋月、陈锦文、李伟（商品开发副经理）、卢炜杰、施兆渲、高春飞、李伟（优果联葡萄事业部）等所有配合我们工作的百果园人，感谢他们毫无保留、不吝分享。

感谢机械工业出版社的编辑老师们。

感谢正和岛的曹雨欣老师，为本书提供了不少宝贵的修改建议。

感谢我的助理袁语晗，协助我访谈，并做了大量的初稿写作工作。

最后，书中难免有不够严谨之处，欢迎批评指正，也希望和各界朋友做有关企业经营管理方面的交流，我的邮箱：lion127@126.com。

夏惊鸣
2023 年 4 月

目 录

推荐序一（余惠勇）
推荐序二（彭剑锋）
前言

第一章　慢的力量：愿力大于须弥山　　1
一、爱折腾的"水果疯子"　　2
二、被判"死刑"的商业模式　　7
三、坚持"慢"主义，蹚过"无人区"　　12
四、逃出生天，布局大生鲜　　16

第二章　经营"信任"：以慢制胜的关键　　31
一、生意的本质是信任　　32
二、"三无退货"是一种战略　　44
三、将消耗信任的危机变成建立信任的契机　　48
四、三个人力资源"怪象"　　52
五、底层逻辑是利他　　60

第三章　"三大满意"战略：长期成功的逻辑　　61
一、"三大满意"战略的提出　　61
二、顾客满意：重新定义"亏本"　　64
三、员工满意：堂堂正正一辈子　　68
四、加盟商满意：共同的事业伙伴　　76

第四章　全产业链协同的产业互联网　　79
一、跌跌撞撞的数智化历程　　79
二、战略匹配是关键　　83
三、"信息化、数字化和智能化"与"全产业链协同"　　87
四、在高速飞行的飞机上重构飞机　　111

第五章　标准是"牛鼻子"　　117
一、零售业的本质　　118
二、非标：水果行业的症结　　120
三、"好吃"创造出的行业标准　　123
四、"好吃"是个系统性工程　　127

第六章　产品，产品，还是产品　　145
一、产品背后看不见的秘密　　145
二、从地头到舌尖：关键在地头　　163
三、品类品牌孵化器：优果联　　168
四、技术研发：百果园的三大支柱之一　　174

第七章　生鲜经营的"快逻辑"与"慢功夫"　　181
一、终端驱动＋一体化协同的运作模式　　181
二、信任前置的新开业模式　　184
三、"千店一面"还是"千店千面"　　188
四、水果动销有方法　　195
五、要计划，也要灵动　　207

附录 A　百果园上市仪式活动上余惠勇的讲话
《天下公器为天下》　　213

附录 B　关于百果园商业逻辑的文章　　219

后　记　一直在路上　　231

第一章

慢的力量：愿力大于须弥山

余惠勇闯入水果连锁销售业态，创立百果园，一路走得胆战心惊，坎坎坷坷。起初无人看好，甚至在几次惊险的危机中，百果园差一点儿就熬不过来了。

回过头去看，这背后必然有强烈的信念支撑，否则，百果园就不会在处处都是"无人区"的业态中坚持下来，熬过这么漫长的艰难岁月，也就不会有今天。

百果园九死一生的发展历程是百果园信念的例证。在2021年百果园20周年企业文化会上，余惠勇将其总结为"愿力大于须弥山"。

"愿力"最初出自佛教用语，是指做某件事的愿望强度。"须弥山"相传是古印度神话中的名山，是诸山之王——世界的中心。

余惠勇认为："愿力是一个心锚。如果没有愿力，或者愿力不强，心就是飘忽的，今日干这个，一遇到点困难就犹豫退缩了，明天干那个，又是一样。但是，如果有了强大的愿力，真的下定决心，无论如何都要去做的时候，就会生出力量和智慧，这就叫定能生慧，也叫愿力大于须弥山。"

当余惠勇得知全球没有一家做成功的水果专卖连锁企业时，他就想要挑战自己。"只要做成功，就是全球领先企业"，这种信念植根在他的骨髓里，流淌在血液里，成为持续激发和支撑他的力量。

一、爱折腾的"水果疯子"

余惠勇在学生时代就是一个不安分的人。那个年代的学生普遍很怕老师，但他却敢和老师理论，没有结果不罢休。在高中住校的时候，余惠勇忽然开始关心起食堂伙食来，包括饭菜价格是否公平，厨房是否卫生，工作人员是否文明，等等。与他要好的同学当时都不理解，觉得他简直是咸吃萝卜淡操心。

高三的一天，余惠勇突然约了几个要好的同学并提议，即便考上了大学也都不要去读了，大家一起筹钱开饭店，保证不会亏钱。后来余惠勇的父母知道了这事，坚决不同意他辍学，加上余惠勇在班上成绩名列前茅，考上了江西农业大学，开饭店的事就此作罢。不过在大学里余惠勇也没有闲着，经常推着板车摆摊赚外快。在大学四年里，他和同学到南昌市卖过花，在养猪场勤工俭学过，还开办过大学生综合部餐厅。

大学毕业后，余惠勇端上了"铁饭碗"，在江西省农业科学院从事食用菌研究。凭借自己的商业头脑，他仅仅用一年时间就让单位扭亏为盈，利润成倍增长。但是工作没有几年，就在邓小平南方谈话后，余惠勇毅然辞去了农业科学院的"铁饭碗"工作，第一次"下海"到深圳打工。

余惠勇到深圳的第一份工作是在一家销售蔬菜的公司担任部门长，那时候他几乎每天凌晨4点钟就到加工厂去了解情况，做了很多创新工作，比如将蔬菜摆上超市货架，开创了超市卖生鲜的潮流。

后面发生的一件事情，对余惠勇影响很大。当时他手下带了四五个销售人员，大家都很辛苦，早出晚归。当时外出的交通费等费用都需要员工自己先垫付，公司的规定是一个月报销一次，但问题是如果这些费用不能及时报销的话，大家连吃上饭都困难。于是，余惠勇找财务负责人（老板的妹妹）商议，看能不能一个星期报销一次，并表示如果不能及时报销的话会很难留住人，但财务负责人不同意，还说了这样一句话："在深圳这个地方，三条腿的蛤蟆难找，两条腿的人到处都是。"这句话深深刺激了余惠勇，也大大伤害了他的自尊心。他感觉这家公司根本不把员工当人看，就下决心要离开，当时他心中也有了一个念头——如果以后自己当老板，一定要善待员工。

余惠勇离职后面临着两个选择：一个是刚刚进入中国市场的沃尔玛，月薪6000元；另一个是原农业部直属的爱地集团，月薪1200元。这两家公司招聘的职位都是生鲜经理，作为新创公司的爱地集团瞄准了"绿色食品"这一新兴概念，并希望新员工按照自己的思路提交方案，这一点非常吸引余惠勇，于是他选择加入爱地集团。

1995年余惠勇进入爱地集团后，开始大范围寻找带有绿色食品商标的食品，首先找到的是山东荣成的绿色苹果，自此，余惠勇正式进军水果行业。从山东发苹果到深圳，再找批发商合作，在布吉档口批发，很快，他就敏锐地看到一个机会——市场上批发价和零售价相差很大，以当年市场上最热的红富士苹果为例，批发价3元/千克，零售价6元/千克，差了一倍，那么，公司能不能自己做直销，直接把苹果送到顾客手里？

那么，如何跳过中间商找到顾客，又如何告诉顾客自己手里有源头货品呢？当时已经有一些商家在电视和报纸上刊登广告，不过在水果行业很少，余惠勇用4万元的苹果换来了一个价格较为便宜的报纸广告，那是《深圳商报》上一整版的彩色大通栏，也是第一个大版面的水果广告。上面的广告语是"挡不住的诱惑——山东绿色食品红富士苹果直销，打电话，送到家"。

广告刊出前，公司特意准备了好几部电话，还有20多辆自行车，摩拳擦掌，严阵以待。但是这期广告推出之后，效果好得大大出乎所有人的意料。一边是几部电话响个不停，四面八方的订单纷至沓来；另一边是因为没经验，广告上没有设定具体的送货范围，有些订单打车送货都来不及，最后只得匆匆忙忙在深圳的东西南北方向设点，按点送货。接着，公司继续推出第二期广告，先就送货不及时的问题向市民道歉，然后征集直销点，由直销点服务顾客。此后又推出第三期广告，公布了紧急征集的 37 个直销点。

连续三期的广告非常成功，10 千克一箱的苹果就有 30 元的差价，公司赚 15 元，给直销点 15 元，每个直销点都很高兴，不仅赚到了钱，还省去了他们去市场采购的工夫。直销点的人都在打听："除了苹果，还有没有香蕉、梨？最好所有水果你们都给我送来，我只负责卖就行。"

这不就是连锁模式吗？这时候，余惠勇迸发出做水果连锁店的念头。

20 世纪 90 年代，中国市场正处于供不应求的时候，只要聚集规模，拓展加盟，就可以在这片广袤的大地上挖到"金矿"。当时，刚刚进入中国的连锁业态有一个相当诱人的概念——连锁的魅力是从一到无限。当时最有代表性的国外大品牌，比如麦当劳、肯德基、沃尔玛等，采用的都是连锁模式。内地第一家麦当劳餐厅在深圳市解放路光华楼西华宫正式开业当天，现场排队的人围着光华楼绕了很多圈，可想而知现场的火爆程度。

到了 1997 年，连锁商业模式渗透到了各行各业，无论是餐饮业、服装业，还是地产业和美容美发业，都逐渐发展出了区域性的乃至全国性的连锁品牌。

有了开水果连锁店的想法之后，余惠勇马上查阅资料，结果震惊地发现，全世界居然没有一家成功的水果连锁销售企业可借鉴。这时摆在余惠勇面前的选择有两种，第一种是放弃，因为"全世界都没人做成，所以这件事情做不得"，相信这也是大部分人的选择，但他却非常兴奋地看到了第二种选择——坚持，因为"全世界都没有做成的，那要是我们做成了，我们不就成了世界'老大'吗？"。

然而，余惠勇的调研报告提交到公司总部后，却直接被负责人否决了。余惠勇不服气，又带着报告去找了当时深圳另外一家农产品公司，结果该公司老板拿出一本花了 10 万港元请香港某咨询公司做的行业研究报告，给了他当头一棒。原来这位老板已经尝试过了水果连锁销售模式，但咨询公司告诉他要早点放弃，建议他还是做超市配送。

接二连三地被否定后，余惠勇做水果连锁店的事就此打住了，但是他总是想，要是能做到"世界第一"，该是多么大的荣誉！连锁模式是新生事物，水果专卖连锁这种业态更是全球的新事物，余惠勇知道这件事不好做，好做也不会等到现在，但当时始终想不明白到底为什么不好做。

很多年后余惠勇说，"要是当时知道如此不好做，可能就不敢做了。"同在深圳创业的任正非也说过类似的话，"早知道通信行业这么难做，就不会做了"。

现在看来，很多成功都是从敏锐洞察到一个看似有前途的方向，然后无知无畏地开始的。

余惠勇的水果直销业务一路向前，是整个公司最赚钱的，这也让他在整个水果行业声名鹊起。在爱地集团赚到第一桶金后，2001 年余惠勇又提出了辞职，开始创办自己心目中的水果连锁店。他不光自己踏进来了，还把自己之前的生意伙伴田锡秋也拉了进来。

那时深圳的城中村里有很多小贩推着小车卖水果，缺斤少两是常有的事，余惠勇每次碰到都会想：做水果机会很大啊，这种不诚信的水果摊都有市场，如果做一个明码标价的水果店，何愁没有生意？

2002 年 3 月的一天，余惠勇听人说深圳已经有人开起了水果专卖连锁店，还一口气开了 6 家门店，就赶紧安排人去了解经营情况。为了掌握第一手资料，前去了解经营情况的人在门店附近的草地里连续蹲守了两天，从早上门店开门一直蹲到关门，实在饿了就在边上买盒饭吃，每进去一个人就画一笔"正"字，预估销售额。

虽然这家店没几个月就关门了，但是这件事对余惠勇触动很大。余惠勇给自己立了一个目标：不管三七二十一，先把店开起来！等把什么事都想周全了再动手，就来不及了。就这样，团队开始准备注册公司的相关手续。一开始，公司名称是"口福心福"，公司名称核准部的通知书都办下来了，不过当初从爱地集团出来的梁仲桂向余惠勇反映说："每次接电话说这个名称都很别扭，公司名称还是叫百果园比较好。"余惠勇也觉得"百果园"这个名字更顺口，便采纳了她的建议，并将百果园的营业执照办了下来。

2002年7月18日，百果园第一家水果专卖店——深圳福华店开业了。这家店有60平方米，12个员工两班倒，朱启东是第一任店长。

租下这个店面的时候还有一个小插曲，房东一听说这个店面要用来卖水果，就不敢出租了，他觉得卖水果肯定赚不了钱，别说交得起这每个月1.8万元的房租了。为了顺利开店，余惠勇只能无奈地一次性付清了半年的房租。

当时余惠勇对这家店只有一点要求，那就是要做一家真正的水果专卖店。这是因为大家考察发现，之前倒闭的那家水果专卖连锁店除了招牌和工装统一以外，没有一点连锁的味道。除此之外，余惠勇认为最重要的是告诉员工卖水果一定要够秤，不能缺斤少两。这个要求在现在看来非常平常，但是在当时很少有商家能够做到。

开业第一天，百果园深圳市福华店的火爆程度超出了所有人的想象，余惠勇和妻子徐艳林也亲自去门店服务。其实不远处就有一家沃尔玛超市，那里水果品类也非常齐全，但可能是因为"足秤"的宣传标语，也可能是因为装修风格明显区别街边小店……顾客在百果园门店门口从早到晚排起了长队。

第一天闭店时已经是凌晨1点了，余惠勇把所有人拉到旁边的上岛咖啡开会。留着卷曲长发的余惠勇很像一个艺术家，他嗓门很大地分析着未来的局势："这么火爆的模式一定马上会有人模仿，一定要加快速度开店，全面推进！"

果然，当百果园开到第 6 家门店的时候，整个市场上已经有了 30 多家诸如"千果园、万果园、榴梿园"的水果专卖连锁店，每家店的名称里都带有一个"园"字，在装修上也模仿百果园，这让百果园本来新颖的店面和服务变得不再新颖，也因此流失掉了很多顾客，甚至即将被淹没在这些竞争对手之中。

凭着对水果行业的敏锐意识，余惠勇很快就认识到水果行业的特殊性：生鲜商品随着时间的推移，变数大，损耗率高，现场管理要更灵活，最适合老板亲自管理，而不是制定死板的规章制度雇人管理，所以要将所有的店长变成老板。最终他得出一个结论：一定要发起加盟，而不是开直营店。这样既可以用加盟模式化解管理上需要灵活决策的难题，又可以比竞争对手更快地占领市场。

当时余惠勇就像是手上拿着剑，逼着公司发起加盟："不发起加盟，咱们跑都跑不下去！"在广东，"8"是个吉利数，因此余惠勇要求逢 8 就开店，也就是每个月的 8 日、18 日、28 日都要开新店。就这么莽撞地往前走着，等开到第 8、第 9 家店的时候，媒体关注到了百果园，并争相报道这种新模式。余惠勇得了个"水果疯子"的名字，百果园也一炮而红。

二、被判"死刑"的商业模式

百果园虽然发起了加盟，却也遇到了发展历程中的第一个大坎——钱"烧"光了。

余惠勇每次接受采访时都心里没底，因为虽然开了这么多家门店，生意也火爆，可公司的账上却一直是亏损的，开一家，亏一家，简直就是连锁行业的异类，而且没人知道钱亏到哪里去了。

最开始，大家觉得开 10 家店就一定能盈利，结果等到开了 10 家店之后，账面上还是亏损得厉害。这时候又有人说"等开到 50 家店就盈利了"，结果到百果园门店数量突破50家时，公司亏损得更厉害了。

创业以来，余惠勇基本上不管财务，也很少看财务报表。2004年，开店第三年，一天，财务负责人找到他，说公司的账上快没钱了。这个消息对他简直是晴天霹雳：启动资金800万元这么快就要花光了，下一步该怎么办？

余惠勇的第一反应是对不起另一位出资人田锡秋，人家给了他充分的信任，几乎不插手公司的事，结果不但没有赚到钱，连本金都快没了。余惠勇内疚地跑到田锡秋家里和他说："现在看起来，水果这行的连锁很难做，真不知道什么时候会盈利啊！"

田锡秋说："既然这样，那把店关掉算了。"

余惠勇说："不行，关不掉了。"

原来这时候百果园已经发展了70多家加盟店。当时的模式是由总部加6个点（仓库）配送到门店，设置6个点有两大好处：一是集中采购有人工优势，二是集中采购有成本优势。在这样的情况下，尽管公司总部一直在亏钱，但是大部分加盟店还是赚钱的。

如果当时这70多家店都是直营店，或许百果园的创业故事到这里就结束了，但偏偏这70多家是加盟店。

余惠勇继续讲："绝大多数加盟商都是从农村来的，投入了全部身家。虽然现在看着生意很好，但是他们完全不懂水果行业的深浅才会选择加盟。如果公司关张，不能再给他们配货，那么这几十家店一定会全部倒闭，背后的几十个家庭可能将面临灭顶之灾。"所以，百果园死活也要挺下去，怎么都要拼出来。

听到这里，田锡秋果断地说："那我们继续干，大哥你顶着，我来解决钱的问题。"

2006年是百果园最刻骨铭心的一年。这一年公司还是在亏钱，虽然可以去借钱，但是公司每个人的心理压力都很大。这个过程很煎熬，也有太多的杂音干扰，大家一会儿说这里有什么机会，一会儿说别人的店变化如何如何大，一会儿又说别人的水果店开始卖麻辣烫了。这时候的市场上，除了百果园举步维艰，之前模仿百果园的竞争对手千果园、万果园们也都在陆陆续续地关店。

创业至此，百果园的经营模式并未得到验证且一直在亏损，管理层也动荡不安，五年之内换了四任总经理。第一任总经理是2001年7月加入的，曾是一位很有名的餐饮管理者。他带着团队加入公司后，用半年时间做了各种各样的模拟，但是不能落地实施，最后以团队解散告终。

第二任总经理是余惠勇的妻子徐艳林所熟识的姜锡勇。2001年组建公司的时候，姜锡勇在一家策划公司工作无法脱身，2002年被邀请加入百果园担任总经理，他还带来了军人出身的杨明昆。杨明昆在百果园一直干到70岁退休，是百果园历史上很关键的人物。

在姜锡勇离开以后，余惠勇起用了一位从华为出来的高学历人才，此人之前担任百果园总经理助理，工作表现很不错，深得余惠勇的欣赏，因而被提升为第三任总经理。这位总经理认为按照旧模式经营已经形成了思维定式，提出进驻广州，在新区域按照新思路开辟新市场。余惠勇不赞同这一新思路，但为了不打击新任总经理的信心，就没有阻拦，但告诉对方："只有80万元的预算，能打出来最好，打不出来就放弃。"结果这位总经理在新市场开了6家门店后，就把预算用完了，他本人也在2006年离职了。

余惠勇只好问谁能去广州把这6家店守住，自负盈亏，不能关店，要一直守到公司缓过劲来。当时朱启东挺身而出，带了4个人过去，从2005年一直撑到2009年百果园正式进军广州市场。这样说来，朱启东也算是公司第一任外区区域总经理了。他还是公司第一任商品中心经理，以及后来的第一任国际采购中心总经理。

经历了三任总经理离职之后，余惠勇花了整整三个月的时间和一位他心仪的总经理人选接触，对方答应过来，并且定好了入职时间，但临入职前，对方却回复"个人隐私原因，来不了了"，打了百果园一个措手不及，给步履飘摇的公司又一重击，余惠勇也被气得目眦欲裂。

田锡秋也非常受挫，他意识到不能再请外边的职业经理人了，并向余惠勇大力推举徐艳林："谁也不要找，就让大嫂当总经理，你就相信大嫂，你再找其他人来，我都不愿意干了。"

其实在百果园创立之初，徐艳林就在父亲的劝说下放弃了教师工作，也来到了深圳，但余惠勇坚决反对夫妻在一起工作，让她自己找工作。起初徐艳林还很失落，不过百果园第一家门店开业一个月后，因为公司缺人手，当时的总经理就偷偷让她进公司帮忙了。

有一天，余惠勇看到徐艳林居然在公司做事，非常惊讶，但后来也算是默认同意让她继续在公司工作，只不过对她要求非常严格，也不相信她会在公司一直干下去。有一次在配送中心，余惠勇甚至当着她的面把西瓜砸到了地上。

在近四年的严格要求下，从行政部门到门店管理、运营、配送、采购等业务部门的轮岗经历，让徐艳林对于水果连锁销售行业的痛点有了深刻的体会。

就这样，徐艳林临危受命，担任了百果园的总经理。不过她也觉得那位临阵脱逃的总经理选择很正确，因为这个行业困难重重，几乎没有做成的可能。

水果连锁销售模式这样难盈利，目前主营业务突破不了，有没有可能在业务模式上突破？比如干脆放弃连锁模式，转做商超。2006年这一年，徐艳林和余惠勇心中都产生了这样的动摇。

徐艳林找到了一家大型超市，想承包这家超市的水果业务。当时这家超市的规定是水果、蔬菜业务要一起承包，她只能全部承包下来，再把其中的蔬菜业务转包出去。可结果是卖给超市的水果完全脱离了百果园的掌握，没有定价权，没法组合产品，而且没有办法控制损耗。更要命的是，资金链比之前更紧张了，水果业务的营业收入全部被超市收走之后，身上的货款压力更大了。没做几个月，徐艳林就意识到这是个巨大的黑洞，便火速把营业点退掉了。

与此同时，余惠勇也专程去香港向著名经济学家郎咸平请教，他是郎教授的粉丝，非常崇尚郎教授的一个著名论断："做不好企业经营，绝大部分是因为违背了行业的本质。只要用统计学原理，抓住行业的本质，就能把生意做好。"余惠勇心里怀疑，也许正是因为自己违背了水果行业的本质，所以才一直不成功。

余惠勇得到这个机会不容易，他还记得自己满怀期待地去了香港，在一所非常漂亮的临海的大学咖啡厅里，他喝着咖啡，兴冲冲地向郎教授讲述了自己创业的经历，同时又满腹疑惑："水果这么普通的商品，连锁这么成熟的商业模式，为什么合起来就是不行呢？"郎教授听完以后，一盆冷水泼下来："你肯定是违背了行业的本质，水果连锁销售模式才走不通。水果是那么成熟的商品，连锁也是如此成熟的模式，可在西方都没有这样的大型企业，这是为什么？为什么这么大一个品类，世界上会没有大型企业？这一定不符合商业的本质。所以，你已经够走运了，要不是你的拍档鼎力支持，你早就倒了。"听到这里，余惠勇的心一下子就沉了下去，郎教授接着说："小余啊，我心里怎么想的就怎么说了，说的都是实话，否则不会让你跑到香港来。今天我真的不想害你，但你心里有结是可以理解的。你给我 20 万港元，我找几个博士快速给你做个研究，提炼出水果行业无法连锁化的本质，让你关门也关得心安理得。"20 万港元的开价对郎教授来说很便宜了，那时候他是真的想帮余惠勇的。

坐在离港的车上，余惠勇看着手里的研究报告，就像看着百果园的"死刑"判决书，心神恍惚，萌生了一万次放弃的念头，但终究心有不甘，最后一把撕掉了手上的报告。他心想，按照统计学原理，近 5 年可能没有做成功的，近 50 年也可能没有，但近 500 年呢？西方做不到，不代表我们也做不到。

回到公司，大家都认为余惠勇拿回了锦囊妙计，很期待地积极组织开会。因为就在去香港的前一天，余惠勇兴奋地告诉了公司的每一位干部，让大家务必腾出时间等着自己的好消息。没办法，余惠勇只好原原本本地和大家说了事情的经过。

最后，余惠勇说："我要一生只做一件事，一心一意做水果，一定要做世界第一的水果专卖连锁店。愿意跟着我的人留下，不愿意的人自己找出路。"

那一刻看起来波澜不惊，但这让百果园发生了深刻的变化，各种杂音、分歧和干扰全没有了。

要做一件世人还没做到的事，做一个世界水果专卖连锁品牌！这个愿望和追求再一次在余惠勇的心里夯实了一遍。

三、坚持"慢"主义，蹚过"无人区"

水果连锁销售行业到底难在哪里？难在处处都是"无人区"！这主要体现在三大方面。

第一，水果连锁销售是一种新业态，全世界都没有成功的水果连锁销售品牌，百果园没有成功的经验可以借鉴。

连锁最基本的要求是标准化，比如麦当劳食品的每个生产环节都可以做到标准化。但是，水果有一个重要特点——非标，哪怕是同一串葡萄，也会有几颗甜，有几颗不甜。在这样的情况下，只有几家门店时，还可以把控好水果品质，如果开到100家、1000家、5000家甚至更多家门店，怎么能够让所有门店的顾客都能买到好水果，体验一致且稳定呢？

百果园的理念是卖"好水果"，但是什么叫"好水果"，似乎没人能说得清。由于没有成功的经验可借鉴，这条路百果园只能自己走，最终百果园率先确立了"好吃"战略和"四度一味一安全"标准。

另外，水果还有一个重要特点，即水果品质会随着时间变化而变化。这就给管理带来了一系列新难题。

比如在配送环节，原本送到门店再验收的旧模式效率低下，一度令百果园对自己的商业模式产生了怀疑。后来，百果园对旧模式进行了创新改造，把仓库的钥匙直接交给配送司机，由司机送货到门店，门店直接签收。后续门店发现有任何品质问题，总部都承担。就靠着这一招管理创新——"信任交接"，百果园不仅一下子提高了配送环节的效率，保证了水果鲜度，而且降低了物流成本。

再比如在人才培养方面，如何让成百上千家门店的普通店员具备管理品质变化的能力，这是一个之前没有人解决过的问题，也是一个很难解决的问题。

当时，连锁零售业态的人才本来就稀缺，而在水果这个细分领域的专业人才几乎没有，这就意味着必须从头开始培养人才，这可不是一件可以速成的事情。但也正因为如此，百果园在这方面投入了巨大的精力。比如，培养一个品控（负责水果质量管理工作）方面的人才，光是认全市场上的水果品种就需要 1 年时间；为了保证采购的专业度，大胆提出采购不轮岗的终身制信任模式；新人加入后不光要学习百果园内部开发的系统课程，还要在带教店长的帮助下边干边学；董事长和高管每年都会花大量时间去和每一位店长直接交流、对话；为了培养全方位的专业人才，公司每年都会安排所有员工到门店服务……这些都是一步步摸索出来的。

第二，要做全球最大的水果连锁销售企业，必须要让全国乃至全世界的好吃的水果都走进百果园，但是在那个物流不发达和物资匮乏的年代，做全区域、全品类的水果销售，简直就是一件"异想天开"的事情。

怎么才能让顾客吃上全国乃至全世界的好吃的水果呢？在这方面，百果园是一个探路者，也交了很多学费。

比如，为了让深圳的顾客在冬天也能吃上草莓，百果园连续亏损了四年才控制好草莓的损耗，成为深圳第一家在冬天稳定供应草莓的水果专卖连锁店。后来，百果园还将成功的经验复制到辽宁丹东草莓上，帮助丹东草莓走出东北，成为全国知名的地域特色水果。这样的例子还有很多，比如来自新疆的吊干杏。在百果园之前，这种杏由于果皮娇嫩、糖度高，采摘下来后一两天就会坏，所以新鲜的吊干杏从来没有走出过新疆。但是经过百果园长达四年的实验，从树上采摘下来的新鲜吊干杏在一两天之内就能送到全国人民的手中。

第三，水果行业面临着供给端和需求端的严重不对称，种植与市场严重脱节，为了做到有效对接，百果园深耕产业链，从种植到采摘，到仓储、运输配送，再到门店运营、销售和服务，建立了一个长链条、庞大复杂的系统。而这条路至少在中国，之前没有人走通过。

由于供给端和需求端不对称，一边是不少消费者想要吃上优质水果，推动水果进口量年年攀升；另一边是国内许多果农种植的水果无人知晓或无人问津，烂在田间。如何做到种植与市场有效对接？百果园采取的不是有什么就采购什么的模式，而是自己要什么就让农户种什么，提前给种植户下订单，这样的合作模式可以让种植与市场有效地协同起来。但这是一件之前没有人敢做的事情，因为种植是个看天吃饭的营生，万一下一年遭了灾，颗粒无收怎么办？然而，百果园不但做了，而且在多年前就形成了这种下游倒逼上游的合作模式。

中国虽然是水果大国，但没有享誉全球的水果品牌。考虑到这一点，百果园发起并成立了优果联品牌管理有限公司（简称优果联），计划通过上下游一体化战略，打造100个响当当的品类品牌。在中国式小农经济的现状下，这也是一项异常艰难的创举。

举个例子，中国的香梨在全世界都很有特色，但是为什么中国没有一个享誉世界的香梨品牌？一方面，果农种植水果往往是"一哄而上、一哄而下"，什么火就去种什么，缺少组织和规划，结果导致"果贱伤农"，形成恶性循环；另一方面，早些年有些果农看香梨好卖，就迫不及待地把还没熟的"青疙瘩"推上市，味道自然是寡淡的。真正的好香梨应该在树上挂到带黄、带红、带彩的状态才采摘，那样吃起来才脆甜，水分充足，香气浓郁。自然成熟的香梨重量一般在90～110克，但有少数果农为了吸引顾客，过度使用生长调节剂（俗称"膨大剂"），把香梨重量增加到140克左右，这样的香梨看着是好看了，但不好吃了。

中国地大物博，物产丰富，要将我们的特色好产品推向市场、推向世界，不仅需要在规范种植、科学种植和采后管理上下大功夫去研究和突破，还需要有百果园这样的产业链"链主"的带动和协同。

总而言之，从种植到采摘，到仓储、运输配送，再到门店运营、销售和服务，处处都能看到百果园的创新。

也正因为处处都是"无人区"，处处艰难，需要长时间的耕耘，很多人不相信百果园可以活下来。然而，百果园不仅克服了重重困难，活下来了，而且形成了自己的核心竞争力和商业壁垒。

20年前，余惠勇曾看到一则新闻，讲西班牙投资中国的30年计划，当时他很难理解，一项投资竟然需要这么长的时间。余惠勇创立百果园之后才知道，任何行业想要做好，都需要坚持"慢"主义，舍得下"慢"功夫。

对此，余惠勇曾经用一个小故事来阐释。

一个山村的老太太养了一头小猪，由于当地非常潮湿，而小猪又是家里最重要的财产，她每天晚上都要把小猪抱到楼上去睡觉，白天再把小猪抱下来。

有一天，有外人说这个老太太有绝世神功。为什么呢？原来，不知不觉几百天过去了，小猪已经长成了200多斤的大猪，但是老太太还是轻轻松松地把大猪抱上了楼。

"我觉得，百果园就是这个故事里的老太太。"余惠勇说。

这就是余惠勇对"天下武功，唯慢不破"的注释。真正的成功一定是属于坚持"慢"主义者的！

四、逃出生天，布局大生鲜

从规模与效益的理论角度分析，2004年百果园已经发展到拥有70家门店，到了可以活下去的阶段，但现实却是成本过高、效率过低，导致连年亏损。比如，就当时的门店规模而言，百果园的配送中心建设过于超前，面积过大；业务逻辑还没有走通，就急于向全国拓展；总部机构过于庞大、臃肿；等等。百果园是如何解决这些难题的呢？

1. 节流止血

管理公司和持家是一个道理，要开源也要节流。但是，忘记常识是创业期公司经常犯的一个毛病。

余惠勇从一开始就想要做世界上最大的企业，所以第一年就租了一个4000多平方米的配送中心，可以满足200家门店的配送需求。标准化车间里的各种机器都是高价的进口货，但是许多机器，比如智能包装机连一次都没有用过。

徐艳林上任总经理后，第一大举措就是把配送中心退租，然后搬到了批发市场里一个300平方米的铁皮房里面，这相当于从大别墅搬到了小平房。太阳一出来，铁皮房里就特别热，为了隔热，他们将铁皮房隔出两层，楼上作为办公室，楼下放水果。搬到批发市场后，所有水果都是就地采购、就地分拣，然后直接配送到门店，成本一下子就降下来了。第二大举措是裁减不必要的人员，缩减原来打算为全国发展而准备的"大公司"总部机构。"几板斧"下去，公司逐渐止血，开始扭亏为盈，徐艳林也奠定了她在百果园的地位。

2. 树立样板

虽然采取了一些措施，小有改善，但企业的顽疾依然存在。加盟店为了自己的利益开始私自采购，每家门店都是"连而不锁"的个体户，各自为政、自行定价，导致门店的口碑越来越差。徐艳林去门店巡视时，加盟商甚至常常不给面子，于是她下决心一定要做出一家店铺，给加盟商打打样。当时深圳市龙华区的坂田门店是亏损最严重的，一个月就亏1万多元，徐艳林心想，要挑战就挑战亏损最严重的，于是她来到这家店，和店员同吃同住。

第二个月，这家店神奇般地实现了保本，到了第三个月居然开始赚钱了，而且一赚就是几万元。原来卖水果真的可以赚到钱！而且，最差的门店都能赚到钱，百果园有那么多门店，要是每家都能实现这样的扭转，这将是多大的机会！从这以后，徐艳林经常说的一句话就是"天下无事不可为"。

从亏1万多元到赚几万元，这个看起来不可能完成的任务到底是怎么做到的？对此，徐艳林有两点体会。

第一点体会是只有下到门店终端，才能理解问题之所在。因为百果园所有的部门都是在为门店服务，只要门店终端看不到成果，就一定是哪里出了问题。

比如，店员需要在门店的电脑上订货，如果有让店员觉得麻烦、不理解的地方，那绝对不是店员的错误，而是采购系统需要优化；再比如，员工每天要登记水果的各项详细数据，损坏了多少，试吃了多少，因此他们才是最了解库存的人，他们提出的改进或优化建议往往是对的。

直到现在，百果园的每个员工不论岗位、资历，每年都必须去门店工作一段时间。只有下到门店之后，大家才能理解门店店员的不容易，沟通的时候才不会不耐烦。

徐艳林每年都会特地开会强调下门店的重要性："你不下门店，永远不会理解店里的情况，也永远看不懂百果园这家公司。"

第二点体会是意识到激励的重要性，认识到对员工激励不足才是当时最核心的问题。徐艳林认识到要在机制上进行改革，大胆地激励，于是她鼓励加盟商给店长激励，让店长像老板一样有责任心，同时，要把员工当成自己的弟弟妹妹去关心和照顾。因为那时候门店的很多员工是高中没毕业就外出打工的，十八九岁的孩子很容易学坏，所以徐艳林督促加盟商一定要给他们创造尽可能好的生活环境，解决他们的后顾之忧。

经过 2007 年的全面改革，百果园逐渐不再亏损了，徐艳林真的带领公司走出了危机。在她上任后的半年时间里，余惠勇还一直在外面寻找总经理人选，直到徐艳林做出了成绩，他才意识到，不能认为夫妻一起开公司就一定有问题，哪有什么绝对行或绝对不行呢？都有利有弊，要扬长避短。他说："我们往往会'灯下黑'，眼睛常常看着外面，以致忽略了身边的人。"

有人问徐艳林："你一个当老师的怎么这么会搞管理？"

她说："我没有办法，在百果园我不仅是做管理，也是在保家！要是干不好，我的家就没了。"

前期百果园连续亏损了 7 年，直到徐艳林走马上任后，推动公司变革，才开始扭亏为盈。随着双汇软件的刘小兵加入百果园，作为徐艳林的帮手，公司开始逐渐步入正轨，但是真正让公司逃出生天的还是"好吃"二字。

3. 确立"好吃"战略和"四度一味一安全"标准

在 2001 年创立百果园时，余惠勇就有一种潜意识："我要卖好水果"。当时余惠勇认为，只要是市场上卖得好的、能卖出高价的水果就是好水果。当时确立标准的初衷很简单，一是满足消费者"一分钱一分货"的期望，二是让百果园的采购有个依据。那个时候的标准侧重于外观，如个头、色泽等。

2006 年，百果园一个股东的孩子从北京来到深圳，到百果园的门店体验，当天晚上余惠勇询问他体验的结果："为什么顾客会选择百果园呢？"这个十四五岁的孩子脱口而出："好吃呗！"

这给余惠勇一种醍醐灌顶的感觉，于是他从 2007 年开始就把百果园的定位从"好水果"聚焦到"好吃"上。当时水果零售行业的最大痛点就是"好吃"问题：第一，顾客体验不好，经常买到不好吃的水果却只能自认倒霉；第二，公司内部运营也存在很大的问题，比如，采购人员掌握的"好吃"信息销售人员不知道，可能不好吃的水果价格未必便宜，反而更贵；第三，因为没有"好吃"的标准，沟通很难，协同更难，比如对于可能大卖的好吃的水果，采购人员没有做好准备，出现问题后采购人员、仓配人员、门店销售人员互相指责，最终导致没办法保障顾客的体验。

2007年，百果园讨论企业战略时，正式确立了"好吃"战略。当时，"好吃"还只是一个模糊的概念。什么样的才算"好吃"？标准是一个关键。到2009年百果园正式开始跨区域发展时，解决标准问题已经迫在眉睫。

百果园在深圳经营多年，明确要卖最好的水果，但这主要依靠人的经验和能力来判断。只有深圳一个区域时，管理幅度不宽，还能做到品质水准比较稳定，但跨区域发展后就出现了挑战：如何确保不同区域门店在品质上保持一致？没有标准体系很难执行。

余惠勇其实一直在思考标准问题，他很早就意识到连锁必须有标准，但标准在非标的水果行业确实是一个核心难题。经过2002~2009年的反复思考和沉淀，再加上跨区域发展的现实需要，余惠勇在2009年组织了三次标准会议。经过这三次会议研讨，百果园标准体系的逻辑框架和初步版本基本形成，核心就是"好吃"。

不同的人对水果好坏有不同的说法，有的人看外观，有的人看个头，有的人看营养……而余惠勇则看是否"好吃"。他是这么认为的：

第一，好吃的才是有营养的。水果是否有营养，通过味道能直接体现出来，寡淡的水果往往没营养。

第二，好吃的才是安全的。好吃就意味着没有或减少了人为调节。靠激素催熟等方法种出来的水果，味道不会纯正。

第三，好吃的才是生态的。好山好水好环境，才能种出好水果。

在所有生鲜品类里面，水果是直接入口的，其他的多作为食材，比如蔬菜等大多需要经过加工才能吃，而经过加工后才好吃的不一定是健康的。同时，在所有食物里，水果不需要经过高温加工，活性物质是保留最多的。所以，好吃的水果才是营养的、安全的、生态的，也是对人体最有益的。

第四，好吃也是一种令人愉悦的享受。为什么百果园注重服务和门店装修，这也跟"好吃"有关。如果环境和服务不好，会间接影响"好吃"的体验。

经过研讨和梳理，百果园还确立了"四度一味一安全"的标准体系，包括糖酸度、新鲜度、爽脆度、细嫩度、香味、安全性。把安全性放进去，是因为如果没有安全感，是不会产生愉悦感的，也就不会有"好吃"的体验。

这六大标准中有三项标准是所有水果都适用的，即糖酸度、新鲜度和安全性，但爽脆度、细嫩度和香味三项标准，有的水果适用，有的水果则不适用。然后，再根据大小（水果的大小和内在品质没有必然的联系，该项标准是为了陈列的统一），把水果分为"四级三等"。同一个等级的同种水果的味道，在全国各地顾客体验基本上是一致的。

有了标准，很多问题就迎刃而解了。比如，对采购人员而言，不同等级决定了不同价格；验收、品控也会根据标准抽检；种植也会以标准为根据，如要达到什么标准，就要用什么样的肥料，什么时候采摘；等等。

这是引领未来果业发展的一项重要创举。果农知道什么样的水果是好水果，技术人员也知道应该基于什么样的标准去指导果农种植。

现在回过头来看，"好吃"战略和"四度一味一安全"标准体系的确立，进一步明确了百果园极具差异化的独特战略定位，也形成了其全产业链管理的抓手，解决了行业的痛点问题。经此一役，可以说百果园从经营企业走向了经营产业生态，形成了其独特的商业模式和高壁垒的核心竞争力，真正走出了"不可能做好"的梦魇，甚至可以说"逃出生天"了！

按理说"逃出生天"的百果园应当有业绩丰收的好消息，但是当余惠勇拿到 2009 年的业绩汇报表时，却发现那几个月百果园门店的销售业绩直线下滑，来客数也有很大幅度的下降。余惠勇着急地找到当时营销中心的负责人陈猛，得到的答案是：受全球金融危机的影响，比起东莞和深圳大量倒闭的企业，百果园似乎还算是一个幸运儿。

但是余惠勇的心里却非常不安，他自己导出数据算了半天，明白了这些数据意味着什么——百果园已经陷入生死危机！

除了门店的销售业绩在下滑，还有一个更加异常的现象，销售毛利率在猛增，最高达 36%，一些门店的利润居然还增加了。

这哪里是因为金融危机？！余惠勇一下子就明白了这些异常数据背后的原因。没错，金融危机确实带来了问题，大家的购买力都下降了，购买水果的金额和频次都在下降。那么，门店为了保障利润会怎么做？会提高价格，也就是说，门店都在高价宰客，果品定价全部在百果园给的指导价格之上。

果制品业务负责人方爱平就是早期的加盟商，她说："当时的自己在经营管理上出现了狭隘的思想，不新鲜的果品舍不得下架，果品定价也是随心所欲，就是想赚钱。"

这无疑是一种短视，提高价格在短期内确实能保障利润，但是也会导致客流量不断地减少，而为了保障利润，门店会继续提高价格，如此形成恶性循环。没有了品牌美誉度，最终害的还是公司。余惠勇当时预感，如果继续这样下去，百果园在三个月内必垮无疑。

余惠勇痛下决心：一定要把百果园的松散联盟模式变成严管控模式。

百果园马上开始全面管控价格。每个门店都参加了那场生死大抉择会议，会上余惠勇全面分析了未来的危险走势，然后提出两个选择：要么和百果园携手，执行统一的价格政策；要么干脆摘牌，脱离百果园。

大多数门店选择了相信百果园，少数门店选择了脱离百果园，甚至徐艳林的一个亲戚也选择自己单干。其中，有些离开的人在经营上遇到问题后又选择回到百果园，觉得还是跟着百果园最好，这是后话。

当时的工作不好做，最头疼的是存在一些刺儿头店，既不遵守公司政策，又不想摘牌，总部都拿它们没办法。有一家门店还放话说："有本事你们就在我旁边开一家门店。"

这句话惹火了当时的相关负责人，他直接冲到旁边的理发店问老板："你这家店多少钱？开个价。"老板回他说："30万元。"这位负责人二话不说，很干脆地就盘下了这家门店。理发店老板都吓了一跳，因为这个价格可是市场价的3倍。

那时候的深圳街头出现了这样的怪现象，紧挨着的两家店都挂着百果园的牌子，一老一新，像打擂台似的，火药味很浓。

营销中心负责人陈猛说："今天回过头来看当年这些事，我们不应该这么干。但是那时候为了生存，为了发展，也不得不这么干。"

虽然加盟商管理模式变革已经完成，但是想立刻扭转之前的形象并不容易。有几家门店由于之前糟糕的表现，让顾客甚至不敢再尝试，只能重新装修门店，改头换面，以重新赢得顾客的信任。这样的代价是极其高昂的。这段经历也让余惠勇真正理解了一个朴素的哲学道理：**利他就是利己**。

为了重新赢得顾客的信任，百果园实施了52周大促销，开展了整整一年的让利活动，才扭转了之前带给顾客的不良印象。

2009年，百果园的销售额首次突破1亿元，实现了盈利。在经过九死一生的磨难之后，百果园终于找到了自己的盈利模式，挣扎着熬过了生死线，真正逃出了生天。

余惠勇到现在都还很清楚地记得，刚创业时阅读的零售方面的书中描述的连锁的共性：任何企业都是先抓住一个机会，然后利用时间建设运营体系和人才梯队，当能够实现团队复制和系统复制时，就可以快速发展了。"从 0 到 1"是商业逻辑试错成功，"从 1 到 10"形成一定的业务规模和实力，"从 10 到 100"是系统复制和团队复制支撑下的快速发展。熬过了某个点，往后就会突飞猛进。实践证明果然如此，到 2021 年，百果园的门店数已经突破了 5000 家。

百果园成立十周年时，现场来了很多宾客，都说百果园是"世界第一"。余惠勇很高兴地对徐艳林说："我们终于成功了！"徐艳林说："对啊，但过去大家都不相信你，都认为百果园肯定做不起来。"余惠勇问妻子："你也不相信吗？"徐艳林的回答居然是"不相信"。

"你不相信的话，为什么每次我在台上讲要做'世界第一'的水果专卖连锁店时，你都笑眯眯地看着我？"余惠勇反问道。

还没等妻子回应，余惠勇突然就明白了，他这一路走得如此坚定，离不开妻子智慧的支持。"她当时只要多说两句话，比如说'你再别说做世界第一了'，或者说'员工的工资都发不出去了，你现实一点'。只要有那么一次，绝对会打击我的信心，我可能就放弃了。"余惠勇说。

随着渠道的发展，如今百果园又叠加了新的品类——蔬菜，进入了大生鲜领域。

其实，要不要做蔬菜，要不要做大生鲜，余惠勇在很长时间内都没有明确下定决心。一方面，水果行业足够大，还有很大的发展空间，余惠勇自己也说过，"一生只做一件事，一心一意做水果"，但另一方面，互联网时代的商业逻辑是经营客户，就像亚马逊原先只卖图书，京东原先只卖数码电器，后来都从客户需求出发，开始卖全品类的产品了。

直到引进日本农业技术——BLOF 技术（生态和谐型种植技术），并将其运用于蔬菜种植时，余惠勇才终于明确下定决心：一定要做好大生鲜，在蔬菜行业再死磕 20 年！促使他下定这一决心的不仅仅是因为互联网时代"经营客户"的商业逻辑，更是因为他对整个种植行业乱象丛生痛心疾首。

有一次，余惠勇去外面的种植基地考察，他发现有人正在给蔬菜打什么东西，大学读农学的他马上就看出来了，那既不是化肥也不是农药。后来问过才知道，原来蔬菜受市场环境的影响比水果还要大，蔬菜成熟了如果没人买就只能白白烂掉，于是一些人就想出了一个"好"办法——市场需求量大的时候就给蔬菜打生长剂，让蔬菜快点生长；市场需求量小的时候就给蔬菜打抑制剂，让蔬菜慢点生长。

这件事让余惠勇很受触动，也足以令其看出这个行业中的乱象。回来以后余惠勇就和妻子说："以前我不知道，可以不做（改变），但现在知道了还不做，良心上说不过去。为了实现这个目标，我愿意再死磕20年。"但团队是怎么想的呢？

百果园在2021年专门开了一次大生鲜（蔬菜）战略研讨会。参会人员明显分为两派：一派认为应该专注于水果行业，因为发展空间巨大，百果园才刚刚布局了金农、般果、小檬侠等多家渠道公司，还有很多事情要去做；另一派则认为互联网时代必须向经营客户转型，百果园不仅仅是卖水果，更是经营品质、经营信任，而且百果园已经有了很好的基础——会员流量平台和产业链管理能力，只要定位明确，恰当地复用这些能力，试出正确路径，就一定会成功。双方势均力敌，余惠勇一时也没有定论。

最后，百果园副总裁袁峰声泪俱下地说："面对蔬菜行业这种现状，如果百果园不做，谁更有能力做成功呢？既然知道了这种状况，我们就责无旁贷。"

常务副总裁焦岳也说："既然我们百果园追求做一家伟大的公司，那么我们就一定要做大生鲜。"

就这样，百果园正式进军大生鲜行业。

按照原先的计划，百果园的大生鲜战略需要花较长的准备时间才能开始实施，但是2020年3月，由于新冠疫情暴发，人们的生活受到了巨大的影响，余惠勇提出要"为国卖菜"，并在100天的时间里亲自主持上线了社区团购业务，为蔬菜供应紧张的城市提供保障。当时本想着等疫情结束后先退出，再按原计划推进，然而，已经停不下来了。

但是，做大生鲜只靠情怀驱动也是不行的。

一方面，从业这么多年以来，余惠勇发现行业内存在一种怪象——典型的逆淘汰。

余惠勇结识过一位做有机食品的前辈，他比余惠勇大整整一轮，却早已满头白发。他是一位港商，过去已经是一位非常成功的企业家了，但因极度追求完美生活，又投身到了有机食品领域。十几年来，这位前辈在有机食品领域做了很多布局，收购了日本非常有名的调味厂以及十几家有机蔬菜厂。他曾做了一款高端素食面，为了确保调料是有机的，他决定自己做，为此他费尽了心神，但由于渠道不通畅，这款高端素食面却不能以合理的价格卖出去。走到今天，他已然"心灰意冷"，准备放弃了。

这样的案例并不是个例。许多优质产品的生产商由于不能及时扩大销售规模，得不到现金流的支撑，丧失了坚持下去的底气和勇气。最终，市场反而被产品质量差且价格便宜的商家占领。

另一方面，就农业而言，中国与世界农业强国还存在一定的差距。种植业面临着大量且长期投资与销售规模扩大的核心矛盾。

中国农业究竟发展到哪个阶段了呢？农业农村部原部长韩长赋提道："我国农业仍是大而不强、多而不优，基础还不稳固，抵抗自然风险和市场风险能力较差；市场化组织化程度不高，产业链条短，全产业链收益低，国际竞争力不强；农产品结构性供过于求和供给不足并存，质量安全风险隐患依然存在；资源环境要素约束加大，农业面源污染防治任务仍然艰巨。"㊀

经过多年的走访和调研，余惠勇认为如果把农业简单分为养殖业与种植业，那么中国的养殖业实际上已经跟国际基本接轨了，也孕育了相当一批有规模、有竞争力的企业，但是中国的种植业，无论是在规模上

㊀ 韩长赋.提高农业质量效益和竞争[EB/OL](2020-12-28). https://www.chinanews.com.cn/gn/2020/12-28/9372636.shtml.

还是在技术上都与农业发达国家存在一定的差距。

落后的种植业面临着一个核心矛盾：需要大量且长期的投资才能改变落后面貌，但如何快速扩大销售规模带来投资收益，进而吸引大量且长期的投资，这是一个难题。

百果园的首席蔬菜种植技术顾问陈丛红的经历就很好地说明了这一点。她是中国有机蔬菜种植行业的开路先锋，在2004年就建立了自己的农场，一直想扩大农场规模，但农业设施的投资大，投资回报周期长，需要10年左右的时间，一般的投资方都等不及这样的"慢钱"。如今，年近70岁的陈丛红加入了百果园，亲自带领技术团队在全国寻找干净肥沃的土地，为扩大高品质蔬菜种植规模做准备，但这不是一个一投资就能上规模的事情。

段利平也曾和余惠勇交流过做农业的艰辛。熟悉的人可能会知道，段利平和步步高集团董事长段永平是兄弟俩，都是商业奇才。他们赚了很多钱，也有发心去搞农业，所以在南昌拿了4000多亩⊖地，但历经差不多四五年的时间，最后亏了很多钱。段利平和余惠勇说："做农业比做芯片还难，谁要是把农业做好了，那比华为还要厉害。"

无论是农产品行业的逆淘汰，还是种植业的大量且长期投资与销售规模扩大的矛盾，这些都说明解决问题的关键在于**品牌建设和终端驱动**。只有建立了品牌，才能在不透明的生鲜行业进行品质背书；只有终端驱动，才能尽快将好产品转变为现金流，支撑进一步的发展。

做农业，没有情怀，坚持不下来，没有智慧，也无法生存。正是因为看到了这一点，余惠勇坚信，大生鲜方向是正确的，尽管困难重重。百果园决定进入大生鲜领域，既是情怀驱动，也是理性洞察。

2020年，生鲜领域曾发生"混战"，许多互联网大佬和各类业态玩家杀入大生鲜领域。2020年6月，百果园又举行了一次战略研讨会，研讨这次"混战"对百果园的影响，百果园是否需要调整。

⊖ 1亩≈666.67平方米。

在这次会议上,笔者做了一个演讲,主要观点如下。

第一,这些年来所谓的"构建新零售业态",更多的只是"终端革命"。比如,京东、淘宝是纯电商;百度、美团、抖音、头条等,是搜索、配送、内容线上入口延伸出电商终端;苏宁、国美等,是线下连锁转化成线上线下一体化终端;兴盛优选,是把夫妻老婆店终端组织协同起来;微商是把人作为终端;等等。但少数几家企业如小米、百果园等,不仅仅是终端创新,更是在产业链上深化连接和管理,从而形成真正的产业生态能力。

第二,百果园的逻辑与互联网大厂不同。互联网大厂的逻辑,是通过价格战快速获取流量,但在生鲜领域,这个逻辑行不通。在生鲜领域,产品品质和运营管理是一个难题,需要全产业链的协同与管理,以及对产业链进行长达十年甚至更久的投入、耕耘。但凡急功近利的公司,都很难在这个领域有大的建树。所以,百果园要根据自己的战略逻辑,不受干扰地长期走下去。当时,笔者还预言,半年后一定会有"裸泳者"。果不其然,后面许多企业纷纷爆雷。

百果园进入大生鲜领域的速度并不快,甚至可以说非常慢,一个重要的原因,就是要先做好源头。所以,还是那句话,"天下武功,唯慢不破"。

百果园进入大生鲜领域的第一件事就是确立品类品牌——"熊猫大鲜"。熊猫大鲜始终坚持"四不三高一坚持"的产品开发原则:不到源头不做,没有专家不做,没有行家不做,不感动自己不做;高品质、高营养、高安全;坚持高性价比。

同时,也确立了蔬菜品牌——"三个零"蔬菜。"三个零",即0化学肥料、0化学农药、0化学激素。除此之外,还确立了一个指标是"有菜味"。这一指标的提出也表现出百果园对长期主义的坚持。这些年来,市场上对蔬菜新品种的选育,一直都以抗病性、产量、硬度、果实外观以及耐运输性为主要评价指标,"有菜味"的排序十分靠后。比如山东种植的番茄销售到新疆，为了保证存储的时间更长且运输过程中不易受损，可能番茄五六成熟的时候就会被采摘下来，这时糖分等元素的积累还没有达到应有的水平，显然，"有菜味"就是被行业次要考虑的因素。

不管是从好水果过渡到好蔬菜，还是未来从好蔬菜过渡到好粮油，从好粮油过渡到好食品……这些都需要长期的投入、耕耘，不是每一家企业都能够坚持"慢"主义，有耐心从源头做起的。

有人问余惠勇："大生鲜的水非常深，现在入局的都是顶级资本，就凭百果园的实力怎么去做？"

余惠勇回答："我们在水果领域已经刮起了一阵清风，既然那么多商家都没有走在一条正确的道路上，那么这份责任就应该落在我们肩上。"

在百果园二十周年大会上，余惠勇详细地分享了未来百果园在改造农业方面的决心和长期计划。以下是他的演讲节选：

今天所有的公司都知道，中国的农业是一个未被开采的富矿。幸运的是，百果园如今已经探索清楚了开发这个富矿的路径。

首先是销售拉动。要用优质、安全、营养的农产品的销售拉动生产，比如拉动优质、安全、营养的水稻、水果、蔬菜的种植。反过来说，如果没有优质、安全、营养的农产品的生产，怎么可能达成好销售？

其次是引入最先进的技术体系。今天的中国非常缺的是技术体系（注意，不是缺单一的技术），是缺协同性。我们经过多年的摸爬滚打，目前手上积累了三套技术体系，其中之一是迄今为止日本最现代、最先进的一套技术——BLOF技术。新的技术拉动新型生产资料的诞生，新型生产资料又会拉动环保生产。

百果园的实践已经证明了这是一条成功之路。我们在水果行业已经取得了一定的成绩，这是因为我们在前端销售有"两驾马车"，一个是渠道品牌，另一个是品类品牌，这"两驾马车"已经拉动整个生产在开始发生变化，所以这条路是我们改变农业的可靠途径。

最后是品质背书。品牌的本质是信任。自从百果园确立了大生鲜第一品类品牌——熊猫大鲜，我的内心真是一半是火一半是冰，因为看到了太多猪肉的问题、鱼的问题、鸡的问题、大米的问题……我发现不是没有好东西，而是有好东西不好卖，最后逼得那些卖好东西的商家降成本。所以，我一直有一个心愿，让好东西变得好卖，从而拉动生产。我们熊猫大鲜最有价值的就是"四不三高一坚持"的产品开发原则，未来只要不偏离方向，逐个突破，必将会石破天惊，在行业里掀起一股巨大的波浪。

马斯克是一个全世界都在关注的风云人物，对于他做的许多事情我也有很大的感触。我曾经将马斯克所做的事情与百果园做了一个对比：

马斯克仰望星空，百果园讲敬畏大地；马斯克渴望的是星辰大海，我们做的是一果一菜；马斯克发布了宇航计划将要改天，百果园很早就设计了沃土计划，我们要换地；马斯克要在电动汽车领域独领风骚，我们打造"三个零"蔬菜，要在蔬菜领域拔得头筹；马斯克制订了移民火星的计划，我们设定了守护地球的计划；马斯克的名言是嚼着玻璃跨过地狱，到达成功的彼岸，我们希望拥有圆满的"三好"人生，以这样的心境去实现我们的理想，到达我们的彼岸；马斯克要征服宇宙，我们将征服自己。

我们立志改变中国农业，通过改变农业来改变世界，这是我们想要做的。

第二章

经营"信任"：以慢制胜的关键

在看重理性与利益的市场经济下，信任到底值多少钱？这个问题似乎很难回答。但著名政治学家者弗朗西斯·福山认为，信任的匮乏不但会使经济徘徊不前，还会引发其他社会问题。[一]北大经济学教授张维迎也长期关注信任问题，他认为人类的进步离不开经济增长，信任与经济增长密切相关。[二]失信不仅会导致企业的运转成本增加，而且会导致社会整体交易成本攀升。

在高度信任的经济环境中，人们沟通、合作和交易的效率会更高，也更容易进行商业创新。对信任和依赖的渴望，在今天的消费者和企业身上，都显得十分迫切。比如，开在小区里的百果园门店，做的多是熟人或半熟人的生意，因此更需要建立一个值得信任的形象。可以说，百果园的成长，正是信任机制与信任建设的成长。

[一] 福山. 信任：社会美德与创造经济繁荣 [M]. 海口：海南出版社. 2001.
[二] 张维迎. 信息、信任与法律 [M]. 3 版. 上海：生活·读书·新知三联书店. 2021.

一、生意的本质是信任

（一）信任可以降本增效

早期门店系统不发达，公司无法全面了解每家门店的经营状况，只知道各门店的销售数据，对库存等很多方面的情况都不清楚。就是在这样一种"摸瞎"的情况下，百果园建立了信任交接和退货制度，即总部将货送到门店后，门店无须验货、称重，事后只要门店发现收到的水果有不新鲜、磕伤、压坏等情况，就可以向总部申请退货。

据当时的加盟商、现在的百果园果制品业务负责人方爱平回忆，尽管有些加盟商受利益驱使，会把不新鲜的存货拿来退，百果园还是选择信任加盟商，甚至觉得这样还不算完全信任，又把退货制度进一步升级为坏货制度。门店不需要退回原果，只需要反馈给督导部门记下坏果的数量和价值就行。

"公司虽然长期亏损，但依然坚持一条原则，即尽最大努力保障加盟商盈利。不管门店订的是什么货，只要提出疑问且合理，总部都会支持。"方爱平说，"事实证明，跟着公司的每一次选择都没错，我知道董事长（余惠勇）不会让加盟商吃亏，也不会让员工吃亏。"

这一系列基于信任的举措，不仅提高了配送的效率，而且降低了运营成本。更重要的是，让所有加盟商看到了百果园合作的诚意，以及坚持长期主义的决心。这些都为百果园树立了口碑，降低了百果园在全国拓展的成本。

当时公司还专门设置了一个投诉专员的岗位，有一天投诉专员就找到当时负责营销的陈猛哭诉，说这个岗位的工作太难做了，她每天早上都会在配送前仔细检查配货并且做好标记，但是门店还是投诉货不好，她怀疑是门店把前一天卖不出去的货说成是不好的。

陈猛当时安慰她说："水果在配送出货的时候可能确实是好的，但是在到达门店之前会有一万种可能，万一司机踩刹车不小心把水果磕到了呢？生鲜品不是标准品，我们千万不能有怀疑门店的心理。要相信，大部分门店还是诚信的。"

那个时候如果采用"正规管理"，可能就永远解决不了成本飙升的难题了。100%相信加盟商的反馈，并为之负责，这就是百果园信任文化的起源。现在，百果园还是延续着夜间配送交接，在门店打烊之后送货，夜间的温度更低，有利于降低水果的损耗。

从信任交接和退货制度可以看出，公司一心站在加盟商的角度思考问题。而且不只是加盟商，百果园还用信任聚拢起了上下游合作伙伴，帮助整个产业链降低成本。

朱启东是百果园的创始员工，这些年来他担任过许多职务，但只有在做国际采购的那几年踩过的坑最多。当时，百果园和国外供应商还没有建立起信任基础，拓展市场很难。

百果园在寻找供应商时有两条基本原则：第一，货到付款；第二，按照百果园的采购标准。但是，这种交易模式和较高的采购标准让很多供应商难以接受。尤其是北美、欧洲等国家的水果产业已经较为成熟，基本上不缺代理商，更不愁销路，他们与代理商的合作模式是货船出发后，代理商见到船单，先支付部分货款，而不是货到付款。

有一次和美国一供应商合作采购提子，糖度标准都没有问题，但最后公司还是亏了20多万元，这是怎么回事呢？

通常1千克的提子会分成2串，最多分3串，这样的串形大小刚刚好，容易卖。结果该供应商发过来的提子让人傻眼了，1千克居然分了七八串，这样的提子虽然口感很甜，但是在门店完全卖不动，因为顾客可能会想：这些提子是不是从坏果上剪下来的？

而且，经过了解得知，这家供应商发给其他合作商的货并不是这样"碎"。其实在这种情况下，百果园是可以不支付尾款的，毕竟美国供应商违规在先。但是后来朱启东转念一想，钱虽然重要，但是百果园的口碑更重要。不能因为这部分尾款，破坏百果园苦心经营的信任文化，自己抬高自己与别人合作的成本。

"我的第一反应是给钱，但是以后不会再和这家供应商合作了。这件事我想我是做对了。如果我们不给他们钱，他们很可能就会在外面说我们，不知道情况的人就会认为是我们不讲信用，那我们在外面买货就没有了口碑。有人和我说，朱总我们亏了20多万元呀！我说亏就亏，我们也不是亏不起，但是记住，以后再也不要和他们做生意了！"朱启东回忆说。

还有一年，朱启东向南非供应商采购苹果，结果那批苹果在海上多漂了两个星期，大多都得了"苦痘病"——表面上坑坑洼洼的。对方也清楚是他们的苹果出了问题，就说不收百果园的钱了，但朱启东发现有些苹果还是好的，可以帮助他们拿到批发市场去卖。

"这也不是他们的错，而是物流公司的问题。最后这些苹果除去关税还挣了7万多元，我让手下把这些钱全部打给人家，因为这是人家的苹果，不是我们的。"朱启东回忆说。

对方完全没想到朱启东还会把钱打给他们，从那以后，这家供货商便与百果园建立起了100%的信任，百果园再订货一分钱预付款都不用付。

如今，南非这家供货商已经成为百果园最大的合作商，和百果园做了很多生意，如柑橘、苹果等，从十几货柜到几百货柜，大家相互信任。

为了提高国际合作双方修改和签订合同的效率，百果园还给予了相关负责人充分的信任，同意由相关负责人先做担保，以确保合作流程正常推进。

2014年之前，百果园的国际采购部一直是亏损的，但自从连英语都不懂却非常重视信任文化的朱启东来了之后，第一年就开始盈利了。如今，百果园在全球的水果布局，基本上已经可以做到全产业链、全品供应、产地直供。

真正让全体员工感受到信任力量的，还是一场大火。2014年百果园广州的配送中心发生了火灾，所有货全被烧光了，当时很多媒体说百果园第二天就要倒闭了，确实，门店没货卖可不是就要倒闭了吗？

那天晚上，来自全国各地的近100名员工去广州支援。大家在江南农批市场找了一块地，陈猛当时在现场把车灯打开给大家照明，每个人都拿着电脑连夜作业，联系所有能联系到的供货商让他们把货连夜送过来。当天晚上没有订货单，因为单据和购物卡都被烧了，可是大部分供货商都很支持百果园，留了张字条就连夜给门店配送去了，很多人送的都是当时最好的货。后来百果园也第一时间把钱结算给了供应商，给门店送了多少货，给仓库送了多少货，只要报数就全部相信，把钱结算给人家。

第二天一早，门店全部照常营业，很多人都觉得这是个奇迹。

信任一个人很难，能"率先信任"更难。从这几件事情中，大家能看到百果园的信任文化，它让百果园的全体员工都体会到了："信任可以降本增效，可以创造奇迹！"

(二)"做一个傻瓜"

余惠勇曾感叹："水果供应链是所有行业里链条最长的，也是最为复杂的。"那百果园构建出如今的水果供应链王国，靠的是什么？是雄厚的资金投入，还是大量的资源投入？

其实都不是，只有很简单的两条：一是不让合作伙伴吃亏，二是店大也不欺客。换句话说，靠的就是自己先吃亏，自己先"做一个傻瓜"。

2011年，余惠勇在上海出差时，吃到一款很好吃的草莓，听说是南京产的，就让朱启东去谈合作。戏剧性的是，朱启东约了一个供应商一起去看草莓，结果小伙子睡过了头，最后让供应商吴中平得到了这个机会。

早期，因为冷链运输等不发达，要把"北方"水果运到"南方"城市，并不是件易事，更何况还是娇嫩的草莓。当时的物流、配送比较简单、粗放，分拣、搬运等又不专业，草莓在没有经过任何包装处理的情况下，直接装筐发货，损耗很大。

第一车、第二车草莓从南京运到深圳，损耗率高达60%～70%。这是第一次供货，吴中平亏大了，一车货原本可以卖16万元，最后只卖了一半，但他还是想继续合作，为什么呢？因为朱启东本着不让合作伙伴吃亏的原则，提议刨掉损耗，剩多少帮忙代卖，卖多少钱都给供应商。吴中平说："后来证实，这16万元是两车全部的销售额，他们（百果园）一分钱都没要。"

草莓的高损耗问题引起了余惠勇的注意，他亲自狠抓这一块，从包装、运输、配送、搬运、门店销售等各个环节一一梳理，来寻找改进的办法。终于在第四年，将草莓的损耗率从最初的60%～70%降到8%以下，实现了盈利。

在一款风味草莓冬季出现在深圳街头的背后，是百果园长达四年的亏损。吴中平说："在我最艰难的创业初期，是百果园给我雪中送炭。"

2014年，百果园开始大力发展品类品牌，余惠勇希望有一个属于百果园自己的香蕉品牌，便找到了当时深圳市香蕉姐水果有限公司的总经理陈超群。记得一天下午，余惠勇来到了他的办公室，不过交谈了短短十几分钟，就问道："你愿意和我们一起试一下吗？"

陈超群说："相对于它们（佳农、索菲亚）而言，我们真的就像蚂蚁一样，只不过是经营着一个不起眼的小档口。我们没想到余董会这么信任我们。"

为了持续输出高品质的果品，保障消费与体验的一致性，百果园不光参与到了供应链上游环节中，负责水果的统一采购，还深度参与到了水果的种植环节中。通过成立优果联，百果园打造了良枝、不失李、猕宗等一批国产水果品类品牌，同时还建立了一系列示范种植基地，来研发更多优质水果品种。通过优果联，百果园不光集结起了上游的合作伙伴，更重要的是培植了一片信任的土壤，让大家都能在上面健康生长。

2014年10月，在余惠勇的鼓励下，吴中平注册了南京金色庄园农产品有限公司。余惠勇来南京之后，建议吴中平要往种植上走，教他如何把有机肥、种植技术等深入推广给农户。"好产品是需要技术介入的，这样才能持续把控品质。"

但吴中平当时却不想这么干，他嫌麻烦，觉得这个推广过程会比较漫长，效果也不明显。慢慢地，随着市场的发展，消费者对草莓的品质和安全越发关注，吴中平这才想到余惠勇的建议。意识到问题之后，他马上下定决心"做一个傻瓜"，从建种植基地开始，把好草莓的品质和安全关。

如今，在百果园和优果联的指导及支持下，金色庄园羽翼渐丰，不仅研发并种出了优质草莓——百果园自有品牌"红芭蕾"草莓，而且实现了规模化发展，2019年公司草莓销售额达2.2亿元。

蒋兴永自20世纪90年代末就开始在云南种冬枣，于2001年成立蒋氏枣园，主要种冬枣，完全不愁卖。当年普通冬枣卖8~10元/千克的时候，蒋氏枣园的冬枣就能卖80元/千克。优果联负责人谢凌云至今还记得第一次见到蒋兴永的情景，见面两三个小时两人只说了不超过10分钟的话，因为蒋兴永一直在忙着接听来自全国各地客户的电话，还说不知道谁又把钱先打到他的账户上了。到最后，由于蒋兴永从来没听说过百果园，谢凌云并没有订到货。蒋兴永还说："小谢啊，你也不容易，送你两箱枣吃一吃吧，你明年想要的话早点来看看。"

谢凌云没要枣，只说了这句话："我们百果园是开水果专卖连锁店的，不是中间环节，也不是批发商，我们会做大，跟我们合作可能会比较长久，以后你有需要可以随时联系我。"

第二年，正好产业环境发生了变化，市场上出了一种暖棚技术，采用这种技术种出的枣个头比南方枣大，打破了蒋兴永一家独大的局面。由于当时枣非常不好卖，所以蒋兴永打电话给谢凌云，谢凌云马上就在市场上帮他解决了这个问题。这也让老蒋第一次感受到水果专卖连锁店的效率之高，和一般商超完全不一样。

除了销售问题，谢凌云还把优果联的技术人员也带去了云南，想帮蒋兴永看看种植方面有没有什么提升空间。我国台湾地区水果种植专家许典信老师也去了现场。许典信老师从事水果行业 30 多年，看水果就像中医看病一样，总能看出系统性问题。许老师一看到蒋兴永的冬枣就强调有机肥的重要性，同时强调，与北方相比，云南的冬天没有霜降，病虫害会更多。不过当时的蒋兴永没听进去，毕竟方圆几十里他是种枣的高手，别人来见他都是来学习的，从来没有人敢提什么意见。但第二年，冬枣果然出了问题。打那以后蒋兴永就意识到了自己的不足，很积极地和优果联建立了种植研发的合作，把冬枣基本都供应给了百果园。

那几年冬枣行情不好，别的经销商都在杀价，但是谢凌云还是按照原价收购，这让蒋兴永很意外。由于冬枣的收购价格比市场高，百果园的冬枣在头几年也一直处于亏损状态。谢凌云说："我们的工作不是采购，而是建立研发合作和为客户服务，我们比较傻。"

余惠勇经常跟员工分享一本书，这本书的名字就叫《这一生，至少当一次傻瓜》。这本书讲述的是日本木村秋先生种植苹果的故事，周围的亲朋好友都觉得他是傻瓜，不相信他可以成功，但最后他花费了近十年时间终于栽培出了无农药、无化肥的好苹果。

"得供应链者得天下"，供应链建设是生鲜企业角逐的核心，也是百果园的核心竞争力。而只有拥有坚持不让合作伙伴吃亏，店大也不欺客的"傻瓜"精神，才能赢得合作伙伴的信任，这也是百果园能够构建起果业上下游价值链的底层要素。

(三)"共生"的加盟模式

2001 年，百果园成立，依靠加盟模式，从 1 家门店迅速扩张到了 100 家门店。加盟成为百果园快速扩张的利器。但加盟是把双刃剑，坏处就是加盟商良莠不齐，当年的营商环境远远不如现在健康，加盟店出现了窜货、私自采购的乱象，严重损害了百果园的口碑。为了挽救局面，从2007年开始，百果园用近三年的时间对加盟店进行整顿，包括进行门店回购，采用门店合资等直营管理方式，强化统一管理，为第二次加盟转型打下了"加盟发展，直营管理"的基础。

余惠勇深知水果行业的特殊性，在2018~2019年持续调整加盟模式，加速开店，到2021年底，百果园共有5351家线下门店，其中自营店仅有15家，剩下的5336家全部是加盟店。

加盟店占比如此之大，要怎样克服加盟带来的管理难题？其中非常关键的一项举措就是设计激励机制——如何分蛋糕，才能更好地促进做大蛋糕？

经历了21年的加盟模式摸索，百果园形成了一套独有的以信任为基础的加盟管理模式。百果园的加盟管理模式有三个关键之处。

第一是招募"老板"而不是"投资人"。

加盟是零售业快速具备规模优势的普遍打法，但常见的加盟模式实际上是将加盟商变成"财务投资者"，门店的实际运营则由品牌商负责，甚至有些品牌商还负责店员的聘用和管理。这样的加盟模式确实能快速打开市场，但扩张带来的管理难题也会呈指数级上升。

百果园对加盟商的角色是有要求的，要求加盟商必须是这家店的实际店长。店长必须是老板，这是百果园加盟体系的核心。因为百果园加盟发展需要的不是资金，而是人，甚至有内部员工认为："如果不能实现这一点（店长必须是老板），其实百果园就谈不上成功，不管开多少店，最终都是会失败的。"

为什么百果园会选择这样独特的加盟模式呢？

在第一章中也曾提到，早在百果园成立初期，余惠勇就笃定加盟是百果园必须走的一条道路，因为那时他就感受到水果这种周期性强、变数大的商品对管理者的主观能动性要求非常高。什么人的主观能动性最强呢？那一定是门店的老板，或者是有老板心态的管理者。如果指望一个普通员工去管理门店，是很难做好水果生意的。这就是百果园坚持这种独特加盟方式的底层逻辑。

当然，随着公司和门店的不断发展，有一部分加盟商开了一家门店后可能还想再拓展。如果只开2家门店，那么一个人或许还忙得过来，但是开到3家、4家、5家甚至更多家门店的时候怎么办呢？在这种情况下，百果园就会要求加盟商有履约辅助人（店长）来协助他，并鼓励加盟商给予履约辅助人门店股份以激励他，而不能仅仅给他固定工资。

第二是加盟发展，直营管理。

加盟店经营者的主观能动性固然非常重要，但不是唯一重要的，采用适合的经营原则和方法也十分重要。这就要求品牌商有一套成熟、高效的运营体系赋能加盟商。通过加盟的模式寻求发展，但采用直营管理的方式来运营加盟门店，这就叫"加盟发展，直营管理"。与一般的加盟模式比，百果园的加盟模式的特点是强管理，加盟商必须在百果园统一的产品标准体系、运营体系、培训体系的指导和规范下运营门店。

第三是共生分享。

百果园采取的是按照毛利额阶梯累进式收取特许经营资源使用费的方式。这体现的是一种共生关系，一损俱损，一荣俱荣。

如果按照分成方式的不同来对整个加盟行业进行分类，那么，加盟商与品牌方的合作关系从松到紧有以下几种。

第一种是按照配送额分成。品牌商根据加盟商的提货额进行分成，至于加盟商拿了货之后能不能卖出去，那是他们自己的事情，和品牌方没有关系。这是一种最浅层次的加盟合作关系。

第二种是按销售额分成。品牌商根据加盟商的销售额进行分成，如果加盟商卖不出去，品牌方也拿不到收益。在这种分成方式下，双方的关系就更近了一层，品牌方会更有动力帮助加盟商进行销售。

第三种是按毛利额或净利润分成。品牌方根据加盟商所在城市的消费水平以及加盟商的毛利额采用不同的分成比例，收取一部分特许经营资源使用费。这是特许经营模式中品牌方与加盟商绑定程度最深的一种，也是百果园正采取的模式。

具体来看看百果园的加盟模式，如图2-1所示。

	加盟模式A	加盟模式B
总投资费用	27.7万~29.7万元	8.5万元
固定投资	● 加盟费3万元 ● 选址评估服务费1.5万元 ● 招牌设备费（工程）6.2万元 ● 信息设备3万元 ● 门店装修预估款：10万~12万元	● 加盟费3万元 ● 选址评估服务费1.5万元 ⊗ 招牌设备费（工程）6.2万元 ⊗ 信息设备3万元 ⊗ 门店装修预估款：10万~12万元
流动资金	● 商品预付款3万元 ● 履约保证金1万元	● 商品预付款3万元 ● 履约保证金1万元

- 总投资费用合计不含店铺转让费和租赁押金。
- 特许经营资源使用费按门店销售毛利额阶梯式累进收取。（关注官方微信公众号"百果园加盟"了解详情）

图2-1 百果园的两种加盟模式

模式A的前期投资费用相对较高，但店铺全权归属于加盟商。在这种模式下，品牌方根据加盟商盈利的不同区间收取不同的特许经营资源使用费，盈利越高收取的特许经营资源使用费越高。比如，在一个消费水平和租金费用较高的城市，百果园通过核算得出：当门店的月毛利额小于6.2万元时，收取3%的特许经营资源使用费；如果毛利在6.2万~12万元，按照线上9%、线下15%的比例收取特许经营资源使用费；如果毛利额超过了12万元，则按照线上9%、线下25%的比例收取特许经营资源使用费。

模式B主要是针对资金较为短缺的意向加盟商。比如一个加盟商想再开一家门店，但是缺少资金，百果园可以负责装修和设备投资，这样，开一家门店只需要8.5万元。采取模式B的门店虽然在分成比例上会高于采取模式A的门店，但是也能保证店长的老板心态。百果园同样按照6.2万元以下、6.2万~12万元、12万元以上这三个档次计算，列明了模式 B 的特许经营资源使用费收费标准：月毛利额在 6.2 万元以下的门店，收取 8% 的特许经营资源使用费；月毛利额在 6.2 万～12 万元的门店，按照线上 14%、线下 20% 的比例收取特许经营资源使用费；月毛利额在 12 万元以上的门店，按照线上 14%、线下的比例收取 30% 收取特许经营资源使用费。

正因为百果园有自信帮助加盟商盈利，所以才会将自己与加盟商的利益绑定在一起，深度参与每一家门店的运营，而这也进一步赢得了加盟商的信任。

（四）"主人翁"的激励机制

相信不少企业都有这样的困境，想通过激励团结大家一起做好企业，可又无从下手。最合理的激励模式好像就是谁创造价值谁获得价值，简单地说，就是按劳分配。但一般来说，大部分公司的业务都非常复杂，绝大部分工种都无法像计件工资一样较为准确地评估它的价值。而且，由于公司在不同发展阶段往往会采用不同的激励方案，随着公司不断发展，就会出现前一阶段的激励制度落后于现阶段发展的状况。

2019 年，经历了较长一段时间高速发展的百果园就出现了激励问题，一场调整权益分配的改革势在必行。

经过摸索，百果园提出了区域激励机制，即每个区域都是独立的利润单元，可以根据自己的经营成果分配利润，每个区域的核心团队也能根据区域经营情况获得区域利益分配。这套机制坚持**一个设计原则**，有**两大亮点**。

一个设计原则，是指"结构大于机制，机制大于管理"。

"结构"的核心是股权结构，但是各个区域公司只是百果园的分公司，并不是独立的法人公司，这就面临很多公司都感到困扰的一个问题——通过结构是难以实现激励的。正因为通过结构难以实现激励，所以要通过机制实现，万一通过机制也实现不了，下下策就是通过管理实现。比如我们熟知的超额利润分享就是一种机制手段，而检查、培训、绩效评估等就是一种管理手段。

但是一般来说，通过机制实现激励也有一个难题：要不要设置目标？怎么设置目标？

我们假设一个场景，销售团队里达到目标的人就可以获得提成。销售人员面对目标最害怕的是什么？是今年达到了目标，明年这个目标通常会提高，达到目标变得更难。比如说，去年的目标是1万元，今年变成了1.5万元。站在公司的角度，公司有自己的考虑，因为公司的成本也在增加。但是站在员工的角度，这就会导致大部分人在完成任务的时候会给自己留一点余地，少数人可能会为了高提成在一年之内拼命干出业绩，甚至不惜损害客户的利益，第二年就跑了。

这样的现象在销售行业是较为常见的，很多销售人员都很困惑，企业也非常为难，不定目标不可以，定了目标也不行。这就是机制的局限，只能做到短期内有效，不能像结构一样长期稳定，这也就决定了拿到股权的人更加具有老板心态。

能不能把机制做成长期稳定的，达到和结构同样的效果呢？百果园的区域激励机制就是基于这一问题提出的，因此也形成了该机制的两大亮点。

第一大亮点：整体政策20年不变。

在区域激励机制中，百果园设置了类似结构的长期激励机制。百果园会根据各个区域的具体情况制定相应的营收目标，并且这个目标在20年内保持不变，只要区域能够超额完成，就可以参与分享红利。这样，大家就不用担心今年超额完成了目标，明年公司又把目标调高了这样的事情发生了。各个区域团队因此被有效地调动了起来，并且产生了极强的主人翁意识，会全心全意地为自己所在区域谋发展，不会再为自己短期的业绩而去损害客户的利益。

哪怕第一年忙于施肥、耕种，没有赚到什么钱，大家也不会担心，因为抱着长期主义的打算，唯慢不破，大家更愿意在前面几年好好地打基础。

这样的激励机制其实也是一种信任机制。正因为敢于信任，并且敢于信任 20 年，让百果园把机制做成了结构的效果。

第二大亮点：赋予区域管理者主人翁身份。

首先，对区域管理者不设目标，无附加条件。只要区域利润大于 0，即可按比例分配，而且这个分配比例 20 年不变。但是，不同成熟度的区域，分配比例不同，具体按改革时公司把各个区域培育到何种成熟度来确定比例系数。

其次，落实主人翁身份。区域管理者的个人出勤、个人考核均不影响区域年终分享红利。

最后，签订协议，将各项权益以白纸黑字的形式确定下来。这给了区域管理者极大的安全感。

此外，若中途有人离职了，或者有人考核不合格被调岗了怎么办？区域激励方案中也都有明确的规定。

到 2022 年，区域激励机制已经实施三年多了，百果园实现全国范围内销售增长 15%，门店和公司均实现利润增长。在新冠疫情带来的寒冬下，这样的表现是难能可贵的。

二、"三无退货"是一种战略

生活中，我们经常会在服装、数码产品这样的标品上看到"三无退货"的字样，但是在非标品生鲜领域，基本没有这样的售后服务。消费者买到了不熟的番茄、不太甜的西瓜等，通常只会自认倒霉，很少看到谁因为这种事去维权。

然而，在 2007 年，那个服务意识还很淡薄的年代，百果园就率先提出了"三无退货"，即如果顾客对水果口感或品质不满意，没有实物、没有小票、没有理由就能退货。这看起来实在是一件吃力不讨好的事情，可能导致顾客蜂拥退货，甚至可能把公司退垮。那么，百果园为什么还要这样做？

这源于百果园的"好吃"战略。

2007年，经过了五年的行业摸索，百果园认定"好吃"才是水果的本质，并把"好吃"作为水果这种非标品的检验核心。余惠勇更是把"好吃"上升为整个公司的战略定位。

明确战略定位之后，在一次公司大会上，余惠勇让各部门都围绕"如何给好吃的水果赋能"这个主题说一说。

人力资源部门说，对于有好吃的水果采购经验的人，要优先录用，并提供最好的待遇。运营部门说，要有帮扶的理念，门店用人的时候，老人去做新店，新人做老店。财务部门说，对于供应好吃的水果的供应商，财务结算优先。

随着讨论的深入，大家逐渐认识到了问题的关键——"好吃"的标准不是来自采购端，而是来自消费端。"好吃"是消费者购买水果的第一需求。进一步说，"好吃"是消费者感受的标准。

那么，新问题就来了：如果不好吃怎么办？

余惠勇说："不好吃直接退掉！这才符合'好吃'的消费者需求。"

事情就这么定下来了，看起来顺理成章，但实际远非这么顺利。

2007年，百果园最初推出的是"如果不好吃，拿小票和水果回来，证明是在我店购买的，就给退"。但经过一年的尝试发现，这些条条框框看起来要求不高，实际对顾客而言，要求非常高。

不像买电器等大件商品，顾客有保存发票的习惯，大多数顾客买完水果后可能会随手将小票丢弃，等到发现水果不好吃时，已经找不到小票了。更何况，水果要是烂了，一般都会直接扔进垃圾桶，让顾客把烂水果拿到店里也不合适。所以说，这个退货政策基本形同虚设。

2008年，百果园又推出"如果不好吃，不用实物，不用小票，只需要讲清楚理由,就给退"。但很快又发现,让顾客讲清楚不好吃的理由也是一个很高的要求。这也是日常生活中大部分消费者认为的痛点——找商家退钱要做好一番"唇枪舌剑"的心理准备。其实百果园的顾客大多都是门店附近的街坊邻居,反复解释很伤害感情。

退货政策的发起是一番好意,本来是为满足顾客的需求,结果反而成了摆设,甚至弄巧成拙。要知道对顾客而言,做不到的承诺比没有承诺更加糟糕。

彼时的百果园正面临内忧外患的处境:对内,公司还没能找准盈利模式;对外,水果连锁销售赛道非常拥挤,出现了大量模仿百果园的门店,让顾客无从分辨。与此同时,两年来退货政策的语焉不详也让品牌的美誉度大大降低。

危机往往会让企业乱了阵脚,但其实也是企业审视自身的一个好时机。大部分人认为百果园面临的是顾客满意度问题,但余惠勇却清晰地捕捉到,这背后是百果园的"好吃"战略是否要坚持下去的问题,因为好吃和顾客满意是一个硬币的两面。如果不能让顾客满意,那"好吃"战略就无从检验,就变成了一句口号。

这是一个很痛苦的抉择:选择坚持,公司有可能会死得更快,但选择放弃,很可能与同行同质化,进入与路边摊厮杀的红海,也将陷入一片死地。基于一心想做"世界第一"的目标,余惠勇笃定做好吃的水果就是百果园要迈出的第一步,并在会上明确提出"三无退货"政策,即无实物、无小票、无理由退货。

然而,大部分管理者都不同意,每个人的心里都被两个问题拷问着:顾客能被信赖吗?顾客值不值得信赖?但是余惠勇问了大家两个问题:"顾客是什么?顾客是衣食父母,你不相信父母吗?"最后,他掷地有声地说:"'三无退货'是百果园哪怕倒闭都要做的事。"

在余惠勇的坚定坚持下,"三无退货"政策于2009年开始正式实施,尽管在很多人看来,这件事还是很"不靠谱"。

在执行"三无退货"政策后的一年内,百果园有两个重大突破,一是门店破两百家,二是销售额破亿元,并且竞争对手都不敢跟进模仿了。看起来,百果园损失的是企业利润,但从更大维度和更长周期来看,正是因为"三无退货",正是因为对顾客的信任,才形成了百果园口耳相传的口碑,最终赢得了市场的认可。

而且,从 10 年的复购率数据来看,体验过"三无退货"的顾客复购率远远高于没有体验过这种服务的顾客。

上海市浦东新区德平路店的员工胡智华说:"有一次,有一个顾客随口提到自己上次买的水果有一个坏果,我立马给她重新拿了一个。这位顾客没想到自己随口的一句话,我们就真的能做到。到现在她每年都和我们有 3 次大单合作,平均每次 6 万多元。"

安庆市迎江区绿地店的刘雨有一次自掏腰包,给已经过了退货时间的客人"三无退货",后来他偶然发现这个顾客已经成了店里的常客,累计下单 60 多次。

让我们回到最初公司管理层最关心的问题:顾客能被信赖吗?顾客值不值得信赖?

"三无退货"政策刚执行不久时,门店负责人问客服中心:"每天'三无退货'的比例有多少?有没有 10%?"客服中心回答:"没有。"

"5%?"客服中心回答:"也没有。"

"1%?"答案还是没有。

2019 年、2020 年及 2021 年,"三无退货"金额分别占百果园总收入的 0.07%、0.18% 及 0.15%。

"三无退货"政策实施 10 年后,有一个数据促使余惠勇想要开一场关于诚信的数据发布会,就是顾客的退货比例。百果园的退货分部分退货和全单退货两种,比如顾客买了五种水果,对其中一种不满意,可以选择将五种水果全都退掉,也可以选择仅退不满意的品种,这个选择权是完全交给顾客的。

百果园对10年"三无退货"数据进行研究后发现，接近40%的顾客的退货金额不到其消费总额的四分之一，近70%的顾客的退货金额不到其消费总额的一半，高达约91%的顾客选择部分退货，只有不到9%的顾客选择全单退货，而且这类全单退货大概率只涉及一个品种。

正是因为这一发现，余惠勇在发布会上激动地说："令我不得不开这次发布会的是我们的顾客，我觉得顾客太了不起了！百果园能够有今天，是得益于我们的顾客。只有伟大的顾客，才能够成就伟大的品牌。"

2016年，百果园将"三无退货"从线下全面推广到线上，并在线上app上推出"不好吃瞬间退款"。顾客在线下门店购买，也可在百果园app上进行退款操作。在此次发布会上，百果园又将"三无退货"服务再度升级，推出线下"三无扫码退"，即顾客在门店购买水果后，可扫描门店的退货二维码，自主完成退款操作。顾客还可自主决定退款比例，退款比例最高可达100%。

当然，为了应对"三无退货"可能引发的恶意欺诈行为，百果园也有自己的防御体系。若情节严重的，百果园也会拿起法律武器保护自身的利益，因为恶意欺诈行为不光是伤害百果园的利益，更是在消耗整个商业社会的信任力。"充分信任，决不姑息"，正是百果园出于保护整个信任生态所提出的准则。

首旅如家总经理孙坚有一次到百果园参访，听完"三无退货"政策的介绍后，他做了一个决定：酒店不再收押金，不再查房，只要顾客交了住宿费，退完房就可以直接走。

当越来越多的企业选择信任消费者，消费者也会同样将信任还给商家。

三、将消耗信任的危机变成建立信任的契机

2008年5月的一天，加盟商吴俊军突然接到店员电话，说他的百果

园赤尾村店被媒体曝光赚"黑心钱"。原来，吴俊军把私自采购的海南香蕉偷偷贴上进口商标后再高价销售。那时候，菲律宾吕宋蕉价格贵，一千克卖 9.6 元，而海南香蕉一千克只卖 3 元左右。

这件事经深圳电视台《第一现场》曝光后，陆续有媒体到店采访。事情越闹越大，消费者的质疑声不断，加上经营一直处于困境，品牌眼看就要毁于一旦，这让百果园感到了空前的压力。

当时的拓店负责人找到吴俊军，告知了公司的决定：准备撤销吴俊军的加盟资格，并着手整顿加盟乱象，"已经到了不得不变革的时候"。

第二天，媒体继续跟踪报道，余惠勇当着媒体的面，亲自把赤尾村店的牌匾摘掉了。紧接着，百果园开始对加盟商进行全面变革。

第一，全面加强管理。让加盟商自主选择去留，愿意留下就必须严格服从公司的统一强管理。

第二，全面建立标准。通过标准化管理，规范加盟商行为，以期改善市场环境。

第三，强化供应链建设。百果园开始深入布局基地直采直供，从源头提供给加盟商提供果品。

这次变革是一次"涅槃"，差不多一半的加盟商选择离开，百果园元气大伤。

而作为第一个被百果园取消资格的加盟商和第一个被百果园摘牌的加盟店，在此后相当长的一段时间内，吴俊军和他的赤尾村店都被作为典型案例，在每次公司大会上被反复提及。"一定要严格管理，一定要统一管理，一定要标准化，才能长久。"这句话一直警醒着大家。

离开百果园后，吴俊军觉得这一行门槛很低，自己干也一样能干好，就把原来的门店换了块新牌子——"果香园"，又正式营业了。但是，由于同质化严重，产品和服务没有体系，生意越做越差。早期一天营业额还可以做到 3000 多元，后来跌到 2000 元、1000 元……最终难以为继。

两年后，果香园被迫关门，吴俊军这才发现，自己单干并没有想象中的那么容易。

2013年，在吴俊军最低谷的时候，当年百果园负责摘牌工作的工作人员找上门来，建议他再开百果园的加盟店试试。这位负责人当着吴俊军的面给总经理徐艳林打了个电话，简要地说明了情况，电话那头的徐艳林听完，干脆地回了一句："你看好就可以。"

这让吴俊军很感动："他们（百果园）没有因为我被摘牌，我犯过错，我是当年的反面典型，就不再给我一个重新建立信任的机会。"

其实受挫的这几年，吴俊军一直在反思为什么做生意不成功，也深刻领悟到"没有用心对待顾客，没有生起敬畏心"是根本问题所在。他一直以为自己只是个"反面人物"，没想到余惠勇却不这么看。

在某个场合，吴俊军向余惠勇介绍自己："我以前是赤尾村店的（加盟商）。"余惠勇一听立马激动地说道："我对这家店的印象特别深刻，当年百果园摇摆不定时，没有赤尾村店这件事，可能百果园就不知道怎么走了。我一直下不了决心去整顿这些。因为你（摘牌），百果园后来整顿了，才能走到今天。"

在余惠勇看来，赤尾村店这个反面典型虽然对公司的品牌造成了不良影响，但对公司的规范化发展也发挥了功不可没的推动作用。

建立信任很难，但毁掉信任却是一件很容易的事情。在生鲜食品零售行业尤其如此，需要一直战战兢兢、如履薄冰。

2022年5月，21岁的百果园第一次登上微博热搜，却是因为一场严重的信任危机。

在公布百果园上市提报材料的第六天，也就是2022年5月6日，某博主发布了一则关于"暗访百果园"的视频，通过员工之间的对话显示百果园成都、武汉两家门店存在将切开的隔夜水果做成果切、小果以大果价格售卖、对发霉苹果放任不管等问题。第二日凌晨，百果园官方紧急发布声明，接受视频揭示的问题。

就在"暗访百果园"视频发布之后，上海市消保委点名百果园称，近年来，很多侵害消费者合法权益的行为都与加盟店相关；品牌不能一味地追求扩张速度，而疏于对加盟店的管理和监督。

在热搜事件发生后，全国28家市场监管局开展了一轮全面检查，当余惠勇得知在这次的检查中百果园没有问题时，他还特别感谢了负责运营的副总裁焦岳："要不是这几年焦总所带领的团队在食品安全方面下了重功夫的话，这一次百果园就彻底倒闭了！"

因为这件事，余惠勇还特意去请教了麦当劳的高管，那位高管问他："为什么媒体大众会关注你们？因为你们现在要上市了，你想做成知名企业，那就必须要接受所有人的监督！"

余惠勇心想，确实是这样啊，而且麦当劳可能还会有些人不吃，但是水果是不分男女老少都会吃的，大家都会来关注百果园。在这种万众瞩目的外部压力下，百果园必然要不断精进。

在内部会议上，余惠勇曾具体谈到这个"以弊为利"的观点："任何坏事背后都蕴藏着好事，这次事件给了我们一个深刻的教训，花一百万元都买不到！"他还要求所有员工都看看这个视频，去仔细分析媒体所暴露出来的门店问题。"视频里揭示的每一个点都是顾客看重的，顾客不看重，媒体不会这样录像、编辑，这些都是我们需要持续改进的方向。我们要感谢媒体用独特的方式鞭策着我们所有百果园人。要真正成为有担当的人、有担当的企业，就要做到不断精进。"

事件发生后几天，焦岳向余惠勇汇报说，门店销售几乎没有受到影响，余惠勇的感恩之心油然而生。

余惠勇在全体员工大会上讲道："我认为我们所有百果园人内心深处都要怀有对顾客的感恩和敬畏之心。无论媒体怎么说，顾客依然走进了我们的门店，依然来购买我们的水果，用他们的行动，投了对我们的信任票，给了我们过去所做的一切努力以支持和奖赏。"

面对这次危机事件，百果园没有考虑如何进行危机公关，而是把它变成一个员工教育的契机，让全体百果园人时刻谨记：要对于顾客怀有感恩和敬畏之心；建立信任很难，但毁掉信任却是一件很容易的事情，容不得一刻的松懈。

四、三个人力资源"怪象"

（一）上千个家庭组成了百果园

2015年，百果园开始梳理第一版员工手册，其中有一条关于员工推荐亲友入职的内容。当时的人力资源总监肖晓明刚来百果园不久，他在拟定这一规定时使用的措辞是"公司允许员工推荐亲友加入公司"，没想到这句话引发了大家热烈的讨论。

原来，2014年的时候，公司人力资源部门简单做了一个粗略的复盘，发现整个百果园组织（包括门店和公司总部）可能涵盖上千个家庭。"家庭"是指至少有两个人同时在公司就职，比如夫妻、父子，或者兄弟姐妹……一大家子十几二十口人在百果园工作的情况都是很稀松平常的。很多家庭的成员不光在同一个部门工作，彼此还是上下级关系。每个家庭都以在一起工作为荣，所以都在积极"壮大势力"，发展亲朋好友进入公司。

最后，员工手册上的"允许"二字被改为"鼓励"，即"公司鼓励员工推荐亲友加入公司"，并且对于新人的任职没有任何限制，可以在同一个部门，也可以是上下级。

如今，百果园已经很难统计出涵盖的家庭数量，因为亲戚关系盘根错节，已经形成了一张巨大的网。比如，一个员工带来了自己的弟弟，弟弟的妻子又带来她的表嫂，这样的情况到底是一个家庭还是两个家庭？据粗略统计，人数最多的一个家族是"李家军"，目前有超过100人在百果园工作。

其实，这种"家族企业"组织形式不是百果园有意设计的，而是现实倒逼出来的。最初，余惠勇认为允许一家人在一起工作的是家庭式作坊,这与他做"世界第一"的目标是相悖的,因此非常反对。但现实很骨感,创业之初,招聘员工非常难,不仅高端人才难招,普通员工也不好招。因为只要听说是到深圳百果园去卖水果的,大家都不理解,卖水果还要跑到深圳去?在自己家乡不是也可以卖吗?这种情况演变成一旦有员工入职,公司就鼓励他将家里人一起介绍过来。就这样"以一带多",形成了今天的"家族企业"组织形式,也成就了百果园特有的"家文化"和很多佳话。

比如,百果园还鼓励员工之间结婚,余惠勇幽默地说:"肥水不流外人田,有好人为什么要跑出去找呢?"朱启东有一次在余惠勇面前发牢骚说:"妻子在广州,我又长期出差,真是被家里的事搞得烦死了。"过了不久,朱启东的妻子就来到了百果园,也在商品中心工作,是朱启东的下属。原来,是余惠勇私下特意找朱启东的妻子谈话,把她调到百果园来,让夫妻二人团聚的。这事连朱启东都不知道。朱启东还说:"我知道老余至少劝阻了几个想离婚的家庭。"

这种"家文化"还给百果园带来了很多意外之喜,比如帮助公司在2014年引进了第一位高管,在此之前,不是公司不想引进,而是没有人愿意来。

第一位高管是怎么被引进来的呢?他是中国科学技术大学少年班毕业,后到日本留学,是第一批从日本留学回国的零售专家,在好几家大型零售企业任职过。这位高管非常敬业,但他的夫人忍受不了,后来二人离婚了。人到中年,因为特别想回到家乡山东,这位高管就去了山东烟台一家知名的零售业上市公司担任运营总监。他当时是单身,公司的采购总监也是单身,二人相互欣赏,渐渐走到了一起。但是,由于企业文化不同,那家上市公司的老板不能接受公司的运营总监和采购总监走到一起,让他们必须走一个。这就让百果园"捡到了便宜"。

2014年1月1日,这两人正式加入了百果园,男高管从董事长助理开始做起,现在是董事长高级助理,他的夫人现在也是百果园采购中心的副总经理。正是这种"家文化",让余惠勇有机会引进第一位高管,也拉开了百果园引进人才的序幕。

同时,为了避免"家族企业"的缺点,百果园采用的用人原则是"举贤不避亲,唯贤是举;用人不唯亲,唯贤适用"。徐艳林解释道:"如果要推荐一个优秀的人,哪怕他是我的亲戚,我也要推荐他,但用人的时候,我们不能因为你是亲戚就用你,而是谁优秀用谁。"

这种"家文化"的核心也是信任,只有公司信任员工,员工信任公司,这种文化才会让彼此受益。更重要的是,我们要理解百果园"家文化"的形成,而不至于把现象当本质。

总结而言,我认为百果园的"家文化"背后有三点非常关键:①互利共赢的价值观。百果园初期招工是非常困难的,但在许多地方找到一份可以谋生的工作也并不容易,这是一件互利共赢的事情。②创始人的胸怀、穿透本质的能力和定力。许许多多员工的家人亲戚加入公司之后,有些还同在一个部门,甚至是敏感部门,但余惠勇对此从不置疑,这种胸怀是非常难得的。当然,这背后也有余惠勇穿透本质的能力,他认为基于百果园的行业特性,这种方式是有利的、适合的,而且一旦认定之后,就不为枝枝叶叶干扰,也足以体现了创始人的定力。③广泛性化解特权性。如果只是若干高管或老板的家人亲戚可以加入公司,那么很容易出现特权文化或其他不良现象,但在百果园,几乎每个人都有亲戚朋友在公司,那么不良现象自然而然就会得到抑制。因为,在几乎每个人都有亲戚朋友在公司的情况下,就不会有特权文化了,组织会呈现出一种透明状态。

(二)"空降兵"成功移植率惊人

从世界范围内来看,企业引进"空降兵"都不易成功,尤其是中高层职务。在企业管理发展中,"空降兵"的存活率和磨合问题一直都是痛点。但是,百果园引进的"空降兵"基本都能很好地融入企业。

余惠勇曾经做了一个类比：世间万物是相通的，一家企业引进人才有如移栽树木，引进高端人才有如移栽大树。

那么，如何确保大树移栽成功？

第一，大树必须适合移栽地的自然条件。如果这一条做错了，一般就成活不了；即使成活了，要么不开花，要么不结果。

普通员工价值观尚未成型，容易在工作中培养；高端人才价值观已经形成，不易改变，只能寻找契合之处，因此，前期彼此的沟通了解就显得至关重要。

2016年，百果园与生鲜电商"一米鲜"战略合并，一米鲜创始人焦岳也加入了百果园，担任集团副总裁，开展线上线下一体化运营模式的探索。

当时的一米鲜是第一个用水果品类做零售前置仓的企业。但就在一米鲜销售额突破2亿元的时候，焦岳看到了自己在供应链方面的不足。一次偶然的机会，他抱着学习的心态去向余惠勇请教，没想到那次聊天聊得那么久，那么投机。"那天我们俩谈的内容也非常发散，印象最深刻的是余总决心做好种植端的魄力。比如百果园的草莓产品，因为一直给上游补贴，升级设备，扩充种植面积，前四年都没赚钱，这种对合作伙伴的态度真是与众不同。"焦岳回忆说。

几个月后，焦岳便带着一米鲜的百人团队来到了深圳，他本人也成了百果园最年轻的高管。

焦岳是一个连续创业者。2010年他和别人一起创立了友盟，主要给移动开发端的企业提供数据分析工具，2013年这家公司被阿里巴巴收购，他也因此进入了阿里巴巴，伴随商家从PC端向无线互联网迁徙。但是，焦岳不想在这样超级大企业里只做一个参与者，更希望做一个创造者。

百果园完全能够给焦岳提供这种创造感。进入百果园一年半后，余惠勇甚至主动提出让他接手线下零售业务。"要知道这是我完全没做过的领域，我能感受到一种强烈的信任。"焦岳说。在线上线下一体化这件事上，相差近 20 岁的两个人一直保持着一致性。

焦岳提到阿里巴巴和百果园虽然行业属性不同，但是文化有共同处，可以用愿景和使命去牵引所有人，但未必要用它去约束所有人的行事。

正是因为在基本价值观层面，人才和企业之间彼此是认同的，所以一米鲜的核心成员都在百果园生根发芽了。曾在一米鲜负责生鲜采购的张旺波现在已经成为百果园商品中心的总经理，余惠勇用行动表明自己是真心喜爱人才，愿意为人才搭建一种兼容并包的环境。焦岳也没有想到："这样的大企业里的重要部门的重要岗位，一年几十亿元的采购量级，居然由一个'空降兵'担任。"

第二，要想移植成功，切忌急功近利。虽然移栽大树的初衷是希望"立竿见影，速见成果"，但短期内仍要以"成活"为核心，而不是追求"开花结果"。

2015 年，地区品牌"鲜时代"的创始人龚建明带领团队加入百果园，做出这个决定仅仅用了 5 分钟。其实，龚建明还在大润发工作的时候就很敬佩余惠勇，但直到自己进入了这个行业，他才真正明白百果园的商业模式的难得。

做鲜时代的 9 个月里，龚建明一个人做拓展，管培训，甚至连货柜的高度、曲度、斜面这些细节都得自己操心。加入百果园之后，他吃惊地发现，百果园不是派个人来培训一下就完了，而是直接门店对门店开展保姆式服务，几乎把所有问题都包揽了。而且，还在"家文化"和"信任文化"上花了大量时间帮助建设团队。

移栽大树的一个重要步骤就是砍掉大部分树枝，去掉所有花果，只保留主杆。也正因为如此，龚建明在南京刚推行百果园的商业模式时因日店均营收出现下滑而备受质疑。

其实这和余惠勇的判断是一致的："大树移栽时，原来的根系全都被切断和破坏，吸收土壤养分的能力变差，如果还指望这棵树保持'枝繁叶茂、果实累累'的话，必使其自身消耗过大，危及生命，导致移栽失败。"

龚建明对团队下了死命令："学习百果园的商业模式，一定要完全复制，绝对相信。"当时还给团队制定了一条规定：365天不许创新，团队的所有人只准抄，不准怀疑，只准依葫芦画葫芦，不准依葫芦画瓢。

等到一年之后团队完全融入百果园，龚建明才开始鼓励创新，此举也让南京地区成为全国创新输出最多的地区，比如现在全国推行的"周二果粉日"就是南京地区率先创新的。在龚建明的带领下，南京地区用一年时间就开出了70多家门店，超越了鲜时代时期的业绩，到现在南京地区门店数已经超过300家。

第三，要改善环境，精心呵护。移栽大树时必须对种植地的土壤环境进行改善，要松土，要施以优质肥料，必要时还要消毒。对百果园来说，信任文化就是能让"空降兵"生存下来的最好土壤。

因为信任文化的存在，龚建明可以根据百果园的机制快速做决定。比如，一家店铺的经营是向好的，可是它的借款已经超过额度上限了，按规定是要关店的，那该不该给这家门店一个机会？如果给，又由谁来担保？"第一重要的是顾客，第二是合作伙伴，最后才是股东。假如有一件事情可能短期内会影响股东的利益，但顾客能得到好处，我就能当场做担保。"龚建明说。在百果园里，对文化充分理解的人能够提升效率，快速做决断。

有些企业的老板会不停地问员工做到哪一步了，老是担心员工掉链子，但是在百果园不会有这种情况。龚建明经常和朋友们说："这辈子我再也不可能到其他任何企业去了，这是我人生中的最后一项事业。"

2017年，杨茜加入百果园，担任百果园市场营销部的主管。她之前一直在外企工作，见证了整个零售商业最辉煌的15年。在来百果园之前，杨茜的很多朋友都替她担忧，因为好多加入民企的同事都后悔了，他们都说"空降兵"在企业里生存很艰难。前同事还告诉杨茜，不少公司都只顾着短期利益，好多重视长期发展的人才还没来得及深耕，就被拔苗助长了。

"我当时给自己定了一个小目标，先坚持3个月。没想到来了之后完全没有什么不适应的，3个月很快过去了。"杨茜说。今年已经是杨茜在百果园工作的第六个年头。

2015年，百果园完成了行业内最大并购案——与果多美战略合并。百果园与果多美分别是南北水果零售巨头，战略合并之后，融合的难度更大，但同样非常成功。最主要的原因仍然是得益于"信任"。

（三）采购不轮岗

生鲜领域有一个死结——采购贪腐。因为采购贪腐问题，生鲜领域几乎所有大公司的采购岗位都有一个规定——三年轮岗。不论现任采购员做得怎么样，做三年就得轮岗，以此来破解生鲜贪腐问题。但实际上，这根本解决不了问题，反而会带来两个反效果。

第一，三年轮岗制让大家潜意识里都认为，做采购的人一定有贪腐问题，本来没问题的人，可能也被影响了。

第二，培养不出专业度高的采购员。做生鲜采购是一件非常难的事情，不夸张地说，采购员第一年可能连水果都认不全，三年可能都入不了行。实行三年轮岗制是很难培养出专业度高的采购员的。

与业内其他大公司不同的是，百果园实行的是终身采购制。百果园目前有300人的采购团队，近20位采购总监的采购工龄在10年以上。

当然，采购人选不是随随便便确定的，公司会反复考核，并明确表示：专业度要求可以降低，但人品一定要过关。

关于专业度要求可以降低，公司的想法也很简单：不够专业没关系，相信只要能专注一件事，持续去做，一定会成为专家。专业度都是历练出来的。

朱启东还记得自己的第一次采购经历是去买青提、橙子。回来开箱一看，青提发黄，不新鲜；下面一层的橙子压烂了许多。这一单整整亏了5万多元，他问老板余惠勇："你还让我做采购吗？"余惠勇说："没事！继续干！"

现在的朱启东已经培养出了一大批优秀采购员。他要求所有采购员入职后，第一步先去批发市场待一年。"很多人以为我让他们去批发市场只是去认识水果，其实还有一点我没有告诉他们，采购就是和别人谈生意，我想让他们去学学人情世故。批发市场上什么牛鬼蛇神都有，你光会说英语有什么用？所以，我的要求是必须先去批发市场待一年才能上岗。"朱启东解释说。

在公司内，能进百果园当采购员的人都很自豪，因为这说明公司信任他们，是一种荣誉，这非常关键。也正是因为被信任，百果园的采购员工忠诚度都很高。

另外，做采购也很辛苦，而做百果园的采购还要深入到种植端，就更辛苦了，一年四季几乎都是待在设施简陋、没什么娱乐活动的种植产区。何专成20年来一直在负责西瓜品类的采购工作，每年的日程都排得满满的。1~2月去广东，2~3月在海南，3~5月又要去云南，5~6月在江苏，7月在陕西一带，8~9月去宁夏、甘肃一带，9月底还得去贵州看看，10~12月又要回到云南。他一直想多带几个徒弟，培养后备人才，但是好几个年轻人都因为吃不了这份苦而中途放弃，所幸因为百果园的"家文化"和"信任文化"，他把自己的侄子们都拉了进来，培养出了好几个优秀的西瓜采购专员。

百果园的采购员是很难被挖走的。生鲜行业竞争如此激烈，如果巨头要入局，那么它要挖人可不是挖几个，而是"整锅端"。挖不走不是因为百果园管理多厉害，而是员工都很清楚，跳槽后最多干三年，三年后就得轮岗。

百果园就是这样用信任留住了员工，也降低了管理成本。

五、底层逻辑是利他

总结而言，为什么信任能变成百果园又快又好的密钥？底层逻辑就是百果园人经常提到的"利他"，利他是解决一切问题的钥匙。

经营信任就是将利他之心贯彻到工作的方方面面。比如，总部平台能力建设要利他，要考虑如何才能真正帮助到一线门店的员工，制定规则的时候要确保他们能看懂；再比如，落地到具体经营上，每天都要思考在产品结构上是不是利他，在定价上是不是利他。要基于利他精神反思，如果客户不来，那么说明竞争对手比我们更利他。

百果园有一些管理者在一些区域做出了比较好的成绩，也有一些管理者将很差的区域和门店扭转了局面，每次开大会时总有很多人向他们取经，期待能获得成功的"密钥"。但其实，他们每次分享的"经"都是老生常谈，也都是最简单的道理：勤奋、深入一线，以及从关心顾客、关心员工的角度出发采取行动。

百果园也一直在讲最简单的道理：对内建立与员工、合作伙伴、股东的信任，对外建立与顾客和供应商的信任，同时积极主动地承担社会责任。

成功的道理是很简单的，但是能够慢下来，认真、坚持、做透却非常难。这也是成功的道路比较狭窄的根本原因。

第三章

"三大满意"战略：长期成功的逻辑

信念加上信任的力量，一路为百果园保驾护航，也让百果园意识到了商业归根结底就是经营人、经营人心，这里"人"的角色包括顾客、员工和加盟商，并将其总结为"心零售"。

为了使"心零售"落到实处，而不只是一个空洞的口号，百果园提出了"三大满意"战略，即"心零售"的结果最终要体现在顾客满意、员工满意和加盟商满意上。

一、"三大满意"战略的提出

百果园的"三大满意"战略一直在实践和精进，真正明确提出来还和我辅导百果园战略解码有关系，正式提出是在2019年。

我与百果园的高管团队（余惠勇没有参加）在讨论百果园战略地图时得出一个结论——单店盈利能力是核心。因为只有单店盈利能力强，公司业绩才能优良，也只有单店盈利能力强，加盟发展才没有障碍，

1万家店、3万家店就是顺理成章的事情。基于这一指导思想，我们明确了公司战略地图（第1版），如图3-1所示。

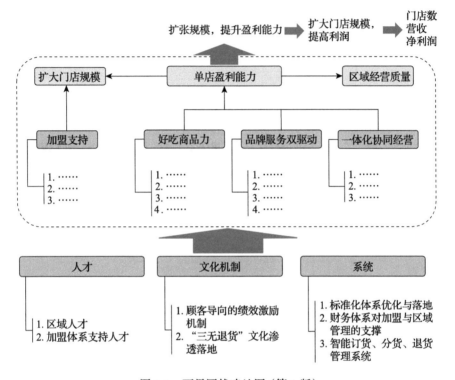

图3-1 百果园战略地图（第1版）

但在公司大会上人力资源总监宣布公司战略地图时，余惠勇的第一反应是这张战略地图有问题，但具体是什么问题他也说不明白。我就和他离开会场去办公室做了进一步的讨论。

余惠勇一直强调要把"三无退货"作为中心战略，尽管这张战略地图的战略主题"品牌服务双驱动"下就有"三无退货"，但他认为这样还不够。在我的不断追问下，余惠勇说道，一定要看重长期发展能力，如果强调单店盈利能力，区域和门店有可能会走偏，比如以次充好、只卖高毛利产品等，可能短期内收益高，但会带来长期性的伤害。听他这么一讲，我马上就明白了他的战略思考，百果园的思维逻辑不是"利我"——我要单店盈利能力强,我要营收和利润增长,而是"利他"——顾客满意,从而顾客愿意来(来客数多),顾客来了之后还愿意再来(复购率高),那么百果园就有了持续发展能力,提高营收和净利润就是水到渠成的事情。在这个基础上,我勾勒出了第2版公司战略地图,如图3-2所示。

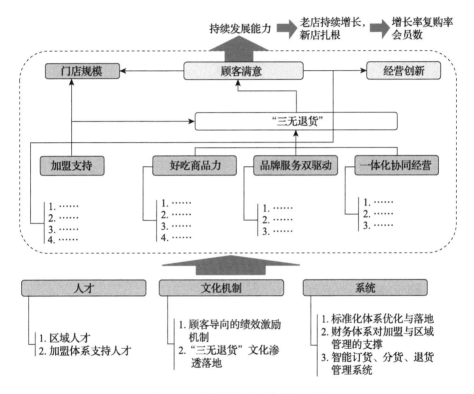

图 3-2 百果园战略地图(第2版)

2019 年,百果园大体实现了加盟模式的再次转型,新加盟模式也全面推开。而已经明确的围绕顾客满意的"三无退货"并不足以表达出加盟商满意的战略意义,因此,我们讨论、修改了 2019 年的战略地图,并正式提出"三大满意"战略,如图 3-3 所示。

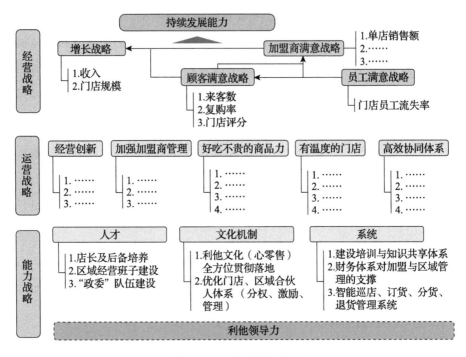

图 3-3 "三大满意"战略

二、顾客满意：重新定义"亏本"

做经营都会注重盈利还是亏本，但什么是"亏本"？

余惠勇给出了这样的解释："亏本，就是指亏了本分！我们的本分是提供优质的商品及服务以赢得顾客满意，如果我们仅仅把盈利作为本分，这才是真正的'亏本'！我们能得到的，永远都是我们舍出去的。在经营过程中，不要害怕吃亏，今天我们舍出去的可能是一袋提子或一个榴梿，但我们得到的是顾客的信任，这是千金难换的情感。"

只要是关乎顾客利益的，公司要求上上下下都要以更严格的标准来要求自己的工作。在百果园，顾客永远是被放在第一位的，只有如此，才算真正做到了本分。

（一）做好产品是最根本的本分

蜜瓜类一直是百果园门店的传统优势品类，因为百果园的招牌级果品——特级冰糖蜜瓜是自己亲手挖掘的，有很大的市场差异性。

2002年，市场上主流的蜜瓜品种是常香玉，这是一种重3~4千克的大瓜，而百果园看重的蜜瓜品种是金香玉，个头小，产量也没有常香玉高，很多经销商都不愿意收购。但是，余惠勇在海南种植基地考察的时候发现，这款金黄色的蜜瓜口感非常好，有着雪白色的果肉和冰糖般的风味，当场就决定下订单种植这个品种。当时海南其他蜜瓜单价是2~4元/千克，这款蜜瓜却要8元/千克，但余惠勇还是决定种植。由于这款蜜瓜有着独特的冰糖风味，因此得名"冰糖蜜瓜"。

虽然当时的市场不追求精细化种植，而是追求产量大，但是百果园的技术人员和当地的果农仍然像呵护婴儿一样呵护冰糖蜜瓜，只为确保这款蜜瓜的高品质。他们持续观察冰糖蜜瓜的生长情况，量身定制水肥，并且改爬地种植为吊蔓种植。而且，为了确保每个蜜瓜都能吸收到足够的养分，一根茎蔓上只留一个蜜瓜，一旦长出第二个蜜瓜就要忍痛剪掉。果实生长到第13天，果农还会给它们逐个绑上绳子，防止跌落。只有基于高温高热的环境、肥沃透气的沙土地、昼夜大温差以及果农的精心照料，才能生长出与众不同的冰糖蜜瓜。

百果园的冰糖蜜瓜在市场上供不应求，当地只要能种好，种多少就能收多少。百果园推动了蜜瓜行业在海南的持续发展。在没有种植蜜瓜之前，海南的乐东县、陵水县靠近海边，以海盐和海鱼两大产业为主，是海南相对欠发达的地方。但是这十几年来，蜜瓜产业的兴起让它们多了一项致富事业，许多家庭因为种植蜜瓜而致富。

但是近几年因为土壤问题，冰糖蜜瓜在爽脆度上没有前几年好了，所以百果园将这款蜜瓜从"招牌冰糖蜜瓜"改成了"招牌金太阳蜜瓜"，虽然爽脆度有所下降，但是这款蜜瓜依然是百果园非常有代表性的产品。

2018年的一天，余惠勇在门店买了一个蜜瓜，结果一吃就觉得不对,和以前的口感有明显的差距,他立刻打电话给负责蜜瓜采购的工作人员询问情况。原来这款蜜瓜之前一直采用蜜蜂授粉的方式,但是近几年蜜蜂授粉的成活率只有50%,所以不得已将授粉方式改为人工授粉。余惠勇听到这个解释非常生气,认为这是对顾客不负责任,他立即把相关人员组织到一起,开会讨论解决这个问题。经过讨论,大家一致认为,尽管从检测的角度来看,这种蜜瓜的糖度等其他指标没有问题,但从口感的角度来说,同样是招牌级,现在和以前确实是不一样的。最后大家商定,在品质没有改善之前不能再使用"招牌金太阳蜜瓜",而是改用"A级金美人蜜瓜"。

公司还决定对顾客负责到底,给最近一个月内购买过这款蜜瓜的所有顾客发道歉短信,将招牌果品和A级果品之间的价格差按照每斤2元退给顾客,一共退了380多万元,如图3-4所示。顾客们都非常感动,也非常惊讶自己能收到这条短信,因为很多顾客根本没有吃出来其中的差异。

【百果园】尊敬的会员:非常抱歉!经查冬季上市的部分金太阳蜜瓜未达招牌标准,为充分维护您的消费权益,凡是在2018年11月1日~12月20日期间,购买了金太阳蜜瓜,均将得到每斤2元补偿,已转入您的会员果币账户,请您查收,详情 t.cn/EGh2IDp

短信链接内容

尊敬的顾客:您好!
非常抱歉!
经内部自查,冬季上市的部分金太阳蜜瓜未全部达到招牌标准,而您可能购买到了,对此百果园公司上下均感到十分愧疚和不安。
为充分维护您的消费权益,凡是在2018年11月1日~12月20日期间,购买了金太阳蜜瓜,均将得到每斤2元补偿,已转入您的会员果币账户,请您查收。您可在微信小程序"百果园+"或百果园App个人账户信息进行查询。
再次对您表达诚挚的歉意!感谢您对百果园的信任与厚爱!祝您新年快乐!

深圳百果园实业有限公司
2018年12月30日
欢迎您对我们进行监督,反馈热线:400-181-1212 转 9,或关注微信"百果园"会话留言。

图 3-4 百果园的道歉短信

这样的事情不是个例,曾经有门店漏订了圣女果这个品类,需要单独调货,可是一箱圣女果的利润远远不足以支付配送费。通常的逻辑是亏本生意肯定不会做，反正还可以预订，第二天再卖也行。但是百果园的判断标准是顾客是否满意，而做好产品是百果园应尽的本分，因此哪怕亏钱也必须补货。盈利是站在股东的角度上，但是没有顾客利益，哪有股东利益。

（二）做有温度的水果店

百果园的门店绝大多数都是开在社区附近，门店的服务对象多是街坊四邻。最早推出"三无退货"战略的一个很大原因就是，每天来门店的顾客都是熟面孔，自然不需要购物小票来验证了。正是因为这种特殊的属性，百果园想要做有温度的水果店，并提出"不光要服务好顾客，还要感动顾客"的口号。

那么，怎么感动顾客？其实也不是要做什么惊天动地的事情，就是平凡的百果园人以顾客为中心，做些平凡的事情。

比如，南京市江宁区翠屏国际城店的陈小宇说道："有一次和顾客闲聊，得知顾客的儿子还有几天要过生日，我就默默记住了小朋友的生日。等到那天，刚好这位顾客让我去帮她送水果，我就多切了一份果盘当作生日礼物。其实一份果盘没有多少钱，但顾客收到后很开心，感动我竟然记得她儿子的生日，拉着我的手让我留下来吃饭。"

感动可能就是下雨天借了一把伞，看顾客试吃完之后主动递上一张纸巾，大夏天给顾客扛15千克的西瓜爬上8楼，把迷路的小朋友带到店里照顾，为手机没电、赶高铁的陌生大哥叫车付费，教社区中独居的老人们使用手机……时间长了，店员和顾客就变成了朋友，逢年过节的时候还会互相走动。

百果园店员给顾客带去了感动，但是顾客同样也感动着百果园的店员们。合肥市庐阳区瑞地祥和府店的许良至今还记得，一位曾体验过"三无退货"服务的顾客说："你们的服务真好，我之前不应该当着那么多顾客的面说你们不好，对不起！"顾客竟然向自己道歉，这让许良很惊讶，也很感动。

合肥市蜀山区大溪地御倾城店的朱浩然回忆说，一个夏天的晚上，大家正在清点水果，忽然听见一个人说："您好，您这桌子上的烂香蕉可以给我吗？"转头一看，是一位散着头发、胡子和头发一样长的流浪汉大叔。大家没有犹豫，特地给大叔拿了个袋子把剩下的香蕉都装上了，大叔接过之后转身就坐在花园台子上狼吞虎咽起来。大家怕他噎着，赶忙又拿了几盒奶给他，还纷纷把自己买的零食面包都给了这位大叔。第二天早上，早班小伙伴发现店门口异常干净，并且有一张纸条，上面写道："果腹之恩无以为报，祝财运亨通，鸿运高照——流浪汉。"

百果园在培训员工的时候总会说，在门店经营中，要本着利他的思维去经营。百果园能够设身处地为顾客着想，便能够为顾客创造超出期望的价值，顾客自然就喜欢来百果园，门店的生意也就自然会逐步好转起来。

2021年百果园进行了战略调整，从经营产品调整为经营顾客，从服务策略到系统支持，都在追求顾客满意度和顾客体验的提升，还将每月27日（谐音"爱吃"）定为集团内部研讨顾客满意度的日期。各个部门分别对顾客心声、顾客投诉等多项数据进行分析研讨，共同提升顾客体验，提高顾客满意度。

三、员工满意：堂堂正正一辈子

百果园的很多员工都有同样的感悟：在百果园工作不仅仅是打一份工，赚一点钱，更重要的是百果园教会了自己怎么做人。在有着"中国连锁行业奥斯卡"之称的中国全零售大会上，百果园连续三年斩获"CCFA员工最喜爱公司"奖。

为什么大家对百果园的认可度这么高？这与公司"员工满意"战略有关。百果园要求自己为员工做到三点：第一，提供较高经济收入的保障；第二，提供尽可能大的发展平台、尽可能多的发展机会；第三，帮助员工提升个人综合素质。尤其在第二点和第三点上，百果园下了非常大的功夫去耕耘。

（一）非线性的职业发展

零售行业通常有这样的共识，门店生意好不好和每一个员工都息息相关。如今，员工招聘难、离职多是当前零售行业面临的一大挑战。这一方面是由于现在二、三、四线城市的人口回流，大城市的生存压力大，而家乡的就业机会增加；另一方面则是因为年轻群体就业观的改变，25岁以下的年轻群体经济压力较小，就业观念多元且选择多变。这些都导致员工的就业稳定性变差。

随着百果园的不断发展壮大，区域覆盖面逐渐扩大，但随之而来的管理问题也十分棘手。在这个问题上，百果园认为门店员工招聘难、离职多是表象，核心是公司对人才有没有吸引力。怎么让员工愿意在百果园平台长期发展？

目前，百果园设计了两条职业通道，通过就业和创业两条通道解决员工的职业发展问题。百果园希望员工不只是停留在现在的工作岗位上，而是在整个公司大的发展平台上有更广阔的就业和创业机会。

先看就业通道。一是明确员工到店长的晋升机制。在百果园，店长职位必须由加盟商亲自担任，或者由合伙履约人担任，给予其股份激励，这样才会有很强的主人翁意识。正是因为有这一政策，很多员工觉得当店长可能遥遥无期。在这样的情况下，百果园建议增设"副店长"职位，对员工起到牵引作用。"副店长"这个职位被赋予门店第二负责人的角色定义，薪资和激励方案的设计也和普通店员不一致，晋升机制进一步明确。

二是明确门店业务的成长路线。第一条路线是从店长、督导经理到运营分区经理、区域总经理的发展模式。济南市区域总经理危敢走的就是这样一条路线。在 2010 年刚加入门店的时候，他连企业文化是什么都不知道，如今已经形成了自己的一套团队管理方法。第二条路线是百果园人事发布的所有招聘岗位，门店员工都可以应聘，无论是文员、HR 这样的支持性岗位，还是一些业务岗位，有些业务岗位更乐意应聘者有过在门店工作的经验。集团商品中心西南地区采购人员乐武安就是从门店锻炼出来的，后来才入职采购部。最令他记忆犹新的事情就是去陕西大荔收购冬枣，那时候他还不熟悉冬枣的相关知识，为了了解各个供应商的冬枣品质，每天他都要试吃四五斤冬枣，还会去包装车间研究工人如何对冬枣进行分级挑选和包装等，去冬枣种植地和种植户进行深度交流。如今，他已经成长为一名非常专业的采购人员。

再看创业通道。百果园还打造了创业通道，解决之前员工因资金、店铺资源、人员短缺而觉得开店离自己很遥远的问题。具体有单店加盟、师徒合资、个人全资、跨区加盟和返乡创业五种模式，员工可以根据自身情况进行选择。同时，百果园要求和员工共享所有区域的最新拓店铺位信息，这样，员工看到有自己感兴趣的铺位就可以进行开店谋划，同时在资金上也给予员工一定的支持。

成都市慕和南道店的王容莉用四年时间实现了自己创业的想法。她在 19 岁加入百果园门店，仅用短短一年的时间成为当时门店的店长；在 22 岁的时候，她选择创业，成为加盟商。在她的带领下，慕和南道店的业绩节节攀升。她说："机会永远留给有准备的人，业绩都是做出来的，是赢是亏关键在于自己，事在人为。"

（二）不是同事是家人

在百果园成立初期，每一次新开门店，不论是总部还是门店的员工都会到新店支援，帮忙搬货、导购等。百果园的"家文化"从那时候就有了，直到现在，百果园同事之间的称呼还是"家人"。

夏起艳是 2005 年入职百果园横岗茂盛店的。由于家境贫寒，19 岁的她此前已经有过两次不太愉快的打工经历，让她一度感到人生灰暗。

第一天还没有正式开始上班，横岗茂盛店的老板安排好住宿就让夏起艳去吃饭，由于家里条件不好，她从未见过一顿饭可以那么丰盛，坐在那里不敢吃。老板边给她夹菜边说："以后这里也是你的家，你就跟在家里吃饭一样。"此后每一天，她都和这家店的老板、同事一起吃饭。

还有一次，总经理徐艳林来巡店，还笑眯眯地问夏起艳站着累不累，并告诉她累的话就歇一会儿。这让夏起艳非常惊讶，感觉百果园和其他公司就是不一样。更重要的是，在这里她也发掘出了自己的工作潜力，担任了很多重要的工作，如今已是拥有9家店铺的加盟商。

百果园商品中心的李武岗是2012年入职的。工作了五年后，有一个现实的问题摆在他眼前亟待解决：女朋友在广东，而他身在上海，两人聚少离多。于是，他向上级说明了情况，没想到很快得到了解决，领导还特地赶在端午节前把他调岗到了广东，后来他在广东拥有了自己的小家庭。

南京区域的庄容是被丈夫的一个电话从武汉拉到南京的，因为夫妻俩都很忙，没有时间关心和陪伴家里人，当时南京区域的负责人杜竞选建议他们可以一家人都过来，这样可以相互照应。后来，庄容的妈妈、爸爸、舅舅都陆续加入了百果园配送中心，他们的后顾之忧解决了。

除了在日常工作中把员工满意放在心上，余惠勇对"怎么把员工关怀落实到制度上"这一点也非常重视。他亲自牵头，让百果园所有人都参与进来，共同梳理出了制度，提出要帮助员工实现"三好"人生：家庭好，身体好，事业好。同时，为了让制度落地，也对员工提出了相应的考核制度——"四个一工程"，即一动一静一学一善⊖，每天每个部门都要根据自己的情况来执行。刚加入百果园的新员工总是很感叹，百果园居然会对员工的健康、养生，以及个人行为有没有利他一一进行考核。除此之外，公司还设立了"好果子大学堂"，根据百果园经营发展战略，

⊖ 员工每天都需要运动、静心思考、学习和传递善意。

为员工设计百果园各种文化培训课程，方便大家进行线上或线下学习。

2020年，百果园正式开始实行"政委"体系，专门负责员工关怀工作。在之前的制度设计中，总部面向门店的业务只有传统的人事岗位，负责基础的招聘、入职和离职办理工作。现在百果园设置了"政委"这个角色来关怀员工，帮助他们解决各种问题。

海南"政委"邓丽文回忆说，记得有一次，一个实习生反馈搬到宿舍后，发现铁架床上铺摇晃得厉害，而且没有踩踏板，爬上去很困难。收到这样的信息反馈，她立刻把这当成了紧急事件来处理，到这间宿舍实地查看情况，并联系搬家公司送床。她说这虽然只是一件小事，但是看到问题解决后这个实习生开心的样子就觉得很值得。

长沙三星"政委"邓丹苗也回忆起这样一件小事情。她负责的门店里有一个叫木木的储备干部，有一天木木配外卖单出了一点问题，脾气火暴的店长没有了解缘由就骂了木木一顿，木木一气之下就冲出门店。店长当时没有在意，直到将近夜里12点，发现木木还没有回宿舍才反应过来。他很担心木木出事，于是联系到"政委"邓丹苗。

邓丹苗也非常担心木木的安危，一连打了十来通电话都没人接，就给木木发消息。直到收到木木的回复说自己很安全，邓丹苗悬着的心才放下了大半。邓丹苗向木木了解了整件事的经过，耐心地听她诉说委屈。由于见木木很坚决地要离职，邓丹苗又和她聊了很久关于未来的职位规划，还有现阶段面临的问题，经过来回的协调沟通，木木终于同意继续回到店里上班了。那天晚上，邓丹苗也借由这件事，成功劝导店长改变了沟通方式。现在，木木还在这家门店工作，邓丹苗说："她现在干劲可足了，店长也器重她，还想把她培养成未来的店长。"

值得一提的是，在此事之前，这位店长对"政委"的意见一直很大，觉得"政委"起不到什么作用，只会耽误时间。但是，这件事让他意识到"政委"是真心帮助他们解决问题的。

这样的例子还有很多很多。百果园的"家文化"不仅仅体现在组织构成上，更体现在公司与员工、员工与员工的点滴之间。不是家人，胜似家人。

(三)"多管闲事"的文化

百果园有一套完整的企业文化，包括家文化、信任文化、精进文化、义利文化……但是，由于零售连锁门店的员工既分散又忙碌，这就导致一个问题，可能没有时间和精力关注思想文化方面，更不用说深入了解，因此百果园在文化牵引上做了许多制度创新。

万紫千红文化考核制度就是创新之一。该制度主要用紫花和红花进行正负激励，奖励对的行为，就授予紫花；提醒员工注意行为，就授予红花，来促进员工不断成长。万紫千红考核制度的目的是帮助员工明确做人做事的标准，引导员工向上向善。紫花越多，万紫千红系数就越高，绩效工资就越高。除了关联绩效奖金，紫花多还能赢得一些荣誉表彰。每个门店的员工每天都能在小程序上看到紫花和红花数量的区域排名。

南京市恒山花苑店的仇星分享道："这种制度会让我更加明确什么是正确的行为，从而做出正确的取舍。"南京市西善义德店的罗金娣分享道："第一次得到红花，是因为自己的失误对门店和同事造成了不好的影响，当时就希望能努力在其他事情上弥补自己的过失。"

百果园很重视这种"负激励"，即把失误和过错真的视为一种提醒和正面激励，出发点是帮助员工本人甚至更多人成长。

不讲情面的"负激励"是否有悖于"家文化"呢？我们需要从时间和空间的概念来分析这个问题。从短期来看，某朵醒目的红花对员工本人来说可能是坏事，但从长期来看，能促进员工成长就是好事；某项提醒对当事员工来说可能是坏事，但对大多数员工有正面激励作用，就是好事。百果园认为，菩萨心肠必须用霹雳手段才能够保障效果，负激励不是得罪人，而是帮助人。换个角度思考，正因为是家里人，所以犯了错一定不能看着不管，这才是真正的"家文化"。

在文化牵引的落地方面，公司每个月都会召开文化大会，每次大会余惠勇都会亲自主持、演讲，不光集团总部的员工人人都要参与，深圳地区的所有店长也会来到现场交流，其他地区的店长也必须通过现场连线的方式参与大会。文化大会不谈具体的经营问题，而是专门花一天时间围绕社会和公司的热点事件探讨文化，传递符合社会公序良俗的价值观，提高个人的思想道德修养。在文化大会当天下午的部门复盘会中，每个成员都要就自己近期的工作和生活状态及感受发言，进一步加强同事间的了解和认同。

在一次文化大会上，一位店长现场分享发生在他自己身上的一个故事，说门店附近曾有个流浪汉找他借路费回老家，他自掏腰包请这个流浪汉吃了很贵的进口水果，并告诉流浪汉说："我可以请你吃水果，但是我不会借给你钱。如果你实在没钱，就用脚走回去。因为我年轻的时候没钱，也从海口走去过三亚。"从这位店长朴素的话语中，我们能看到他做人做事有自己的准则。

余惠勇也会经常抓住各种机会和门店店长交流，认真阅读门店员工发给他的短信。如今已经拥有9家加盟店的夏起艳回想起自己刚当店长的时候和余总的交流，那时的她总是忍不住对员工发脾气，余惠勇告诉她："如果是你的亲弟弟或亲妹妹犯了错，哪怕是干了违法的事，你也不会放弃，甚至会想尽一切办法去挽救，永远不可能将他赶出门。如果你能这样对待自己的员工，你就是一位优秀的管理者。"

其实折算下来，召开文化大会的"成本"是非常高昂的，每个部门都要花时间、精力参会，但是余惠勇认为文化牵引很重要，即使要付出极大代价也值得。他还非常重视百果园人的"心性修炼"，比如，每一年公司都要进行的一项重要工作就是"禁毒禁赌"宣传；每一个新加入公司的员工都必须签署《禁烟承诺书》，不得在公司范围内吸烟。余惠勇曾经在文化大会上诚恳地说："任何一个员工，当人生发生重要变故，遇到跨不过去的坎时，请向公司求助！我向大家保证，我会尽到一个大家长的责任，我会尽力帮助大家渡过难关。"

很多人可能觉得这是多管闲事，但是余惠勇却始终坚持做这件事，他说："百果园最大的成就不是开几万家店，也不是创造几千亿元销售额，而是培养了一大批人，并让这批人成为堂堂正正、受人尊重的人。"

每次开大会前，所有百果园人都会共同唱起他们的企业之歌：

《堂堂正正一辈子》

人在年少时，一定要立志

经得起风雨，才能长见识

莫好高骛远，稳健才扎实

做事讲诚信，做人讲良知

你有能力时，决心做大事

没有能力时，快乐做小事

你有余钱时，就做点善事

没有余钱时，做点家务事

人活一辈子，要好好深思

当有成绩时，要常照镜子

没有成绩时，学习不停止

私心膨胀时，欲望要节制

你有权力时，就做点好事

没有权力时，就做点实事

当你能动时，就多做点事

你不能动时，回忆开心事

人这一辈子，都会做错事

尽量避免做傻事，坚决不能做坏事，人生就是这回事

人这一辈子，都会做错事

尽量避免做傻事，坚决不能做坏事，堂堂正正一辈子

堂堂正正一辈子，一辈子

四、加盟商满意：共同的事业伙伴

在百果园的 5000 多家门店中，绝大部分是加盟店，百果园把加盟商看作共同的事业伙伴，也因此提出了"加盟商满意"战略。

早年拓展店铺的时候，余惠勇就和工作人员说要多关照街上的夫妻店，因为一旦百果园在夫妻店的附近位置开店的话，那么夫妻店肯定竞争不过供应链更完善的百果园，如果倒闭，背后可能就是一家好几口的生计都成问题。所以百果园想开店，一般都是和这些夫妻店谈合作，最好吸引夫妻店加盟百果园，大家合作共赢。一方面夫妻店能更省心，另一方面百果园也能实现快速开店，更重要的是，减少了双方的恶性竞争。

那时候，虽然百果园在供应链上还没有现在这样完善，但是帮助加盟店经营的带教店长却都是老江湖了，他们一般 15 天带一家店，就是在 15 天内完成新店市场调查、选品、开业筹备、开业，教会加盟商订货、定价、坏货确认等，基本上第 10 天就要开始对下一家新店做市场调查。当时莲塘店的带教店长是周鹏，他的行李是一个大号背心袋和一台用了很多年的小电风扇，经常被人调侃是"所有家当一手一个"，随时奔赴下一家店。

在百果园成立早期，主要负责加盟商服务工作的老百果园人说，回想起那段经历，从说服加盟商一起选址评估，到装修开业，真是步步紧张，步步期待，好像有一种自己创业的感觉。大家一直把加盟商看成公司生存的依托，所以工作中最开心的事就是看到加盟商赚钱。加盟商也很感激百果园，赚钱了一定会请大家吃饭，买了新车非要叫去坐坐……

有员工说："如果加盟商亏损了，我心里比他们还着急，虽然他们不会怨我，但我心里总觉得对不起他们。加盟商是相信你才加盟的，所以有困难必须要管到底。如果因为经营不善亏损了，我会尽最大能力想办法帮他们提升经营管理能力。作为品牌方，我们一定要为加盟商考虑。因为既然加盟了，就代表相信百果园，我们就不能让他们失望，我想这就是公司的义利文化。"

前期的加盟商多来自农村，赚钱不容易，和百果园合作都比较谨慎，但是后面基本上都赚到了钱，大家心里的石头也都落地了。随着合作的加深，在深圳同是异乡客的加盟商和百果园人渐渐成了朋友，后来好多人还加入了公司。

2018～2019年，公司对加盟政策做了一系列调整，全面寻找合作伙伴。不过，百果园早年间的义利文化一直保留了下来。就像在那个备受新冠疫情影响的时代，加盟商承担着非常大的压力，为降低疫情对加盟商现金流和经营的影响，百果园主动减免了门店的特许经营资源使用费，并对经营困难的门店给予了资金扶持。

如今，百果园已经有了完整的加盟流程、成熟的供应链体系，让每个加盟商都能省心省力。天亮前，门店就能收到百果园统一配送的果品；天亮后，开门就能上架、销售。与传统的水果店老板相比，百果园加盟商不用担心选品、进货、果品品质、品类卖点等，只要专心服务顾客就行了。除此之外，百果园还有专门的团队负责在门店开业后的各个阶段帮助加盟商熟悉经营知识和门店技能。一位叫源志的南宁加盟商说，最令自己印象深刻和感动的是公司的帮助还很"接地气"，门店开业那天是个大热天，没想到运营经理和督导经理一直顶着大太阳在外面帮自己剥波罗蜜。

想要做到让加盟商满意，就必须先做到让顾客满意和让员工满意。只有顾客和员工认可了百果园，百果园才能带着加盟商一起好好干。更何况，很多加盟商起初的身份就是顾客、门店员工或者总部员工。

上海市嘉定区金耀南路店的计春芳在成为加盟商之前就是百果园的常客。她在门店消费的过程中，逐渐了解到百果园不单卖水果，还提供许多增值服务，如免费试吃、开半打包、自由组合水果果切等，但印象最深刻的还是百果园的"三无退货"服务。这些都让她感受到百果园对自己所销售的产品质量是有信心的，渐渐就有了加盟的想法。后来她不仅自己加盟了百果园，还推荐其房东成功加盟。

另一位在贵州连续开了两家门店的加盟商，起初是杭州市一家百果园门店的店长。借着百果园回乡创业的支持计划，他就回到家乡自己当起了老板。他说，现在最高兴的事就是不光能挣钱，还能随时吃上家乡的酸汤鱼，喝上家乡的美酒——苞谷酒。

这些百果园曾经的顾客和员工在成为加盟商之后，继续执行着"顾客满意"和"员工满意"战略。一方面，加盟商和公司处于平等的地位，承担着各自的职责，共同经营门店；另一方面，双方遵守约定和规则，共同服务好顾客和员工。

计春芳夫妇都是上海本地人，他们对门店的员工很是关心，平时只要有时间，还会开车接送员工下上班。后来，为了方便员工上下班，他们给每个员工都配了一辆电动车。

在服务顾客和员工的同时，加盟商个人也能够得到成长。重庆渝北区的加盟商李柯，之前做过十几年生意，从粮食到化妆品再到奶茶店……但是，加盟了百果园之后他才发现，做生意的本质还是要用心。之前他做的那些生意都没有全身心投入，一个店一个月就去看几次，只要能正常运转就行。经过百果园的加盟带教店长指导之后，他转变了思想，现在天天都待在门店，并能根据每天的实际情况订货以保证第二天的经营，门店的业绩就这样慢慢起来了。

百果园做的是连锁加盟模式，想要每一家店、每一次服务都能给顾客带来好的体验，让顾客满意，就要把加盟商当作事业合作伙伴，通过与加盟商深度绑定，共同解决水果行业的痛点问题。

第四章

全产业链协同的产业互联网

一、跌跌撞撞的数智化历程

带着做"世界第一"的宏愿,余惠勇在创办百果园时就对百果园的经营模式做了很多思考,在人才、加盟连锁、信息化等方面都有超前的意识和布局。

公司在正式运营的第一年就成立了电脑部。最开始只有余惠勇的小舅子徐永剑一人,而且还是编外IT人员(徐永剑有自己的工作),主要负责收银系统的信息化。门店的收银数据从用纸质表格手工记录升级到在电脑端记录,初步实现了百果园的信息化。

后来公司又招聘了几个人正式组建起电脑部。当时电脑很贵,为了节省成本,公司买的是二手电脑,经常坏。由于当时公司要求员工穿西服、扎领带,就经常出现这种情况:百果园电脑部的员工穿着西服,扎着领带,抱着电脑,坐着公交车,去华强北修电脑,引来许多异样的眼光，修电脑的人也误认为他们是骗子。

正是因为余惠勇一开始就打算做"世界第一"，所以不仅在早期就成立了电脑部，还对信息系统特别重视。公司开始运营没多久，他就认知到没有信息系统，连锁根本"锁"不住。到2004年，虽然只有几十家门店，但是余惠勇依然坚持选择与专业的软件公司合作。当时余惠勇对信息系统的要求是要能支撑万家店在全球的发展，但搭建这样一套系统需要几千万元，处于初创期的百果园根本无法承担。最终，余惠勇选择与双汇软件公司（双汇公司信息部独立出来成立的公司）合作，引进双汇ERP（企业资源计划）一代产品（进销存管理软件），通过分期的方式来执行，第一期就花了180万元。有意思的是，这是双汇公司基本要淘汰的产品，因为负责人刘小兵认为百果园最多三年就会倒闭。2008年，当余惠勇再找到刘小兵时，刘小兵还非常诧异百果园还活着。

由于双汇和百果园经营的商品（双汇卖肉，百果园卖水果）和作业方式不同，百果园在使用双汇软件的过程中经常会出现系统不兼容、功能不适配、流程不适用等问题，而且，当时百果园的信息化建设团队能力很薄弱，面对上述情况往往束手无策，只能靠人工去补救。比如，当时门店经常出现晚上突然下不了单的情况，每次电脑部所有人都得马上动起来，通过电话接单、报单，对接门店登记订货，汇总成一张表后再打电话给配送部门告知订货情况，安排发货，确保门店订的货在第二天能够正常配送。

在百果园信息化发展阶段，除了有信息系统方面的问题，还存在"人"的问题。早期，百果园门店的加盟商很多是小学文化，甚至还有一些没读过书，而那时候的电脑操作可不像现在这么简单，要让这些人学会操作电脑是一个很大的挑战。当时的电脑部也担起了这副担子，专门分出一部分精力对门店做信息化培训，目的主要是培训店长（加盟商）学会使用系统。店长必须接受培训，参加考试，拿到认证后才可以开展业务。百果园也是在那时候，从电脑部开始在公司内搭建起培训体系的。

2008 年，百果园曾试图进行电商网站建设，但由于当时引进的电商网站的负责人和余惠勇的想法不一致，后于 2009 年离开了百果园，电商网站建设也因此被搁置。

2010 年电脑部升级为信息部，人员开始不断扩充，部门的定位也从原来的搞维修向搞软件应用转变。也是在这个时候，公司对原来的双汇系统做了升级替换（从 1.0 版本升级为 1.1 版本）。简单来说，就是还用双汇软件，但是在版本功能上做了个性化的开发升级，整体架构还是基于原来的系统搭建的。

2014 年再次进行电商网站建设，但进展还是不理想。

2015 年是百果园数字化历程的一个重要分水岭。随着业务的快速发展，原来的信息系统越来越不能适应业务的需要。余惠勇希望能够找到一个可以带领百果园走向科技型公司的技术管理人才，于是花了几天的时间和徐永剑聊百果园"让天下人享受水果好生活"的宏愿和百果园全产业链经营的发展蓝图，极力说服徐永剑彻底加入百果园，执掌信息部。

为什么是徐永剑呢？在彻底加入百果园之前，徐永剑原任中国人民财产保险股份有限公司（简称人保财险）深圳分公司信息部总经理，带领团队完成了人保集团"基于顾客统一视图的营销服务平台"的自主研发，该项目获得了人保集团科技创新一等奖，也是唯一的一个一等奖。这个平台当时就具备了中台的思想，能够实现流程节点可配置，每个任务环节可调配，所有作业的核心环节都可以在任何场景进行嵌入，每个营业网点或第三方都可以在前端迅速围绕着分配的任务跟顾客进行交互，做好业务。人保财险公司正是通过这套系统，连接所有的网点，以顾客为中心，以顾客服务营销的作业流程为抓手，通过协同作业，提高工作效率，从而迅速发展成为互联网化的公司。可以说，徐永剑是百果园数字化建设不可或缺的核心人物。

2015 年，徐永剑正式加入百果园后，成立了百果互动科技公司。他亲自负责牵头搭班子、建队伍，招聘各板块的专业人员，并规划了未来五年产业互联网模式转型的发展路径：第一步是信息化，建立信息科技体系，全面实现百果园全产业链的信息化覆盖；第二步是数字化，建立数据科技体系，通过数字化驱动产业互联网的高效协同；第三步是智能化，建立智能科技体系，在数字化的基础上实现智能化的协同。

百果园真正意义上的信息化科技体系构建正是在此阶段正式启航的。但接下来徐永剑面临的更大挑战是，构建全新的体系需要在不影响旧系统正常运行的基础上进行。用徐永剑的话讲，这就好比"在高速飞行的飞机上改造整个飞机"。

具体而言，当时百果园的信息化面临着怎样巨大的挑战呢？

一是技术架构不适应。

传统的 ERP 系统采用的是将所有关联应用集中到一起的应用架构，这种应用架构导致它在互联网时代难以应对高并发、大流量的技术挑战。在互联网大流量时代，需要能够弹性伸缩的技术架构，利用云服务，实现网速流畅和资源配置最高效。打个比方，如果只开几十家门店，那么同一时间门店端操作的最大量也就是几千人，但如果发展到几千家门店，加上线上平台，那么同一时间门店端操作的最大量可能就是几百万人。

在传统应用架构下，要么为了网速流畅，以最高峰值来配置数据库和服务器资源，但这意味着成本太高，而且这些数据库和服务器资源大多数时候是闲置浪费的；要么节省资源，以一个大概率值以及合理的成本来配置数据库和服务器资源，但要承担系统卡顿、出错甚至崩溃的风险。

当时百果园有 1000 多家门店，原有的 IT 系统已经无法支持百果园这样的发展速度和规模，门店场景经常出现问题，频繁出现系统卡顿、慢、出错的情况，不能保证业务的顺畅性。如果再加上线上业务，系统一定会崩溃。

二是战略不匹配。

百果园要做的是一家终端驱动的产业生态型公司，做电商是其中重要的一环。百果园很早就意识到了做电商的重要性，2008 年就开始引进人才进行开发、建设，但一年后无疾而终；2010年又换内部人负责继续探索，尝试找了许多公司探讨和开发线上app，但是都没有做出一个理想的软件，甚至连基础的系统建设都没有完成。

这一系列失败的本质原因其实正是战略不匹配。由于前期负责设计开发系统架构的人员对百果园做电商的战略意图理解不到位，导致最后开发出来的系统或软件难以应用，更与百果园"做终端驱动的产业生态型公司"这一战略不匹配。当时市面上最流行的互联网思维是平台化消费模式，也就是通过整合社会资源，为商户和客户提供服务。早期百果园的开发人员就是完全按照这种"信息平台＋撮合交易"的思维来设计的，但这种模式一方面没有考虑到百果园除线上交易之外，还存在着独立的线下门店业务，无法实现门店线上线下一体化；另一方面不能兼顾生鲜经营准、快、好的特性，不具备产业互联网的思维。

百果园是一家有着远大愿景的全产业链经营的公司，这意味着需要通过信息化建设把业务协同起来才能实现。百果园真正要实现的是产业互联网，这是一个比单纯做电商要浩大得多的复杂工程。可以说，战略不匹配是百果园信息化面临的核心问题。

三是能力无法支撑。

一方面，无论是发展线上业务，实现线上线下一体化，还是发展产业互联网，协同整个产业链，原来的ERP系统都已经无法支撑，需要与战略相匹配的信息化系统，但当时百果园还没有拥有自主知识产权的信息系统；另一方面，除了运维人员和基于原ERP系统的简单应用开发人员，百果园也没有自主研发队伍。可以说，在数智化方面，当时的百果园还没有能力支撑它去实现伟大的宏愿。

二、战略匹配是关键

前文中提到，2015年百果园信息化面临的核心问题是战略不匹配，这也是百果园线上线下一体化之路走得比较曲折的根本原因。

伴随着门户网站的兴起，当时最流行的电商模式是"信息平台＋撮合交易"，百果园早期的系统架构也是按照这一模式设计的，但种种失败的尝试表明，这种模式与百果园产业互联网的战略是完全不匹配的。具体主要体现在以下三个方面。

第一，无法实现基于门店的线上线下一体化。简单撮合交易的互联网平台模式，无法依托门店现有库存和线下安全库存进行设计，也没有考虑到线上销售与线下履约的时间差。比如，当门店只有1千克苹果库存时，线上就不能再销售了，否则，可能会出现线上销售出去了，但到门店提货时却因货已售出而无货可提的情况。以门店为依托，还需要考虑根据门店能够提供服务的半径范围来设定销售范围。现在看来这些都已经不再是问题，美团外卖等平台就是这样的思路，但是在当时，整个行业是缺乏这种思维的。

第二，没有兼顾生鲜商品的特殊性。百果园经营的是易损耗的、需要快速履约的生鲜消费品，讲究时效性和快速性，这种业务模式一定是依托门店现有库存（现货），由门店去履约和服务的，并且在时效方面要有一定的保障。百果园需要的线上模式与如今的外卖平台比较相似——自己卖，自己履约，不是简简单单地撮合交易的互联网平台模式。

第三，百果园早期的电商平台思维也无法把水果产业链流程梳理清楚，无法实现对整个产业链的数字化改造，这也与百果园对产业互联网战略的思考不匹配。

为了实现信息化建设与产业互联网战略高度匹配，我们必须首先明确产业互联网战略及其要求。

所谓产业互联网，是指利用信息技术与互联网平台，充分发挥互联网在生产要素配置中的优化和集成作用，实现互联网与传统产业深度融合。产业互联网是一种新的经济形态，对百果园而言，也是一项全新的探索、一个复杂的系统工程，没有成功的实践可参考。

对于产业互联网的定义，徐永剑认为其核心就是**以市场为导向，以互联网及数字技术为手段，实现全产业链高效协同**；利用市场龙头的优势，拉动前后端所有产业环节的升级。他提出，百果园的信息化建设应以产业互联网战略为指导，加强以下方面的建设。

一是加强产业链上的计划协同。在生鲜行业，计划性是非常重要的。生鲜产品有别于工业化产品，不是说你想要多少就可以有多少，前后端必须形成一个高效协同的计划。

举个例子，百果园的很多水果都需要预订，因为一年可能只采摘一季，一季可能只卖个把月，有时候甚至只卖几天，像新疆的杏，销售期就很短。而百果园的水果品种相对又比较多，如果不做计划，就会面临供需不适配带来的问题，因为生鲜的产能出现过多或过少的情况是很正常的。所以在实际经营过程中，要先做销售计划，然后根据销售计划与产地沟通种植标准和产量，产地再组织生产，整个计划的协同甚至要以年为单位提前进行。

二是加强产业链各环节的信息互通和作业协同。生鲜产品是有生命的非工业产品，其品质、新鲜度在运输甚至每个产业链流转环节都会受很多因素的影响，这些都要在整个产业互联网的规划中予以考虑，既要符合既有标准，又要在过程中实现灵活处理、高效协同。正是因为生鲜产品具有不确定性和不可控性，所以除了要加强计划协同，还必须加强产业链各环节的信息互通和作业协同。这也是促使百果园走产业互联网发展路径的一个重要因素。

比如，在生产或交付环节遇到极端天气（像连续性雨水天、冰雪天、高温天等）的情况下，采摘、品质和产能就都会受到影响，反过来又会影响原来销售端所做的计划，销售端就需要立刻调整计划。对于以上这些突发情况，理论上是越早互通越好，让大家可以尽早采取有效的应对措施，但实际上很难做到。每一个环节都可能会对水果这个生命体产生很多不确定的影响，每一个环节都要为下一个环节的交付提供支持，链路上各环节环环相扣。好在水果销售，顾客选择多，替代品也多，比如 A 产品到不了货，可以先卖 B 产品，或者说 A 产品量不多，也可以准备些 B 产品来补充。当然，大家都不希望出现这种情况。

三是为前后端所有的作业环节赋能。百果园的产业互联网战略需要通过互联网，构建一套全产业链高效协同的体系，一方面要保证采销两端能够实现信息互通和高效协同，以有效解决生鲜这类非标产品带来的不确定性、不稳定性的问题；另一方面还要为产业链中所有的前后端作业环节（产品环节、物流环节、仓配环节）进行赋能。

下面以仓配环节为例。从百果园的货架期和库销比情况来看，通过打通从田间（直采）到终端的各个中间环节，效率已经得到大幅提高。这里的库销比指的是当天的库存量与销售量的比，库销比越小，新鲜度越好。因为水果销售需要陈列，所以终端必须要有一定量的库存，而且要时刻保持货架的丰满，才能更好地激发消费者的购买欲望。

建立库销比标准的核心是在保证新鲜度的前提下，保证终端有足够的陈列和销售货量。以香蕉为例，鲜果到库后，百果园自己要做物理催熟。在这种情况下，仓库内的香蕉催熟的进度要与终端销售的节奏进行匹配，以免不够卖，或者长时间卖不出去导致发黑更卖不掉。对此，百果园通过数字化的摸索，针对每个品类建立了一套百果园的库销比标准，为仓配环节赋能。香蕉、西瓜、草莓三个品类的库销比标准，如表 4-1 所示。

表 4-1 香蕉、西瓜、草莓三个品类的库销比标准

品类	香蕉类	西瓜类	草莓类
库销比	0.5	5.4	1.3

通过产业互联网实现密切、高效协同，是百果园的终极目标，也是百果园实现伟大理想——让天下人享受水果好生活的关键路径。

四是为产业链上的生态合作伙伴赋能。对百果园来说，产业互联网战略的目的是实现产品的革命性升级，带动整个产业升级，形成更好的

产业生态，从而更好地为产业生态服务。

百果园正是围绕着"产品为王"的理念，打造革命性的产品。比如建立果品标准、种植标准，实现前店后仓、线上线下一体化，提供"三无退货"服务等，通过这一系列革命性的动作来带动整个产业的升级。因此，百果园的信息化建设也要去适配它，为产业链上各个生态合作伙伴赋能，因为产业升级需要前后端能够快速响应并形成协同和连接。

三、"信息化、数字化和智能化"与"全产业链协同"

通过五年的努力，以"信息化、数字化和智能化"为路径，百果园形成了全产业链协同的产业互联网模式，如图4-1所示。

（一）信息化、数字化和智能化

信息化、数字化和智能化，是徐永剑进入百果园后，对百果园的产业互联网发展做的三步走规划。

所谓信息化，就是通过信息系统来固化企业流程、业务规则、作业岗位，以及实现作业内容的标准化，让企业的经营管理变得高效、可控。

在经营管理的过程中，通过信息化系统可实现数据生产。简单来说，信息化系统实际上就是围绕公司的日常作业，生产数据。数据生产的逻辑是按照规定的流程和岗位作业内容，通过岗位作业及其协同，一步一步带动整个工作流程运转，然后再通过过程记录，沉淀为数据资产。

所谓数字化，是基于信息化沉淀下来的数据资产，借助数字技术，把这些数据资产转化成生产力的过程。也就是说，信息化是解决怎么生产的问题，数字化是解决怎么更好地生产的问题，让公司更加精准、更加明确地知道接下要怎么做。所以说，实现信息化之后，还必须通过数字化来解决决策问题。

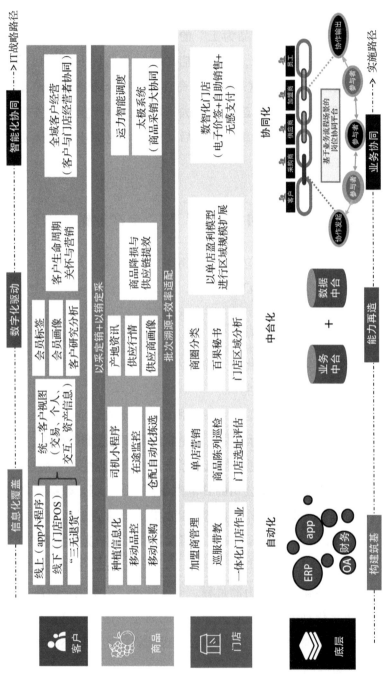

图 4-1 百果园全产业链协同的产业互联网模式

信息化系统记录每天的大量业务数据，如卖出了什么水果、卖了多少等这些数据，但是，还需要通过数字化对这些数据做进一步的透视分析，包括分析顾客来挖掘更多的顾客需求和价值，分析商品来做好品类规划，分析经营来调整作战计划，进而采取一系列优化动作，如流程优化——提高岗位作业效率，商品结构优化——提高单笔成交额、复购率，等等。

比如，大家都知道要保证水果的新鲜度，库存和销售就要保持相对平衡，即库销比要稳定。那么，库销比定多少合适呢？有了信息化的数据资产，就能够知道什么商品需要保持怎样的库销比是合适的，什么商品是需要日清的。

在过去的观察中发现，要想将一个新顾客发展成百果园的忠实顾客，那么他的前四次消费就很关键。日常的营销就可以对该顾客的购买做前置性规划，比如通过一些营销手段刺激消费，促进他至少消费四次。

通过营销数据分析发现，做价格营销对百果园而言没有什么价值。数据显示，价格营销带来的顾客，基本上很难留下来，他们不太可能是百果园的忠诚顾客。换个思路，百果园做的是产品，更应该给顾客呈现产品价值，做产品营销，把好吃又健康的各种产品推荐给顾客尝试。比如，顾客吃了百果园的草莓，那就推荐他试试百果园的葡萄、金太阳蜜瓜等。数据表明，通过产品营销，顾客购买频次增加了，单品也越卖越好，百果园的价值顾客也越来越多了。所以，通过营销数据分析，百果园能够清晰地发现，要想更好地发展，就要用产品营销取代价格营销。

笔者曾在百果园的经营分析会上，从百果园商业逻辑的角度出发，多次强调百果园要做好"好"营销。不承想，数字化使公司管理人员在这方面迅速达成行动共识，虽然刚开始业绩有所下降，但客单质量还是不错的。在这种运营方式下，虽然这两年因新冠疫情的冲击，行业业绩不太理想，但是百果园却是个例外，因为百果园的顾客忠诚度很高。

再比如，通过数据分析发现，只要是购买过百果园 A 级以上产品的顾客，他们的复购率、年度购买 Aurp 值（用户平均消费额）都很高，而那些多次购买到不好果品的顾客，基本不会留存。这就更加坚定了百果园要做好吃的水果这一初心，同时也更加坚定了整个商品、运营和营销团队坚持开发好产品，并以产品营销为主的决心。

所谓智能化，是在数字化的基础上完善决策模型，从而实现自动化的智能决策。目前，百果园的智能化主要应用在订货、选址和种植方面，其他方面还在进行初步探索。

对生鲜经营而言，订货是一个日常而又关键的业务活动。货订多了，可能导致不能及时出清，带来折价损失或损耗加大；货订少了，又可能导致丧失销售机会。

订货通常由店长负责，但各个店长的经营能力或决策能力良莠不齐，因此，在提高订货水平上需要投入很多管理成本，比如培训、增加审核环节等。有了智能订货系统不仅可以大大降低管理成本，而且能够提升订货决策质量。

在整个产业互联网实践的过程中，随着百果园信息系统信息化、数字化、智能化的不断演化，徐永剑还认识到一个很重要的问题，就是百果园要为全产业链提供金融服务，这样才有可能提高全产业链的合作效率。因为那个时候，百果园和供应商的结算周期是相对比较长的（30~45 天），供应商在组织生产时就容易出现资金短缺的问题，这就让徐永剑开始考虑组建金融科技，为全产业链尤其是后端的供应商提供金融服务。当然，现在百果园的金融服务已经实现了从前端到后端的全覆盖（在前端称为"资金服务"），以支撑全产业链的良好运作。

最终，百果园不光依靠信息化、数字化和智能化的路径，形成了产业链自动化系统，还搭建了信息科技、数据科技和金融科技三个模块，为整个系统赋能。

(二) 全产业链协同

1. 顾客端：全域顾客经营

信息化阶段完成的是协同线上 app、门店 POS 机以及百果园独有的"三无退货"模块建设，形成统一的顾客视图，里面包括个人信息，交易、交互和资产信息等。

数字化阶段主要完成会员体系的建设和升级，实现会员标签化，根据消费数据，进行会员画像，进而对顾客进行研究分析，从而实现顾客全生命周期的关怀与营销。

智能化阶段是根据数字化阶段的经验沉淀，明确一些关键领域，构建机器学习决策模型，实现决策的智能化。

目前，百果园在顾客端的智能化还处于探索阶段，但基于信息化和数字化阶段的成果——统一顾客视图和会员体系，百果园已经形成了成熟的全域顾客经营系统。下面以会员体系的数字化运营为例进行说明。

百果园对会员体系的整合和设计，具体框架思路如图 4-2 所示。通过对线上场景和线下场景会员数据进行全面整合，对会员进行标签化，完成会员体系的建设和升级，从而获得顾客数字化洞察，实现顾客全生命周期的关怀与营销。

那么，百果园是如何获得顾客数字化洞察的呢？以一个应用工具——营销画布（营销部门使用）来说明。

营销画布是基于百果园的四次复购理论建立的。所谓四次复购理论，是说一个新顾客在消费四次之后，对百果园品牌的认知度和认同度会比较高，容易发展成为优质顾客。所以，营销画布就是促进新顾客实现四次复购，从而变成忠实顾客的全过程管理工具。也可以把营销画布看作是串联多个营销活动，并在过程中用于分析，不断将新顾客发展成忠诚顾客，逐渐培养起消费习惯的数字化管理工具。

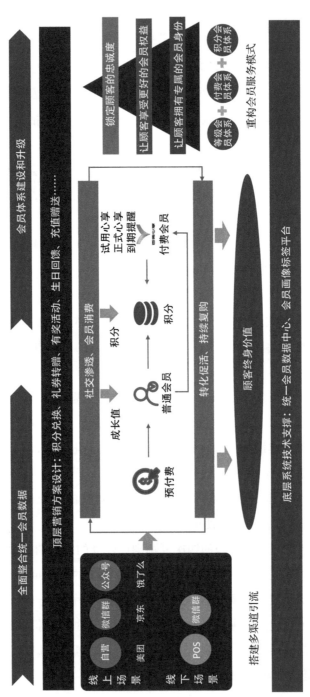

图 4-2 百果园会员体系设计框架

营销画布第一个最常见的运用场景就是提高新用户的留存率。一个新注册的会员完成首次消费之后，营销团队就会通过营销画布了解到他是什么时候消费的，消费了多少，购买了哪些水果，位于什么价格区间等。后续营销应该考虑如何激活他的第二次消费。一般情况下，营销部门会在首次消费三天后，给顾客推送一波返购券，等第二次消费完一段时间后，再推送第三波、第四波券。

当然，不是每一次送券都100%有效。比如有1万个新会员，通过推送返购券，只有6000个会员进行了第二次消费，那么剩下的4000个会员有可能会流失。对于这部分会员，营销部门可能就要换一种方式来激活。比如，如果通过小程序或者公众号给顾客推送返购券，顾客没有反应，那么就可以试试给顾客发短信、拨打人工客服电话，等等。而营销画布的作用相当于把这四次送券营销节点串成了一个流程，然后根据每一个节点可能出现的不同效果或分支情况，营销团队可以决定下一个节点采取何种营销活动激活顾客。最后，还可以复盘这1万个新会员在四次复购活动后留下了多少，这个过程又为下一步智能化优化提供了数据基础。

营销画布第二个常见的运用场景是分析用户需求，不断加深用户对百果园的了解。假如有一个顾客每周都会买一箱牛奶，营销部门就知道这位顾客对牛奶是有刚需的，或者他对百果园的牛奶是比较认可的；如果顾客经常来买蔬菜，可能他对百果园的蔬菜是比较认可的，对其他商品没有那么大的需求，或者体验认知不够。基于这些分析，营销部门就可以针对这些消费特征，发一些不同品类的优惠券。也就是说，如果顾客是认同蔬菜的，就发蔬菜券，这样顾客拿到的券是符合他的需求的，他就会继续购买。等新品类产品开发出来后，也可以发券刺激顾客来体验，看是否能得到认同。

比如，百果园的顾客主要是购买水果的，但百果园现在又在发展大生鲜，很多顾客没有体验过，甚至不知道。为了吸引顾客来体验，百果园可以通过短信告知他们，百果园现在除了水果，还有其他生鲜产品，包括蔬菜及肉蛋奶等，同时发一些蔬菜及肉蛋奶的优惠券给顾客以促进购买。一段时间后，还需要分析优惠券核销率（看优惠券发出之后，带来了多少消费）及投入产出情况，基于这些数据分析结果，营销部门就可以进一步针对目标人群制定相应的营销策略。

营销画布第三个常见的运用场景是用户裂变和维护。如何让顾客体验到好吃，进行"好"营销？试吃就是一个最直接、最有效的方式。

试吃活动一般是在线下门店进行的，就是顾客到了门店以后，员工主动让顾客品尝。如果顾客不去门店，就没有办法通过试吃引流了。基于此，百果园数字化团队开发了一个线上试吃场景。顾客可以在百果园线上平台看到线上试吃活动，在线申请，然后来店里体验，体验完之后还能在线上做内容和知识分享，也可以评论。这样一来可以为门店引流，二来可以带来裂变，其他顾客在看到评论后，也可能会受到激发，产生购买欲望，等等。现在，试吃也是百果园心享会员的一个权益。

此外，全域顾客经营还可以实现**顾客经营的组织化**（顾客资源由人掌握到由系统掌握）和**智能化**。

实现顾客经营的组织化。以前单店的微信群都是由门店店长负责，从建群、拉新到运营。但是门店店长的更换率是比较高的，要么因为流失，要么因为换店经营。如果没有妥善的交接，顾客流量有可能会随着店长或者店员的离职而流失，所以后来百果园就借助企业微信的全域流量管理能力，将门店个人微信群转变为企业微信群，由公司来进行管理。这样做的好处有两个：一是公司可以对管理者的账号进行统一的授权和管理，遇到门店员工离职，账号可以不变，具备继承性；二是可以统一标准，更高效地运营顾客微信群。

比如，原来没有全域顾客经营系统的时候，所有的营销素材包都是由运营以压缩包的形式通过内部企业微信群发给各门店店长，店长再去转发，效率非常低，顾客体验也差；有了全域顾客经营系统之后，因为有了营销素材库，店长就能够快速找到连接并高效运用。再比如，使用顾客全域经营系统之后，门店在收银的时候就可以知道这个顾客有没有在果粉群里，因为系统会推送相关信息。如果这个顾客还没有在果粉群里，门店就可以有针对性地邀请顾客入群，而不是来一个顾客问一次，这样不仅作业烦琐，顾客体验也非常不好。

实现顾客经营的智能化。全域顾客运营系统可以实现基于顾客的标签信息，为顾客提供个性化服务，从而有针对性地经营好、服务好每一个顾客。

比如，有些顾客是"榴梿控"，那么有关榴梿方面的货品信息，店长可以直接精准传达给微信群里的这类顾客，同时不去影响不喜欢吃榴梿的顾客。再比如，原来百果园的顾客（售后）服务是用 Excel 表记录工单的，再通过电话、微信反馈给店长，店长与客服确认核实后，再去与相关部门沟通处理方案，包括如何补偿等，最后还要走财务流程。从客服接到顾客投诉到最后回复解决，整个链路是非常长的，顾客体验会非常不好。实现数字化管控之后，现在的客服团队只要接到顾客投诉，就可以直接将投诉分发到营销中心，营销中心根据投诉顾客的标签信息，马上可以判断是否为恶意投诉，并针对不同情况着手处理，客服和顾客也会同时收到如何处理的反馈信息。全域顾客运营系统使客户投诉的处理效率大大提高，客户体验也大大改善。

2. 商品端：种植数字化—供应商数字化赋能—"全链条 + 灵动"的数字系统

（1）种植数字化

百果园跟其他竞争对手相比，最大的优势恐怕就是协同整个产业链稳健发展，特别是在种植环节。

种植端自古就有一种说法——靠天吃饭，大部分时候需要依赖个人的能力和经验。所以人们经常会发现，当一个种植基地规模比较小，比如 100 亩或 200 亩的时候，人们可以将它经营得非常好，但是如果将它的规模扩大 100 倍，甚至只是扩大 5 倍、10 倍，通常就经营不好了。因为当规模迅速扩张太多倍的时候，无法快速找到那么多有经验和技术的人，而一个人能管理的面积又是有限的。

那么，种植数字化是否有助于解决这一难题呢？

很显然，"靠天吃饭"的种植业要解决规模扩张的困难，需要构建一套标准化、智能化、自动化的管理体系，即把以前单纯靠个人经验和能力的种植过程提取出来，将依靠人的决策事项转化为由系统来决策，并通过自动化系统去执行。只有做到种植过程标准化、智能化、自动化，才能够更好地实现种植规模化。百果园的种植数字化，就是在种植标准化作业体系的基础上，构建智能化的决策系统和自动化的执行系统，去代替以前单纯靠人、靠经验的农业生产种植方式。

比如，在广西种植葡萄，天气比较热的时候，如果大棚里温度快速上升，却没有及时采取降温措施的话，可能 20~30 分钟葡萄就烧叶了，这会对葡萄的产量造成很大的影响。针对这种情况，传统的方式是现场管理人员实时紧盯温度计，如果发现短时间内温度升高了 10℃ 以上，就要赶快喷水降温，或者是开棚通风。但是单纯靠人工来操作，很多时候并不一定能够及时发现这种情况，比如管理人员偷了一下懒，或者中间接了个电话，或者心情不好没有及时去看温度计等，都可能会给葡萄的生长带来影响。

广西曾有种植户发生了这样的情况，由于技术员没有发现温度在短时间内快速上升，导致种植的葡萄烧叶，最后造成三个大棚的葡萄品质下降。但是"标准化、智能化、自动化"的种植系统，传感器可以实时监测葡萄大棚里的温度，一旦检测到温度在 30 分钟内上升了 10℃ 以上且超过 35℃，就会智能、自动地启动大棚里降温的喷雾设施，或者打开风机来实现降温。后来他们采用了这套种植系统后，就完全避免了这样的损失。

当然，对一些普通农户而言，他们没有条件去建设那么多现代化设施，实现全自动降温，但是也可以通过智能提醒实现半自动降温，避免损失。比如，百果园在楚雄有一个合作的葡萄种植户，他追求早上市，所以就要更早地把葡萄种下去。每年1~2月的时候特别容易发生冻害，半夜温度急速下降，如果没有及时采取升温措施，葡萄很容易冻坏，所以，以前种植户都要定闹钟，半夜一两点起来专门跑去看温度计，如果温度过低，他们就得赶快采取措施。曾经有一年特别冷，很多农户因为没有及时发现温度过低并采取相应的措施，造成了很大的损失。当时正好有一个种植户安装了百果园的智能化设备，可以通过手机能及时、准确地收到提醒，所以他就不用担心，每天都睡得很踏实。

另外，这套数字化种植系统还可以大大减少农药的使用量，对于提升农产品安全性，也发挥着非常重要的作用。

按照传统的方式，种植一季葡萄会用药10~12次，但如果用上数字化种植系统，可以比较显著地减少用药量。因为这套系统可以有效地预防病虫害，而不是等发生了再去防治。这是一个非常重要的区别，因为预防阶段的用药量通常比防治阶段要小。

这套系统是怎么做到预防病虫害的呢？实际上，农作物病虫害的发生与整个环境的变化持续累积是紧密相关的。比如说在春季，如果高温高湿持续5天或以上，葡萄就很容易发生灰霉病。以前农户没有办法提前预判，只能等到真正出现了病态之后，才去采取治疗措施。但是使用了数字化种植系统后，包括灰霉病在内的大概30多种常见病虫害的数据模型可以帮助预判。比如，在3~5月，如果温度连续5天在23℃以上，并且湿度都在80%以上，灰霉病的发病概率就很大。碰到这种情况，系统就会及时提醒农户，提前做预防施药。数字化种植系统可以使一年的用药次数从过去的12次左右减少到8次左右，即基本上能够减少约1/3的总量。通过减少农药使用量，一方面可以提高产品的安全性，另一方面也可以帮助农户降低种植成本。

在农药使用方面还存在一种现象，就是农户经常把多种农药一起复配使用，因为每一种虫害都单独打一遍，工作量太大。但这样一来就会导致出现一些问题。比如，如果是把两种成分差不多的药合在一起使用，不仅多花了钱，还提高了作物的抗药性，导致再用药效果差；如果是把两种不能合在一起使用的药合在一起使用，则会产生药害，造成农残超标。

通过种植数字化系统的农药复配检测功能，只需要通过手机扫一扫包装上的二维码，种植户在用药之前就能知道复配是否有问题，配方是不是最科学的，会不会造成药害，会不会造成农残超标，是不是符合绿色生产、无公害生产的标准，而且，系统里还有具体的问题解决方案，比如告诉农户这种药不是最适用的，将它替换成另一种药，效果可能会更好。这些都体现了数字化种植系统可以基本替代传统的农业技术人员或者辅助农业技术人员，更好地为农户服务。

众所周知，农业很难标准化，因为影响因素太多，如天气的变化、土壤的变化以及人为的操作，在过程中也很容易出错。一方面，需要通过数字化系统，对温度、湿度，以及用药、用水情况等进行实时监控、调控；另一方面，还需要在技术上不断创新和学习。

比如，整个种植端的信息化覆盖依赖大量物联网设备的支持，包括温度、湿度、土壤、气候、气象等检测设备，以及一些信息采集技术等。百果园联合国内智能控制器龙头企业深圳和而泰智能控制股份有限公司共同开发智能化的物联网设备及相关信息采集技术。其中有土壤检测仪，传统设备的检测结果会受深度、土壤水分影响，而现在的智能设备，只需要往土壤里一插，几秒的时间，所有想要的信息都能采集到，而且数据是相对比较准确的；还有无痕检测设备，通过拍照就能知道叶绿素、氮肥等含量够不够。

再比如，百果园从日本引进葡萄限根栽培技术，它是把葡萄种在一个像大花盆的限根器里面，如图4-3所示，通过按照葡萄生长所需的土壤营养成分提供营养用料，实现精准、高质量的标准化种植。同时，可以摆脱对"特别肥沃土地"的依赖，有利于种植规模的扩张。

图 4-3　生长在限根器里的葡萄

（2）供应商数字化赋能

百果园很早就认识到，百果园的成功必须是全产业链的成功需要全产业链协同。这也是为什么百果园很早就意识到要做产业互联网，数字化赋能产业链上各个环节，促进产业链协同和全产业链的效率提升。那么，怎么理解供应商数字化赋能呢？举几个例子来说。

标准化作业对提升门店运营效率的作用是很大的，其中有一个重要因素就是商品的包装。百果园根据前端消费者购买的数据，可以获得包装规格方面的洞察，然后传递给上游，实现包装规格从产地端就开始进行优化，从而实现整个产业供应链的最优模式。

比如牛油果，从厂家过来的规格一般是 36 个一盒，但门店销售数据显示，最佳货架售卖期内通常只能卖出 24 个，那么，百果园把这个数据反馈给供应商，供应商就可以调整它的包装规格，这样一来，就可以提升水果的新鲜度和降低损耗了。

再比如草莓,什么规格、什么级别的草莓在市场上是最好卖的,百果园可以根据这些数据洞察,来指导供应商制订他们的种植计划。同时,供应商还可以根据前端的销售时间、运输时长等数据来规划种植期、采摘期,并对采摘、运输过程中运用的包装箱、包装物,以及运输车速、车厢温度等进行不断优化。

百果园正是通过数字化赋能供应商,来尽量保证果品到达顾客手中时处于最佳状态。

(3)"全链条+灵动"的数字系统

作为生鲜连锁企业,百果园力求做到又准又快又便宜,这就需要做到全链条打通,同时,基于生鲜产品、产量和交付的非标化特点,对标准化要求非常高的数字系统也要具有"灵动"的特点。

基于百果园业务的特殊性,要做到又准又快又便宜,必须做定制化开发。最开始,百果园选择和外部一家仓库管理系统(WMS)公司合作,开启仓配端初步的数字化建设。2016年,随着百果科技⊖的队伍不断壮大,百果园开始了仓配作业系统的自主研发工作。基于"灵动"的特性,百果科技开发了"岱宗系统"。

做到全链条数字溯源,关键就是"一件一码"。

"一件一码"不只是应用于配送环节,而是应用于全链条。通过"一件一码",在入库的时候,除了知道一件有多重,是什么果品之外,还知道它由哪个供应商提供,在哪一天的什么时间到库的,整体批次是什么情况等;在仓库里的所有周转、所有操作,都围绕这个码进行;果品配送到门店后,门店也清楚来自哪个供应商、哪片产地,甚至由哪一辆车运输,哪一批次采摘,来自哪个渠道等,源头数据都能关联起来。所以说,实行了"一件一码",那么从源头到门店终端,整个链路的数据就贯通了,再通过数据中台,汇聚商品周转过程中的所有数据,就可实现商品从源头到顾客手里的溯源和数字化管理。

⊖ 百果科技是百果园旗下所有信息科技类、数据科技类及金融科技类公司的统称。

"一件一码",也解决了传统 WMS 存在的一些问题。

第一个问题:以前,拣货过程就是给拣货员一张纸质单,然后他拿着纸质单去具体的货位,单子上说要 10 件,他就从货架上面拿 10 件。这个环节很容易出问题——如果单子上面没有写规格,比如大果、中果或小果,或者拣货员没注意看单子,就很容易拿错。

第二个问题:拣货员将商品拣好,放在出库的位置等司机装货,但是商品这么多,如果单靠人工清点,会很容易出现遗漏和错误。

第三个问题:一个司机不是只配送一家门店,他可能配送 10 家,最少也有七八家门店。在配送过程中,假设车上有 7 家门店订的西瓜,但是西瓜都是一筐一筐的,可能这一筐重量是 100 千克,那一筐是 110 千克,他也不知道哪一筐是哪家门店订的,就凭感觉卸货了。这个时候就可能会有问题,本来这家门店订的是 450 千克,应该给 3 件 150 千克的货,实际给的却是 4 件 100 千克的货,还差了 50 千克。

实行了"一件一码"后,上述这些问题就都解决了,并且实现了全链条贯通。比如某件货入库时称重 110.5 千克,系统生成唯一包裹码,然后分货的时候,扫码就可以知道应该分给哪家门店,并且可以把这件货放在固定的线路位上。司机通过手持 PDA 司机端,可以实时收到相应的运输任务和执行明细(包裹码),包括有什么货、分给哪家门店等信息,他到拉货点,只需扫码装货。通过这种形式,司机就不会拿错货,整个过程实现了精准的配送履约。错配率由 2019 年的 9.08% 下降到 2021 年的 4.69%,整体错配率下降了 48.35%。

"灵动"是水果经营的一个重要特征。

由于生鲜行业具有刚性和不确定性的特点,哪怕是计划性极强的配送环节,也经常需要"灵动"处理。

比如,每天的发货时间,配送部门会根据地理位置的远近来安排发车,距离越远,发车时间越早,但是经常会遇到变数,到了发车时间,还有商品(假设是西瓜或草莓)没有到库,或者只是部分入库,不能满足现有要货量需求。这时候信息系统就需要重新计算每辆车的配载和发货量，根据库内商品情况，备好发车商品，以确保门店第二天有商品可卖。等西瓜或草莓完成入库后，再做二趟补发。

3. 门店端：经验数字化与决策智能化

生鲜尤其是水果的经营需要克服全产业链的管理难题，特别是种植端和门店端是难中之难，也是重中之重。百果园的全产业链协同发起于销售端——门店连锁，突出于产品——种植端。

（1）经验数字化

在数字化建设中，门店运营数字化当然也是重中之重，即将百果园在门店运营方面积累的非常丰富的经验数字化。如加盟商管理类的巡服带教系统、一体化门店作业系统，以及单店营销类的商品陈列巡检、百果秘书等，就是将过去的成功经验数字化的门店运营系统或工具。

比如加盟商管理类的巡服带教系统，如图4-4所示。

巡服带教系统的目的是给各个层级赋能，提升各个层级在信息传达、标准管理、门店经营方面的能力，打造科学的总部、督导、店长、店员经营协同平台，帮助门店提升持续盈利能力。

巡服带教系统的逻辑是集团运营部门创建巡店任务；督导或者神秘访客现场巡店，通过移动端上传巡店报告；店长确定巡店结果，针对异议进行申诉；门店针对问题进行整改，总部进行回访；门店进行评分分析、重点共性问题分析、问题针对性培训学习。

再比如百果秘书和总经理驾驶舱。

生鲜领域一定要关注库销比和损耗，损耗不能太高，因为损耗就是损失，但过度关注损耗，库存量过少，又会造成销售机会的损失。比如，某种商品到中午或者到下午两三点时就卖完了，实际上后面的时间段，如果还有库存的话，应该可以销售更多。因此，能否有效地进行这些数据的分析，直接影响经营效益。

第四章 全产业链协同的产业互联网

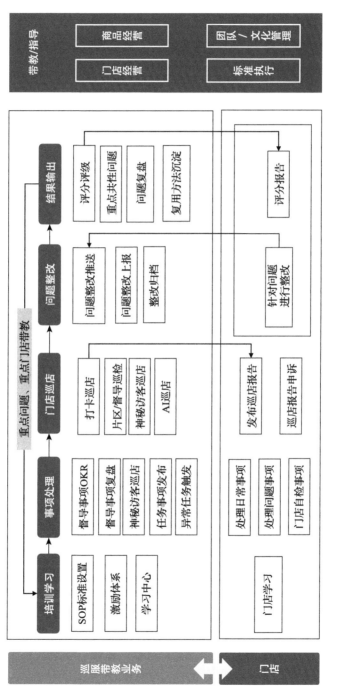

图 4-4 加盟商管理的巡服带教系统

百果园经营管理数据的分析主要体现在管理层的"总经理驾驶舱"和门店端的"百果秘书"这两个工具上。总经理驾驶舱是管理层使用的工具，能够为管理层在门店经营方面提供更多指导和决策依据。百果秘书是给门店店长、店长助理提供的一个移动端的数据看板工具。在百果秘书上，店长可以看到自己门店的经营情况，包括销售数据、损耗、顾客情况和目标及完成情况等。

经过这么多年在数字化建设上的投入和纵向经营，百果园有着丰富的数据沉淀和经验积累，而且还会持续沉淀和积累，已经为下一步的决策智能化做好了准备。

（2）决策智能化

在门店开拓与运营过程中，有两个决策环节非常关键，即选址和订货，其他环节是运营环节，只要按照标准把工作做到位即可。显然，决策环节对经济效益起到的是决定性作用。

门店选址选不好，就等于门店的基因不好，就会事倍功半，甚至经营不起来。订货决策不当或精准度不够，可能导致产品组合不适合门店商圈，经营惨淡；或者导致引流产品与利润产品组合不好，来客数不断下滑；或者导致库存加大，损耗加大；或者导致缺货，错失销售机会；等等。

因此，在门店端，智能选址系统和智能订货系统就是体现决策智能化的两大模块。

模块一：智能选址系统。

智能选址系统就是把过去选址经验数字化、智能化。原来的拓展工作都是人工在做，他们知道怎么去蹲点，怎么去探查周围的商圈环境，但通过与地图软件公司合作，开发智能选址系统，实现选址的智能化后，选址效率和总体选址质量得到提升。或者，前期通过智能选址系统筛选出意向选址，然后人工再进一步深入调查、观察、分析、决策，这肯定也比完全人工盲找效率高很多。

智能选址相关指标包括选址经纬度、区域代码、城市代码、入驻区域时间、入驻城市时间、商圈人口年龄分布、商圈人口教育程度、商圈人口行业分布、商圈人口职业分布、商圈每小时人流量、商圈办公人数、商圈居家人数、区域历史店日均销售额、城市历史店日均销售额、区域历史店均来客数、城市历史店均来客数、区域门店数量、城市门店数量、区域平均损耗额、城市平均损耗额、区域平均销售费用、城市平均销售费用、区域平均销售成本、城市平均销售成本、区域平均净毛利额、城市平均净毛利额，等等。

模块二：智能订货系统。

智能订货系统搭建的初衷是服务百果园业务的发展。一是门店的数量越来越多，特别是新店；二是商品资讯信息分散；三是过去的订货流程烦琐，耗时长且高度依赖店长的经营能力。

智能订货系统具有两种功能，一是将与订货相关的关键因素进行关联，通过数据呈现的方式辅助店长精准判断供需情况；二是通过算法自动形成推荐订货单，店长订货的时候只需要基于系统推荐的订货单进行调整即可。

智能订货的关键因素包括门店历史销售额、门店预测销售额、门店商圈客流档次、门店商圈居民收入、门店商圈消费水平、门店竞争等级、门店亏损等级、门店是否为加盟店、门店库存周转天数、门店实时库存、门店在途库存、门店整体库存指数、门店综合评价得分、分配商品类型、分配商品总量、分配商品是否分完、分配商品的门店范围、区域实时库存、区域在途库存、区域历史销售额、区域预测销售额、区域库存周转天数、未来气温、未来天气、未来节假日、未来营销活动。

4. 底层：信息化、中台化与协同化

百果园数字化体系的底层是信息化实现了信息记录、信息处理、信息流转的自动化；中台化是百果园数字化体系的一个核心特点，也是未

来实现产业互联网，赋能产业生态必须采用的技术模式；最终实现产业链协同化，提高整个产业链效率，这是数字化体系的目的。

关于信息化，前文已做了详细阐述，此处不再赘述。下面简要阐述一下百果园数字化体系的中台化与协同化。

（1）中台化

如何理解中台化？

举个例子来说明。电商都会有订单处理需求，需要有支付、结算、物流能力，这些能力就是复用度很高的能力，百果园需要，果多美也需要。为了避免重复开发，就可以把支付、结算、物流能力模块集合为订单域，这样无论哪个场景需要这些能力，都可以直接从订单域里调用。这时候开发人员只需要"砌砖"——调用需求，而不需要从"黏土烧制"开始——重新开发。像这样，将颗粒化、可复用的能力模块集合成域，如订单域、营销域、商品域、采购域、会员域、加盟域、金融域等，供交易平台、百果园电商、果多美电商调用，这就叫中台化，如图4-5所示。

图4-5　中台中的各种能力都可被三大平台调用

（2）协同化

前文中多次说到，生鲜行业的特性决定了协同的重要性。产业互联网就是要实现高效协同。百果园的高效协同体现为线上线下一体化协同和采营销配一体化协同（包括小协同、大协同）。

第一，线上线下一体化协同。 对于线上线下一体化协同，最难的一点就是库存协同，主要涉及两个问题：门店线上线下怎样共用库存，以及线上如何实现自营库存和三方平台（美团、饿百、京东到家）库存的同步。

线上业务既有自营又入驻第三方平台的好处是能够获得更多的流量，但是每入驻一个平台需要操作的端口就会多一个，甚至还有可能多一台设备，这对门店来说是一件很头疼的事情，而且在效率和顾客体验上容易出问题，很有可能会因为忘了更新库存而招来顾客的投诉。

为了解决这一问题，百果园在做线上线下一体化的时候，设定了一个安全库存。举个例子，今天店里来了 100 个金美人蜜瓜，门店在线上平台上架的时候就只会上 95 个，剩下 5 个是作为安全库存预留的。安全库存就是为了保证线上在卖超的情况下，仍然能正常发货。

同时，百果园的线上线下一体化把第三方平台也整合到了一起，既方便线上运营团队统一管理，也方便门店进行商品上架、下架和价格的维护，而不用分自营渠道、第三方渠道去操作，门店只需要在综合门店端一键式完成线上业务的配置。线上有订单时，会通过旺 POS（一种电商智能终端）直接打印小票，同时订单信息会被自动推给公司合作的第三方（比如美团、达达、饿了么等）配送，店员拿到小票之后开始拣货，拣好货之后放在指定的位置等配送员来取就可以了。

在最开始的时候，第三方平台上采用的是按固定比例分配库存的逻辑，但是在实际操作中发现，这种方式经常会导致销售机会的损失。因为不同店、不同渠道的销售情况是不一样的，有可能 A 店在美团卖得好，而 B 店在京东到家卖得好，而且这对于库存量少的商品也不友好。就拿柠檬来举例，可能一家店的柠檬库存就只有 10 个，那还在不在线上卖呢？这也是个问题。所以，后面对这个系统逻辑进行了优化升级。不过，系统逻辑再完善，实际还是可能会存在超卖或缺货的情况，这时门店就需要致电顾客，沟通换品或退款等。

线上线下一体化协同还存在一些其他问题。比如，线下是按重量卖，线上是按份卖，如何协同？还有在超重的情况下，有时骑手不愿意接单等协同问题，百果园在实践、摸索过程中，都逐一解决了。

第二，采营销配一体化协同（包括小协同、大协同）。 正常情况下，供应链指的是从供应商到仓库到门店再到顾客的整体链路，但是百果园经营的是生鲜产品，库存及中间环节都需要更加精细、精准的管控，否则损耗会很大。这也凸显了"计划性"和"实时性"在生鲜领域的重要性，奠定了百果园"以销定采"与"以采定销"相结合的模式。

先按照"以销定采"的模式。每年百果园都会先制订出集团整年的整体销售计划，然后根据这一计划，与供应商达成采购协议。尤其是国际采购或者一些大基地，要提前和供应商达成采购计划协议。

再按照"以采定销"的模式。所谓"以采定销"，是指当商品采购回来后，会按照基于销售计划的采购量来进行销售，但是一定会有一些动态的差异，这些差异就要靠门店终端来消化了，所以就有了分货逻辑。

具体的运营过程就是一个计划和协同的过程。根据百果园的各类管理场景，销售计划可分为集团大计划和区域小计划。集团大计划是一个月开一次采销协同会，制订下一个月的销售计划；区域对经营计划的要求要更精准，所以区域计划是一周开一次采销协同会，制订下一周的计划，并录入系统。这样，采购端就能及时看到区域下一周的销售计划，采销才能联动起来。在配送端同样也需要这样的联动，商品采购回来之后要安排入库，但是仓库的月台一共就那么几个，是需要时间周转的，所以各个环节类似仓库月台预约的能力等都影响着采营销配的协同效率。

从上述情况来看，信息的实时性至关重要。在信息化之前，所有的采销信息都是通过人工对接的，所以实现信息化的第一步就是把数据实时呈现出来。

总体来说，采营销配一体化协同主要是指通过将"实时"和"计划"的信息同步到各岗位，让协同链上各岗位都能清楚地看到各环节的情况，从而做到及时采取相应的调整措施。百果园的采营销配一体化系统模型图，如图4-6所示。

那么，什么是小协同、大协同呢？这是根据业务范围来定义的。

小协同是指仓配端和门店端的协同：门店端根据销售预测智能指导门店订货，而仓配端则根据库存数量采取动态措施。如果库内商品是供过于求的，运营就会制订并采取动销方案（如降价销售、销售返利、开展营销活动、扩展销售渠道）来降低库存数量；如果是供不应求的，则会按照系统规则自动进行分货。

大协同是指采营销配之间的协同，包括销售计划和采购计划的信息协同，商品采购和门店销售的物流协同。举个例子，如果没有协同，运营只能看到当前有多少货，但是有了协同，不仅能看到库内当前有多少货，而且还能知道下一批货什么时候到，是否已经发车了，这一批货的数量有多少，这样整个产业链各环节的信息都是可视化的，在做销售计划的时候就会有个预期。整个采营销配一体化就相当于通过这样一个大协同，大家把各自的需求清单，即未来的计划输入到系统里，以及实时的运作情况都会在系统里呈现，然后根据情况可以灵动处理，做到计划性和灵动性相结合。

以西瓜为例，每年的夏季都是西瓜最热销的时候，如果这个时候供应不及时，那么门店就白白错失了最佳销售机会。另外，如果有营销活动安排，但是前端没有及时把信息传递给后端，采购还是按原来稳定的货量来订购，就会导致前端在活动期间出现缺货的情况，这样营销活动就白白浪费了。但是，有了采营销配大协同，前端的需求和计划就可以及时传递给后端，后端的规划和情况也能及时同步到前端，从而使两端达到相对平衡。

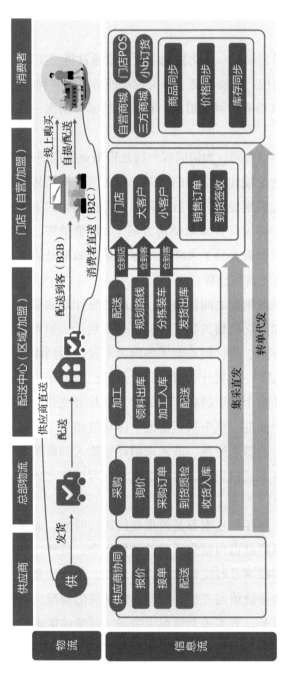

图 4-6 百果园的采营配一体化系统模型图

百果园的采营销配一体化系统正是将前端销售和后端采购高效打通，汇聚不同渠道的订单，区分商品类别，实现周计划、日计划和智能预测相结合，在帮助企业完善内部管理的同时，实现全产业、全生态的动态化全方位高效协同。

四、在高速飞行的飞机上重构飞机

前文提到，百果园原有 ERP 系统的问题不仅仅体现在无法对未来的战略意图提供支撑，在当时更是已经成了经营发展的瓶颈，百果园急需一套能够满足其高速发展需求的新系统。

新系统需要具备两种基础的互联网技术：分库分表（实现数据访问时的并行处理）和弹性伸缩（机动地根据需求增加/减少资源支撑）。在互联网的大流量冲击下，新系统有了这两种基础技术，就能够很好地适应，而旧系统则会面临崩溃。新旧系统的能力比较如图 4-7、图 4-8 所示。

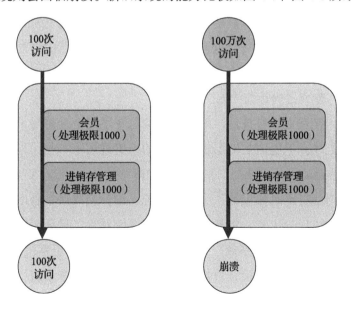

图 4-7　旧系统的能力

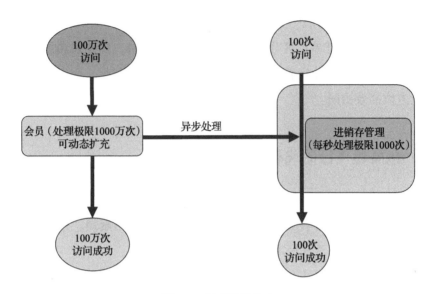

图 4-8 新系统的能力

但是,当时百果园已经有 1000 多家门店了,不可能把经营停下来重新设计数字化系统。余惠勇和徐永剑就公司的未来蓝图和数字化蓝图达成一致后,徐永剑制定了数字化建设三步走的战略,接下来,不得不考虑如何在高速飞行的飞机上重构飞机,即在不影响经营的情况下,对百果园整个数字化系统进行彻底的重新设计。

那么,整个过程是怎样的呢?

徐永剑接掌百果科技后,第一阶段就是花了三个月将百果园第一版电商系统上线。但电商是旧系统中没有的,要进入下一步,就要涉及对旧系统的改造,因为需要与旧系统进行数据对接。

徐永剑的思路是先设计一个新子系统,设计完成后,将旧系统中相应的旧子系统拆分出来,将新子系统和旧系统对接,保证正常运营;然后重新设计另一个新子系统,再将旧系统中相应的旧子系统拆分出来,把新子系统和旧系统对接,替换掉旧系统中的对应旧子系统,保证正常运营;接着,再一部分一部分地重新设计,拆分,对接,保证正常运营;最后,就把"整个飞机"换完了,老飞机不见了,全新的飞机形成。

但是第一次进行对接时就遇到了难题——当线上流量过大时，如何实现与旧系统平滑对接？旧系统可能会因为处理能力不足，无法响应而面临崩溃。

为了解决这个难题，当时他们颇费心思，最后的解决办法是保持旧系统运行逻辑不变，只当是多了一个顾客——电商。

但问题又来了，线上按份卖，线下按重量卖，线下作业的时候总会有一些重量差，顾客体验不好，怎么办？

后来他们想出了差额补零的办法：分量多了，就送给顾客；分量少了，就把钱退给顾客。同时，还有"三无退货"支撑，如果不满意，线上顾客可以随时退货。这就解决了线下作业和线上售卖不一致导致顾客体验不好的问题。

另外，在原有的技术条件和系统背景下，用线下卖给线上的思路来解决对接问题，也避开了两个系统（电商系统和ERP系统）必须要打通的困难。

第二个阶段是对原ERP系统进行解耦，将会员管理从原ERP系统中分离出来，同时，开始组建全新的队伍做一体化会员系统（包括线上和线下）。

一体化会员系统主要由会员系统（信息和账户的管理）和营销系统构成。过去百果园在线下是没有太多营销活动的，主要就是"三无退货"、试吃。但是线上不一样，可以有很多的满减、满赠等各种各样的营销活动。因此，针对这种现状，设计一体化会员系统时就将营销系统也纳入其中了。

当时原ERP系统就是一个黑箱，里面有各种业务逻辑和系统逻辑，如果不对它（ERP）进行拆分，对整个信息系统建设来说，就是一个大风险。可以说，一体化会员系统的搭建是当时最主要也是最难的问题，解决之后又把财务系统、人事系统拆分了出来，那么在大的系统逻辑上，就可以不再依赖原ERP系统了。

第三个阶段是围绕水果的采购、交易和果品标准建立了交易平台，把所有的供应商、果品标准和采购订单管理起来，从而解决了供应链整个交易体系的问题。这项工作是从2016年初开始的，3个月的时间完成了第一版的设计和开发。

与此同时，把供应链金融平台也做了起来。通过对供应商的资质和信用的管理，为其提供资金服务支持，从而解决了供应商因货期长、回款慢而带来的资金困扰，金融服务事业部也应运而生。

第四个阶段是种植端的管理系统建设。当时，信息化团队前前后后跑了很多地方，也对多家公司展开调研，经综合对比分析后，最终决定与从微软辞职创业的王筱东创办的广西慧云合作。广西慧云是专门做数字化种植体系的，以水果专业为基础，对某个品类的种植全流程进行数字化，以实现更精准的管理。前文提到的种植端的数字化案例，就是他们的杰作。

最后是仓配物流体系（TMS，运输管理系统；WMS）建设。百果园选择与该行业里最好的供应商合作，然后根据自己的实际情况做了个性化的开发，让整个系统达到与业务高度贴合、非常高效的状态。

到这一步，新系统已经对基地种植、供应链管理/供应链金融、仓配、线上线下会员管理、电商，以及基础的财务、人事、OA（办公自动化）系统实现了全覆盖。

随着信息化的基本完成，2019年又开展了加盟商管理、店铺管理、拓展选址等方面的系统建设和完善工作，或增加过去缺失的功能，或基于信息化的需要，进行数字化和智能化的升级。这一年，公司成立了数据中心，BI（商业智能）开始作业，为公司每个环节建模，进行关键指标的提取和分析，并对每个环节进行优化等。

在整个过程中，有一个问题经常发生，即业务需求和系统规划相矛盾。所以，围绕业务需求的合理性和业务发展需要的规划性，公司还专门成立了一个业务与流程管理部，负责对业务和流程进行梳理，同时基于业务需求，每个月在集团层面组织需求评审会。这一举措强化了需求与业务的贴合，也提升了"第一次就做对"的概率。

徐永剑认为，百果园的数字化建设不应该只是实现产业互联网模式，而应该是为整个产业生态赋能。这就要求百果科技具有更强的金融科技能力和产业赋能能力，需要更多地去考虑怎样为产业生态里面的各个实体、合作伙伴以及个体提供服务和技术支持。

未来，百果园要实现从过去基于消费互联网构建的基础设施（如阿里云服务）向基于产业互联网构建的基础设施的过渡，实现行业内的所有应用都能够在云上面进行动态组合、封装，从而形成一个云化的、共享的技术平台。在这个平台上，资源是大家共享共用的，成本是大家共同承担的，内容是大家共同维护的。

基于上述的实现，就会形成一个大的产业生态联盟。当然，这个产业生态联盟并不是产业链上所有的"玩家"都在里面，而是只有优质的、高效的"玩家"在里面，大家协同再创造更高的效率，这个时候就不用担心没有利润，因为这将会是高效对低效的替代，是高效能力的组合呈现。

第五章

标准是"牛鼻子"

水果是一种非标品,即使是同类水果也天然存在巨大差异,但是百果园围绕着"好吃"的定位,制定了透明的果品标准体系。

在百果园的果品标准体系中,不同的水果有不同的分类和分级标准,但不论什么水果,都有三个基本的指标,就是安全性、新鲜度和糖酸度。

首先,安全性是百果园的"生死线"。不论在任何情况下,果品安全性都必须达到国家的相关标准,甚至高于国家标准。对于百果园自有种植基地的果品,建立可追溯系统;对于其他国产果品,提供由国家规定的检测机构进行的农残检测证明;对于进口果品,则要提供检验检疫证明及海关报关证明;对于有机食品、绿色食品,必须提供相关证件及检测报告。

其次,新鲜度标准的制定与执行是百果园的"兴衰线"。在果品销售过程中,不论原有的等级是怎样的,只要新鲜度降低,价值就会减损。

最后,出售的所有果品都必须达到相应级别果品的糖酸度标准。

百果园的果品标准体系,不仅让消费者能够有一致、稳定的体验,反过来，又牵引各个环节精准管控品质，最终让消费者买得明白，买得放心。

一、零售业的本质

零售业是一个古老的行业，也是一个一直在不断变革的行业。近代零售业从美国以蒙哥马利、西尔斯为代表的邮购公司开始，演进到百货公司、大卖场、连锁超市、专卖连锁、便利店，以及前几年冒出来的新零售，等等。但不管怎么变化，任何行业都有其本质，只有回归本质，我们才能不被眼花缭乱的概念、模式等所绑架，才更有可能找到真正的规律，指导自己理解行业创新并进行自己的实践创新。

那么，零售业的本质是什么？

本质就是不会改变的东西，零售业有四个要素永远不会改变，即顾客连接、产品、效率和体验。

顾客连接。无论零售业怎么变革，你要买东西，都一定要到商店去，只不过过去是去线下商店，在互联网时代更多的是去线上商店。总之，不管是什么样的商店，都一定要与顾客发生连接。

产品。记住，顾客购买的一定是产品，而不是概念或噱头。即使是服务体验，那也是一种产品或者产品的一部分。

效率。如果运营效率不高，供应链成本高，那么产品再好，性价比也不会高，顾客就会流失；或者，有了价格优势，但是过度牺牲了产品和体验，最终也会失去顾客。

体验。顾客购买产品的过程要愉悦，如果不方便，感觉不爽，或者有了可替换的产品，顾客就很容易转换目标，尤其是在线上购物越来越发达的情况下，转换成本会变得越来越低。

因此，无论是旧零售还是新零售，顾客连接、产品、效率和体验这四点都是本质要素。只不过在新时代，新技术影响了这四点，使得零售行业有了新的变化。我们需要的是理解这些新变化，发现新规律。

在互联网时代，零售行业的一个最大的变化是顾客连接更加容易了。

传统零售是靠线下店铺与顾客进行连接的，这种连接受到时空的限制。要产生连接，顾客必须走进店铺，连接的规模也受到店铺面积、辐射范围和时间的限制，而且这样的连接是被动连接。若不跑到顾客面前发传单，顾客就不知道店铺的有关信息。若顾客不走进店铺，连接就无法产生。

在互联网时代，顾客不用走进店铺，坐在家里通过 app 就能实现连接；手机、电视甚至智能冰箱等都可以展示店址，直接触达顾客，实现与顾客的连接。无人售货终端的发展，也是源于更加容易的连接、更简便的支付、更快捷的补货，等等。当然，手机是最重要的一个入口，能实现的连接规模几乎等同于平台的流量规模，而且可以主动推送，瞬间完成，不再受店铺面积、辐射范围和时间的限制。因此，在互联网时代，连接要容易得多。

但是，连接更加容易也带来了另一个问题——顾客更容易被拦截。

一方面，传统零售（尤其是非个性化、非体验性商品或服务）的顾客很容易被拦截。在互联网时代，顾客与店铺的连接方式发生了改变，尽管有线下店址，但真正的"第一店址"可能已转移到了手机端。哪怕商家把线下经营得再好，顾客也很容易被便捷的线上入口拦截。所以，很多传统零售商越来越窘迫，迫切地需要走向线上或与线上企业合作。

另一方面，单纯的线上公司也不会永远那么惬意，因为在线上，顾客同样容易被拦截，如拼多多就部分拦截了淘宝。未来，入口一定是过剩的，因此各类入口都在拼杀。还有一个重要的变数就是，许多线下公司尤其是社区连锁型零售公司，通过发展线上会员也会形成巨量的流量平台，线上与线下协同起来，就很容易拦截单纯的线上公司的顾客。比如，百果园现在有 5000 多家线下社区水果店，线上消费超过一次的会员数量达到 6000 多万（2021 年），而且这些会员的定位（消费习惯、用户画像、服务需求）具有天然一致性，逻辑上完全可以基于这种定位，组织开发不同品类的产品。

正因为顾客容易被拦截，所以深化连接就成了必然，深化到全产业链的管理就成为关键。换言之，要踏踏实实围绕战略定位和价值主张，真正形成为顾客高效创造价值的产业生态。可以说，小米、百果园都是这种深化连接的典范，也基本形成了产业生态能力。

要想深化连接，形成产业生态，就要做到"产品为王+全产业链管理"，尤其要在产品和效率这两个要素方面形成强大的优势。在非标的水果行业，认识和解决"标准"问题就是头等大事。

二、非标：水果行业的症结

水果行业非常难做，主要体现在三方面：采购变数大、种植不简单、品质难把握。其症结在于，无论在哪个环节，我们都很难用精确的标准来衡量好坏，即"非标"。百果园在刚刚入行的时候，也在这些方面交了不少学费。

（一）采购变数大

2017年，采购人员徐欣订购了一批沙漠蜜瓜。照往常的情况来看，沙漠蜜瓜的货架期有4～5天，结果这一批蜜瓜才不到2天就坏掉了。

当时，深广区域的仓库里有200多吨这样的沙漠蜜瓜。看着一车一车的蜜瓜像垃圾一样被运走，徐欣的心里一阵阵发凉。因为200多吨是一个巨大的数字，光是给供应商发货就需要一个多月才能完成，可见，这是一笔多么惨重的损失。

从外观上看，这些沙漠蜜瓜和之前的几批基本毫无差别，为什么货架期却相差这么多？徐欣去种植基地做了深刻的复盘，发现这次失误其实是很多因素叠加导致的。

第一，气温。这一年种植基地的气温比往年高，所以蜜瓜的生长周期缩短了 10 天左右，这也意味着这一批蜜瓜过熟。第二，由于种植基地多年来一直种植蜜瓜，土壤出现了重茬问题，蜜瓜的整体健康程度大打折扣。第三，当地种植户改变了灌溉方式。多种因素叠加在一起，这才导致了这批沙漠蜜瓜最后出了问题。

这就是水果采购的难点所在——哪怕有那么多次成功的经验可借鉴，也还是会有很多意想不到的变量存在，根本没有什么"一招鲜，吃遍天"的妙招。只有踏踏实实地深入产地端，深度参与水果的种植，才能尽可能减少意想不到的变量，管控好水果的品质。

蜜瓜是如此，其他水果也是如此，而且每个品类水果的状况都不一样，要想把每个品类的品质都管控好，更是难上加难。

（二）种植不简单

相信会有不少人认为种植行业门槛很低、操作简单，实际上，进入种植行业可能很简单，但是想要种好却并不容易。这也源于水果行业的症结——非标。

百果园的采购人员常常遇到这样一种情况，明明是同一片园区、同一个品种、同一个时间段成熟的果品，却像"百家果"，在个头、色泽、口感等方面都不尽相同。

造成这一现象的原因可能有很多。首先，哪怕出自同一片园区，生长环境也不会完全一样，土壤和日照等差异都会影响果品的最终状态。其次，果树生长过程中所使用的农药、化肥等在功效上存在差异，而种植户往往更多的是根据价格和使用便捷程度来做选择。再次，对果树进行的不同作业方式也会影响水果的最终状态。由于大部分种植户并没有经受过系统的培训，主要还是凭感觉和经验操作，这也就形成了一个地方一种种法的现象。大家要么跟着附近种得好的种植户学习经验，要么就是按照之前参与过的零散培训来实践。最后，种植户个人对作物投入的时间和精力也不尽相同，这也会影响水果的最终状态。

"非标"这一行业痛点给种植业提出了挑战。这些年来，百果园种植团队的工作人员已经研究出了一些解决方案。比如研发人员会根据果园的生态环境进行分类和分级，为不同类别、不同级别的果园定制个性化种植方案，对作业时间、作业方式、操作流程等环节做出详细规定，规避传统种植行业中经验难以量化从而产生的非标问题。但是，由于这些生产方案并非完全一对一定制，所以在实际操作过程中还要根据现场状况进行相应的调整。这种"大方向统一，小细节有差异"的种植模式不仅使得生产效率大大提高，也使作物更有可能符合最终的采购标准，基本解决"非标"的问题。

（三）品质难把握

什么样的水果能赢得消费者的心？这个问题没有标准答案，因为不同的人，口味往往也不一样，有人爱吃酸的，有人爱吃甜的，甚至有时候顾客喜欢的也并不代表就是高品质的。

2013年，何拥真负责采购的核桃遭到了品控部门的大规模退货，原因是品控部门觉得这批核桃不够脆。但是，何拥真却坚持说这批货是没问题的。原来，当时市面上的核桃普遍为了提高酥脆度加了添加剂，但是百果园坚持做原生态果品，不加添加剂，所以，百果园的核桃吃起来确实没有市面上的酥脆度高，这让品控部门误以为核桃本身品质有问题。后来经过探索，品控部门决定新增含水量检测来综合判定核桃是否达标。

其实，这款核桃的采购标准非常严格，为了保证口感，百果园要求必须过了白露才能采摘，而且核桃水洗后绝不漂白。本来以为顾客会非常认可百果园这款白露核桃，但结果是推销起来非常艰难，主要是当时的很多核桃厂商为了核桃卖相好看，都会将核桃漂白。大家看惯了经过漂白的核桃，很难接受原果的颜色。

一边是顾客的喜好，一边是品质的保障，这样的选择题该怎做呢？

百果园选择了品质，这么多年来一直坚持做原生态的核桃，不漂白，不加添加剂，追求天然的果香。不过，为了兼顾品质和顾客的喜好，百果园还是在工序上花大力气研究，他们发现核桃的黑色来源于核桃的外层青皮，这种青皮极易染色，甚至可以提取为染发剂的原料。百果园要求农户采摘完后，先用清水洗净，再烘干，这样就可以把核桃壳的颜色控制得比较淡，让顾客更容易接受。

这么多年来，百果园坚持执行不低于国家标准的果品标准，力求做好每一种单品的品质管理，还以极大的耐心与顾客沟通，为顾客澄清一些误解。其实，很多企业都有心这样做品质管理，但是由于成本高企、售后服务难做，大部分企业要么抵挡不住诱惑，选择去赚快钱了，要么还没坚持到顾客理解的那一天，就因为难以盈利而倒下了。

三、"好吃"创造出的行业标准

在整个水果行业里，无论是上游的种植企业、中游的流通企业还是下游的分销企业，都在叫苦连天，说水果行业太难做，根本原因就是水果不像工业品——非标，在种植、流通和品质等方方面面都存在太多的不确定性。

那么，百果园是怎么解决水果行业之难——非标的呢？

一是把水果的流通链条拆解为具体的工作任务，制定标准化流程，进行全链条品质管理；二是深入研究每一种果品背后的科学知识，制定标准体系，把握水果更多的生命面积。

（一）全链条品质管理

二十余年来，百果园首创并持续严格执行五大标准体系——采购标准、配送发货标准、品控标准、门店收货标准以及销售标准，来进行全链条品质管理。下面，我们就以招牌果品红芭蕾草莓的流通流程为例，来看看百果园是怎么对全链条进行把关的，如图5-1所示。

图 5-1　红芭蕾流通流程图

草莓是极不耐贮的品类，它的表皮层保护膜非常薄，和苹果、柑橘等品类不一样，它的保鲜难度非常大，采摘下来后，寿命非常短，一不小心就会变质。但是百果园红芭蕾草莓的损耗率只有不到10%，甚至在5%以内，而且在48小时甚至24小时内就可由供货基地配送到百果园门店，以最好的状态送达顾客手中。这主要是因为百果园严格执行了全链条品质管理。

第一，在采购标准上，深入种植环节去管控。百果园红芭蕾草莓的采购标准十分严格，要求果面洁净无污染物，果肉色近鲜红，果心泛白，果形呈圆锥形，单颗重量要在20g以上，等等。一方面，有了这些明确的采购标准，种植户想要达到这些履约标准就必须严格按照百果园提供的作业方案来操作，并实时监测草莓的生长状态；另一方面，这些采购标准也方便百果园深入种植环节，对果园及农用物资的使用情况进行动态监管，同时提供相应的技术支持。比如，优果联技术人员姚淑伟就长年驻扎在红芭蕾全国特约种植基地——南京金色庄园公司，提供草莓种植指导，并进行技术研发。种植红芭蕾草莓一般是隆冬时节最为忙碌和辛苦，为了使果品达到百果园的采购标准，基地的种植户坚持不早采、不催熟，任其自然生长 120 天以上，等到糖酸度达标之后才采摘。

第二，在配送发货标准上，对采后处理和配送细节都有细致的规定。采摘后，工作人员要先将草莓放到预冷柜中。从外表看，预冷柜和长 15 米的冷藏车货柜并无二致，但内部大有乾坤，预冷效果很好，可以在 30 分钟至 1 小时内将草莓的果心温度从 20℃直接降到 5℃以下，让草莓进入休眠状态，不再生长。预冷后再打包装车，每颗草莓都有单独的纸托来相互隔离，避免碰撞产生损伤。在冷链运输环节，百果园对物流司机也提出了标准，要求车速控制在 70～80 千米 / 小时；经过高速出入口减速带时，车速要控制在 5～10 千米 / 小时。车内有温控和车速监测设备，一旦出现异常情况就会发出警报，及时提醒司机。

第三，在品控标准上，百果园先是在种植最初就告知供应商具体的标准，再在验收环节做好把关工作。配送发车后，一般是在午夜时分，装载草莓的冷链车会到达品控和配送中心。这里的工作人员会着重抽样检查草莓的着色度、糖度和口感等，如招牌级别的红芭蕾着色度至少要达到果面的 70%，糖度要达到 12 度且不能有明显的酸涩感，还需要有这个品类特有的奶油风味。只有相应的果品和安全标准全部达标之后，才能入库。

第四，门店收货标准和销售标准既要严格遵循流程，又要灵活机动。一系列品控检测合格之后，果品会被立马配送到百果园门店。虽然门店配送实行了"信任交接"，不需要当场验收，但是店员还需要按照一定的收货标准进行分类上架。首先，要着重检查新到的货是否存在冻伤、病虫害、发霉腐烂的问题，一旦发现有这类问题，要立刻上报并检查所有货源；其次，要着重排查是否存在配送过程中造成的损耗，及时挑出存在较为明显的破皮、擦伤、压伤的果子，向品控部门反映并做折价处理；最后，门店要根据到货草莓的货架期和实际状态制定销售策略，同时根据销售现场情况不断做出调整。比如，在草莓销售旺季，草莓量大质优的情况下，门店要通过大规模陈列草莓堆头来吸引顾客；在草莓销售尾期，门店更适合做促销打折活动，回馈顾客；而在情人节等热门节日，门店则需要听从营销部门的活动安排，如采用特殊的花束包装。

（二）把握水果更多的生命面积

"水果是有生命的"是百果园人的共识。水果从产地到门店再到顾客手中，随着时间的推移，生命面积不断减少，新鲜度与品质也在不断变化，而且每一种水果带来的挑战都不一样，想要制定一个通用的标准显然是不容易的。百果园的厉害之处就在这里，它把每一种水果的生命面积都给标准化了。

百果园采后研发中心专门设立实验室来研究水果的生理状态，对每一种水果的生理状态都非常了解。百果园首席水果采后研发专家杨少桧老师认为：水果是有生命的，也是有呼吸的，就像人在危险状态下会呼吸急促一样，不同的水果在短暂的生命周期内也会有不一样的呼吸状态。通常来说，当水果的呼吸状态较稳定时，水果的品质就是正常的。

为了保证每一位顾客都能在最佳口感期内吃到优质水果，首先，实验室会通过先进的检测判断水果离开枝头之后还有多少生命面积，并出具一份检测报告。接下来，运营部门会根据这份检测报告确定果品的货架期。最后，门店根据货架期并结合实际情况进行销售。

一般来说，百果园实验室和运营部门在确定货架期时会着重关注三类果品。

第一类是相对来说更易受损的果品。比如，实验室的检测显示，杨梅一般可以存放两天左右，但是第二天大部分的杨梅口感会发生变化。运营部门根据这个检测结果制定出杨梅的日清方案，再由门店落实到行动上。不同门店会根据自己的客流情况制订促销方案，如客流量小的新店开始打折促销的时间就会偏早。

第二类是像香蕉这样的后熟果品。后熟果品刚从树上采摘下来时还不能吃，需要借助外源性气体——乙烯促进果品本身合成内源性乙烯，达到刚刚好的成熟度。因此，香蕉进入仓库后，需要先来到催熟房，待检测到它的呼吸稳定之后才会分发到门店。

第三类是一些容易出现共性问题，比如低温或高温损伤、病害侵染的常规果品。这些共性问题也会影响果品的生命面积。比如，进口樱桃李是走船运的，很可能会遭遇"冷链断链"○，这样的情况在到仓时仅凭常规检测手段很难发现，但下发门店之后，就可能会因为果肉变成水清状而无法上架销售。其实，到仓的时候果品的呼吸状态已经发生了变化，如果能在这时加入一项检测手段，去推测果品的生命面积，就能更快地发现此类问题，赢得解决问题的时间。

百果园对每种水果在各个阶段的状态要求，几乎到了吹毛求疵的境地，对每一种果品的货架期都会做定义。2014 年，百果园就发明了暗标，即每一种经过包装的果品上面都有一个数字代表货架期，比如某种苹果的货架期是 5 天，用来提醒店员折价处理超出货架期的果品，同时在售出时还要告诉消费者该果品有可能存在品质问题。

在消费者看不到的地方，产品不是"灯下黑"，百果园能做到从枝头开始溯源；在消费者能看到的地方（门店），百果园也能真实透明地让消费者感知到水果的新鲜度。为了把一个变数大的非标品做到好吃，百果园自己创造了站得住脚的标准，消费者在百果园买水果再也不"抓瞎"，即不是仅仅通过外观判别水果的好坏，而是能看得到水果的生命周期，能够将有着健康呼吸的水果带回家。

四、"好吃"是个系统性工程

（一）精挑细选的采购是前提

采购是百果园保证产品力过硬的第一道关卡，如果这道关没有把好，

○ "冷链断链"是指水果存放的温度不在规定范围之内，有可能遭遇高温损伤或低温损伤。

后面的运输、品控、销售就没有意义了。但是中国地大物博，有大量勤劳的种植户和形形色色的水果，要想在水果上市前快速抓住时机，考察出好的供应商，找到优质的产品，把好采购这道关，谈何容易。然而，百果园还是做到了。百果园将采购人员的宝贵经验进行了系统性总结，并在内部"好果子大学堂"的帮助下开发成了课程，让新入职的采购人员和其他员工都能够快速掌握这项技能。

目前，百果园的采购分为三条线：第一条线是集中采购，将水果分为52个品类进行集中采购，这样的采购大概占了整个采购工作的80%，是采购工作的重中之重；第二条线是区域采购，在30多个仓储城市中设置区域采购这一岗位，如果集中采购的到货计划难以满足，就可以去当地市场踩点，不过这部分占比非常小，主要起补充性作用；第三条线是地域特色采购（简称地采），以省份为单位发掘地域特色单品，更加关注区域的需求。这三条线彼此有良性竞争的关系，希望能把水果从纵向做深，横向做细，将所有好吃的水果"一网打尽"。

除此之外，百果园的采购模式是这个行业独有的，与行业内的一般采购在理念和具体工作方法上主要有两大不同。

1. 冲在阵地最前线

通常情况下，大部分公司的采购是市场上有什么就采购什么，百果园却很早就意识到了深入种植基地直采的重要性。绕开整个批发环节，直接和产地端对接，即基地直采，这也是百果园目前最主要的集中采购模式。

基地直采模式有更大的价格空间，因此这些年也有不少公司开始采用这种模式，不过在百果园的采购理念中，价格其实并不是百果园采购人员最看重的因素，品质才是他们关注的重点。深入种植基地最重要的原则就是保证产品的品质，不是有什么就被动地采购什么，而是什么好就让农户种植什么，形成一个正向循环。

很多一开始体量比较小的单品，就是源于百果园先得到市场反馈之后，再去和种植基地交流，鼓励基地种植，后来得到了爆发式增长。比如，在百果园的推动下，蓝莓这几年的销量就在爬坡增长，种植基地的数量也在激增。深入种植基地，不光要知道农户在种什么，还要告诉农户要种什么，只有上游不再"盲种"了，下游的消费者才能最终体验到品质消费。

百果园的采购是按照品质定价的，高品质高定价。这不同于行业里大部分公司采取的竞价采购模式，这种模式对价格非常敏感。百果园认为，如果把价格放在第一位，就会变成比拼谁更便宜，这会导致"果贱伤农"，进而产生逆淘汰，使整个行业到处都是"骗"和"坑"，伤害消费者的利益，最终将会使整个水果行业陷入不可持续的状态。

百果园的采购人员从来不是高高在上的，他们甘愿为了一款又一款好吃的水果放下身段。2011年，朱启东发现新疆有一个优质的西梅种植基地，那是一个台湾同胞开的规模化农场。智利的西梅一般是2~3月上市，而新疆的西梅上市时间是8~9月，时间上刚好可以互补。但是那时候的百果园规模还不大，拿到好货并不容易，朱启东不得不和供应商说很多好话。但新疆西梅基地的老板仍然担心：要是把货全给了你们百果园，你们明年倒闭了怎么办？保险起见，他决定把货分给两三家来销售。

随着双方合作的逐步加深，这位老板对百果园的信任程度也在不断加深，2018年开始他把所有货全部给百果园一家销售。截至2022年，双方已经合作11个年头了。像这样合作这么久的基地还有很多，它们与百果园以及百果园的采购人员已经形成了共同体般的关系。

2. 全过程服务

百果园的采购最大的不同还在于，为种植基地提供的是全过程服务。一般来说，基地直采的做法是公司只在收货的时候去验收，那时候供应商的货品已经处理好了，采购人员根据自己的标准去验收拉货就行。但是，百果园的采购人员一直有个朴素的认知——好吃的水果是种出来的，所以他们和种植基地打交道的时间非常多，不只限于收货环节。在合作前，采购人员就会去种植基地考察基本情况，会选择环境更原生态的种植基地，而不是有污染的、使用高毒农药的种植基地。

百果园和产地端的合作模式一般是提前一年就会下好订单，主要和规模化的种植基地合作，因为这些种植基地已经聚集了一些种植户，生产条件和设备更好。对于那些不具备种植基地条件的地方，百果园会自己找代办，帮助组织种植户生产。无论是哪种方式，种植户都只管放心种，只要符合百果园的标准，百果园会照单全收，保障种植户的利益。一般情况下，只要是看中的优质基地百果园会全部拿下，因为优质的水果往往不会过剩，而是供不应求。

百果园的采购人员会根据不同水果的成长属性，分别在开始种植前、种植中的关键施肥期、挂果成熟之际三个重要时期和供应商见面，全方位地考察基地的田间管理和种植情况，甚至在一些重要的过程中，会做到亲力亲为。

百果园商品中心的蒋大超至今还记得自己刚入行的时候和师傅程国良收购荔枝的苦差事。他们每天凌晨 5 点就要起床洗漱，因为 7 点前就必须到达产地，监督指导摘果工采摘荔枝。8 点，荔枝开始陆续进入挑选、分装、预冷流程，这时候程国良总是手把手地带着每个环节的工人做事，不厌其烦地告诉他们如何挑选次果（可以食用但外表有损伤的水果），如何控制预冷温度，因为一旦中间有一步错了，就有可能导致荔枝烧皮⊖，造成重大损失。有时候，供应商对这样严格的要求很不满，但是又常常被百果园采购人员的敬业所感染，而愿意服从百果园对品质的严格要求。

每次采摘完荔枝已经晚上七八点了，这时候还要和供应商核算账目，但程国良决不会因为忙碌了一天就松懈，每次和供应商核算账目都会精

⊖ 烧皮指的是荔枝被采摘下来后暴露在高温条件下，果壳发褐或发黑。

确到小数点后两位。这样的严谨是对公司负责，也是对供应商负责。

全过程服务极其考验采购人员和供应商的磨合度，毕竟，百果园的采购标准和市场上任何一家公司都不一样，而且远远高于业内通用标准。即便是做了快二十年采购的老师傅，在接触新供应商时也还是要小心翼翼地磨合，先从小区域试点，然后一步步增加采购量，中间需要经历无数次沟通，即使时间战线拉得非常长，他们也不会急于求成。业内很多公司为了防止贪腐，针对采购岗位采用三年轮岗制度，可是对百果园来说，三年时间可能只够采购人员打基础。

百果园虽然要求高、标准多，但是从不拖欠货款，也不会故意克扣，因此很多供应商抢着和百果园合作。百果园在一些农户中也是声名远扬。有一年海南荔枝刚刚上市的时候，有互联网巨头出价230元/箱收购，而百果园这么多年的收购价都是200元/箱，没想到农户并不愿意卖给他们。农户说："他们今年能出高价收购，明年就不一定了，但是百果园这么多年无论是行情好还是行情差，都会定点收购我们的水果，我们也不怕卖不出去。"农户自己心里也有一本账。这样的深度信任关系，还真不是用钱就能一下子建立起来的。

（二）精益求精的采后管理是保障

水果大多是不适宜长距离运输的易损物品，而且相比日用百货，水果的保鲜期非常短，因此农户普遍选择牺牲水果的成熟度，提前采摘，来增强耐储性和抢占市场。百果园的理念是做好吃的水果，与市场上不同的是，百果园对采摘的要求是要充分成熟才能采摘，背后的逻辑是**以产品力为基础，通过不断攻克水果经营价值链各环节的难题，而不是简单地牺牲水果成熟度拉长货架期，来实现产品力优势和经济效益的提升。**

1. 挑战难题

百果园从2004年开始采购泰国榴梿，彼时，内地市场一直以金枕为主打品类，在香港地区生活过的同事对此感到很奇怪，因为在香港的榴梿市场上并不是金枕一枝独秀，消费者对青尼这个品种的榴梿接受度也很高。

金枕榴梿果肉肥厚，果肉颜色不如青尼黄，吃起来有些许的纤维感；青尼榴梿的香味更加浓郁，更适合重口味的榴梿爱好者，可是在内地居然没什么人知道。

榴梿品类的负责人王瑶就这个问题展开了调研，在深入中国香港市场和泰国的种植基地考察之后，她发现了这些年青尼榴梿市场占有率低的原因：相比金枕榴梿，青尼榴梿的品控更难掌握，过早采摘和过晚采摘都会使青尼榴梿的口感变差。当时内地市场还没有人攻克这样的难题，王瑶觉得这是一个很大的机会。

经过多次与种植基地交流和实践，王瑶终于得出结论：青尼榴梿从泰国运到中国需要5～7天，如果采摘的是7成熟青尼榴梿，那么运到中国后还未成熟，直接售卖的话，口感较差；而如果采摘的是8～8.5成熟的青尼榴梿，到达门店后刚好可达到成熟状态，基本能保持青尼榴梿最好的风味。

如何掌握恰到好处的采摘时间呢？一是根据榴梿的生长周期，一般生长110～120天榴梿就能够成熟；二是根据种植人员的经验，比如根据表皮的颜色来判断成熟度；三是根据干物质检测（检测水果淀粉含量，淀粉含量越高，糖度越高）结果来判定榴梿是否达到8～8.5成熟。

2017年3月，在泰国的种植基地里，满树都是"绿皮炸弹"。为了避免雨水残留影响榴梿品质，当地遵循"雨天不上树"的传统。在晴朗的日子里，采摘工人徒手爬上10多米高的榴梿树，伴随着"啪"的一声，榴梿便不偏不倚地掉进树下的布兜里。这看似简单的步骤，往往需要3～4年的时间，才能完全掌握其中的技巧。采摘下来的榴梿，需要在两个小时内送到包装厂，按标准分级放好，接着进行消毒杀菌处理，最后打包装箱，发货。漂洋过海抵达中国的青尼榴梿，引发了一股狂热潮。

可以说，是百果园带火了青尼这个榴梿品种。

2. 走在同行的前面

百果园采购干部的标配是五件套：测糖仪、硬度计、量尺、秤和温度计。和水果打交道多年的他们个个都是业内一等一的高手，选中的水果无论是在农户看来还是在市场上都被认为是最优质的。有一次，朱启东去市场上补红提，一共20板，他看好最上面的10板，便指着那些红提说："上面的10板我们要了！"其他商家一看到百果园动手了，马上一拥而上，把剩下的10板也抢光了。

百果园之所以会有这样的"明星效应"，是因为百果园确实一直走在同行的前面。百果园一直在"好吃"方面动脑筋，不断发现产品上的差异，并进行相应的改进。

朱启东在初期采购香梨的时候，听说梨分公母，母香梨比较少，是专门用来授粉的，很好吃，就找人专门把这种更好吃的母香梨挑出来。母香梨的底部是往里面凹的，不是凸出来的，一万吨香梨里只能挑出几百吨母香梨。之前很多人也知道母香梨更好吃，消费者非常喜欢，但是从来没有人像百果园这么做过。

2005年，百果园集团旗下全资子公司海南王品果业开发有限公司（简称王品公司）开发了树熟木瓜和树熟芒果，这也是业内首创，将木瓜和芒果品类的发展都向前推进了一大步。

热带水果都具有后熟性，比如香蕉，通常未等其在树上完全成熟就采摘下来催熟。虽然五六成熟的木瓜也能完成催熟，看起来和树熟的没有什么两样，但实际上口感比树熟的要差。树熟是什么意思呢？就是要求水果在树上一定要达到八成熟以上才能采摘，这样能够确保口感和品质最佳。可是，如果采摘时成熟度过高，果品的储运性就差了，通常几天内就彻底成熟，然后腐烂变质。为了解决这个问题，王品公司引进了具有乙烯吸附作用的保鲜膜技术，用这种膜包裹水果，可以延缓水果成熟，保障充分成熟的水果能够运到全国各地的终端市场，而且还有一定的货架期。

树熟芒果与催熟芒果在种植技术方面完全不一样，树熟芒果从开花到结果全程都需要十分精细的管理，在种植过程中，不能泡药，不能催大。王品公司选择在高山坡地、沙地种植，东西走向，见光度好，日照时间长，这样的树熟芒果不仅外观漂亮，口感也非常好，香气浓郁。

2007 年，海南的合昌木瓜在国内掀起了一阵木瓜热。合昌木瓜（品种叫"小白木瓜"）出自一位台湾同胞经营的公司，采用的是台湾的种植技术，种植面积有 1500 亩左右，全部都是由王品公司经销的，采用的是树熟的生产模式。"合昌木瓜"这一品牌在水果行业一度引起巨大的反响，带动了整个木瓜品类向前发展，有效提升了海南热带水果的口碑。

3. 三方得利

之所以花费这么大的力气在采后处理上，是因为百果园的视野更加宽广，不是仅仅盯着自己的一亩三分地，而是力求实现多方利益共赢。

2015 年以前，受制于包装、物流和果品标准等因素，丹东草莓只能在东北地区流通。但是，经过丹东地区供应商和百果园的共同磨合，丹东草莓明晰了果品标准，确定了包装形式，提升了保鲜技术，终于走出了东北。据辽宁半亩田生态农业有限公司前总经理于福兴回忆，令他印象非常深刻的是，当第一车丹东草莓成功发往深圳的时候，余惠勇说他们创造了陆运鲜果草莓的奇迹——全程 3500 千米，运输时长 50 小时，实现了"北果南运"！也正是从那一天开始，丹东草莓不能远销的现状改变了。

百果园还积极帮助这家供应商搭建起了全国首套草莓分选系统，开创了草莓分级标准产业化。如今，百果园的草莓品类标准已经成为整个丹东地区草莓的流通标准。

百果园对多个品类甚至整个产业起到推动作用的案例还有很多。

2016年，业内对核桃的分选手段还处于非常原始的状态。当时百果园的核桃采购负责人何拥真劝说供应商引入一些先进的技术和设备，如红外线识别坏果技术、吹空壳机（可以直接将空壳核桃筛掉）以及金属探测仪，来对生果进行检测和筛选。

由于百果园的行业标准较高，坏果率要求在2%以下（大部分的经销商只要求坏果率在5%以下），而且百果园更加注重核桃的均匀度，这就倒逼着上游厂家不断改进。从短期来看，上述设备确实比较昂贵，但是从长期来看，不仅能帮助供应商节约很大一笔成本，而且能满足较高品质的检测需求。如今，大部分厂商都配备了这样的机器，这些检测方法也成了业内的共识。

面对市场上的种种难题，百果园没有在采购标准上妥协，没有选择逐利，而是始终把"好吃"放在首位，从长期来看，这种看似很笨的办法不仅能为百果园赢得经济效益，而且能让供应商、百果园和消费者三方都满意、都得利。

（三）"无情又有情"的品质管理是底线

说起百果园的品质管理，负责这部分工作的范枫枫从百果园成立初期到现在，经常听到不少送货司机师傅抱怨，说："我们给别人送货都很简单，怎么到了你们这里就不行了，为什么要搞得这么麻烦？"

"这么麻烦"的原因是百果园坚持说到做到，既然说要做好吃的水果，就一定要把这个带有主观色彩的概念标准化。2013年，百果园在业内首创了"四度一味一安全"果品标准体系，从糖酸度、新鲜度、爽脆度、细嫩度、香味、安全性维度定义什么是"好吃"，并且根据不同特性将水果分为招牌、A级、B级、C级四个等级，为整个水果行业制定统一标准提供了重要参考。如今，百果园在2013年制定的标准的基础上不断补充，从检测、挑选、储存到出库等都有非常详细的工作方法指导。

这在业内是一个开创先河的举动。在这之前，绝大部分果品都没有建立标准体系，因为建立标准体系是一个技术活儿，需要全产业链的知识储备。

1. 艰难起步的品控中心

百果园刚成立的时候只有一个质检部门，具体的岗位叫质检员，刚开始时整个部门员工的水平参差不齐，最初的几个老员工都是初中文化，之前做的是搬运工、理货员的工作，那时候的工作也很简单，就是打开箱子看看有没有坏的，尝尝甜不甜。

现在的品控总监范枫枫，其实刚加入百果园时是来"偷师"的。她19岁就开始做生意，在虎门一个工业区里开了三家水果店，生意很好。结果2008年全球金融危机爆发后，整个工业区的电子厂都没有接到订单，全部搬走了，没有了顾客的水果店也就只能关门了。辗转了几年后，范枫枫和丈夫决定到深圳百果园学习几年，打算学到东西了再开家夫妻店。

她还记得第一天到门店上的是下午班，从下午1点一直忙到夜里12点，这么长时间忙得都没坐下过。等下了班从门店走半个小时到宿舍楼，再爬到九楼后，她整个人直接就倒在了床上，发现自己的两条腿都累得不能动了。那天晚上她哭着给丈夫打电话，说："这不是人干的活儿，不知道自己还能做几天。"但是干了一段时间之后，她慢慢就得心应手起来，而且和丈夫都不约而同地决定，就留在百果园打工，不回去开夫妻店了。2012年，为了和丈夫在一起，她又调到了百果园集团总部，做起了质检类的工作。那时，百果园集团总部设在布吉农贸批发市场，挨着卖海鲜的、卖蔬菜的，每天都是臭烘烘、脏兮兮的，脚下踩的全都是泥巴。

2016年，余惠勇把质检部门改名为品控部门，"品控"是品质鉴定及控制的意思。也就是说，这个部门的职责并不只是简简单单的质量检测，而是要做到全流程、全链条检测，从商品入库到分发门店都要负起责任。现在的品控标准是指结合商品特性以及当年的气候和市场总体状况，与供货商约定的相关标准。

以黑藤巨峰葡萄为例，百果园的品控标准包括以下六个方面。

核心标准：对果形、糖度、规格（单粒重、单串重、次果率）、口感风味、着色的要求。比如，黑藤巨峰葡萄要求糖度在 17 度以上，呈黑紫色或者黑红色，单串重量在 200～300 克。如果抽检结果是 90% 以上能达到合格标准，就算通过。

主要标准：对次果率和腐烂率的要求。不同水果的次果定义不同，一般是指带有不影响食用的损伤的水果，如黑藤巨峰葡萄中掉粒、果粒偏小、锈斑、花皮严重的被定义为次果，次果率必须控制在 8% 以内，而腐烂率要控制在 2% 以内。

关键标准：主要是对储运温度的要求。黑藤巨峰葡萄的最佳储运温度是 0～2℃，低于 0℃容易产生冻害，高于 2℃会加快葡萄呼吸，呼吸产生热气多的话就会造成损耗。

辅助标准：主要是对包装的要求。巨峰葡萄一般使用纸箱包装，一箱最多不能超过 4.5 千克，而且只能单层摆放，不能叠加，否则容易被压坏。

储存标准：需要储放在 0～2℃的库房里，货架期一般在 3 天左右。

安全标准：安全标准是百果园目前掌控最严格的标准，详见第五章第四节。

其实，要做好品控工作很不容易，光是认全果品就要花 1 年时间，何况不同品类的水果，标准还不一样。但是在最初几年，没有人知道这些。比如温度，最开始只是简单地将水果存储区分为常温库和低温冷库，凡事都凭感觉来，觉得可以放在常温库的就放在常温库，可以放在低温冷库的就放在低温冷库。后来经过一步步实践才知道，哪些水果存放的温度是 0～2℃，哪些是 5～8℃，哪些是 22℃。如今，百果园品控部门已经从最开始的只有几个人发展到现在拥有一大批水果领域的专家，甚至还有很多业内公司想要付费请百果园帮忙培养品控人才。

2019 年，百果园品控部门梳理出了业内第一本果品知识手册。这本手册主要包含四个方面的内容：一是对每种果品的特性都有非常专业的分析；二是介绍了水果行业通用的专业用语，比如什么时候叫果核，什么时候叫葡萄籽；三是梳理了不同品类水果的营养价值成分，比如把水果分为中性和寒性，这些不同特性的水果针对不同的人群有哪些功效；四是介绍了水果的病害知识，一颗葡萄长出了黑点，可能背后会有十几种原因。

在百果园工作的每个员工都可以通过公司内网学到专业的果品知识。学术界一般将水果分为 6 大类，百果园目前将水果分为 62 个宗类，每个宗类还分几千个单品。比如，苹果是宗类，属于仁果类这个大类，水晶富士是一个单品，水晶富士还分 A 级、B 级、C 级等。这里面不光有理论知识，还有常年实践得来的经验。很多品控人员都会感叹："知道的果品知识越多，才越知道自己的无知，一颗小小的水果背后有我们一辈子都学不完的知识。"

2."无情"的安全管理制度

在我国食品安全法和农药残留限量标准基础之上，百果园有一套更加严格的选品标准。对于新的供应商或者新的供应产地，百果园至少会进行三轮安全检测，无论在哪个环节检测出问题，果品都会被全部退回给供应商。

第一轮是在送货之前进行定量检测，主要检测 200 多项农药残留量和 3 项重金属含量有没有超标，检测发现没有问题之后才能送货。

第二轮是供应商的货品到库的时候，品控人员不光要验收品质，还要做安全方面的快筛检测。快筛检测主要使用农药残留速测仪和测试卡测试有无农药残留，但是这种测试方法不能精准地显示出具体是哪一种或几种成分残留。

第三轮是每天的日常抽检，基本上能保证每个月每个产区的产品至少会被抽检一次。比如，巨峰葡萄有时可能会有同一供应商的五个产区同时到货，采购人员会告诉供应商在包装上进行区分，方便根据区域做检测。

百果园还会根据不同品类的种植情况，确定具体的农药残留抽检频率。比如番石榴，由于套袋非常容易生虫子，果面容易长锈斑，所以农药使用容易超量，每批货一个月基本上会抽检4~8次。像柑橘类、荔枝类这些也是农药残留指标容易不达标的品类，加上供应商和货物批次多，抽检的频率也会大大增加。如果是从来没有被检出过问题的品类，比如苹果、梨等，抽检频率就会相对较低。

之所以百果园自己建设、强化安全管理体系，其实也是因为市场上的检测存在痛点。

第一个痛点是百果园要求供应商提供的第三方机构出具的检测报告很贵。2012年时一份检测报告需要五六千元，这是一笔不小的费用，而且百果园要求供应商每个月都出具一份检测报告，如果葡萄的销售期是3个月，那就必须要做3次，就是1.5万~1.8万元。供应商都不乐意，他们觉得水果总共卖不了多少钱，检测报告就要上万元，不经济。

第二个痛点是第三方检测机构出具检测报告的速度很慢。一般第三方检测机构需要一个星期才能出结果，但是水果这种生鲜商品等不了一个星期，很容易导致错过销售时机，造成损失。

鉴于以上检测的痛点，2018年百果园决定建设自己的检测中心。当时，很多人对此举不理解，因为建设检测中心的费用对一家零售企业来说是不低的，而且自建检测中心在整个生鲜行业都没有先例。但是，食品安全是百果园的生命线，在余惠勇的支持下，百果园内部的检测中心建了起来。

整个检测中心光是在设备上就投入了1000多万元，其中一些设备甚至比第三方专业检测机构还要高端，检测中心还要配备相应的高素质人才，来对农药残留、重金属、食品添加剂、营养成分和微生物进行检测，这也是一笔不小的人力成本。

如今，这个检测中心已经解决了之前的检测痛点问题。一是百果园可以方便快捷地进行日常检测，大大提高了水果的安全性。二是检测时间大大缩短，如果在中午之前送检，当天晚上就能出结果，需要入库的水果可以等检测结果出来之后再决定要不要接收，百果园宁愿门店缺货也要等结果出来再做决定。这样一来，百果园既坚守住了自己的底线，也不会造成水果的大量损耗。

现在的检测中心除了满足日常的检测需求之外，还在不断攻克难题。目前最大的难题就是针对农产品的检测方法大都是破坏性的，因此只能进行抽检，没有办法进行大规模的摸排检测。如果未来能够研发出或者引入一些更高级的设备和工具，百果园就能检测得更细致，也就能更好地践行品质先行的理念。

（四）保证"好吃"的最后一站：出品管理

百果园的品质管理贯穿入库验收、储存管理以及出库环节，并且品质管理工作并不是在出库后就结束，品控部门最终要对门店端负责，门店端会再次检查到货的水果品质，做好出品管理，对"最后一公里"的消费者负责。

1. 坏货确认制度

在品控部门刚刚成立的时候，只要门店反馈有坏果的情况就可以退回来，那时候配送人员天天拉回来一大堆以坏果为主的坏货，当时公司还设有投诉专员的岗位，有八九个人专门负责处理投诉及退货事宜。后来，徐艳林提出，每天大量的坏果退回至配送点非常不好，因为配送点不是存放坏果的地方，而且坏果污染环境，影响库房卫生，易滋生细菌。其中，很多没有问题的水果也被一起退回，无法再继续销售，造成了大量的浪费。

2015年百果园想了一个办法——统一折价法，给所有门店1%的比例折价。也就是说，不管门店有没有坏果，都以提货金额的1%作为坏果补偿。这意味着拿货越多，补偿也越多。同时，在1%统一折价的基础上再设定重大坏货制度。这是一个相对公平的解决方法，毕竟果品品质出现大问题是偶然情况。比如店铺到了3箱葡萄，其中有1箱坏货，那么坏货比例就高达30%，这时就适用重大坏货制度。这样就给门店的果品品质上了双保险，门店只需要专心做好经营就行，坏货损失全部由公司来承担，而不会转嫁到消费者身上。

2019年，在很多人的建议下，这1%的统一折价取消了，改为只要有坏果、次果就补偿，没有就不补偿，以使产品价值最大化和消费者利益最大化相结合。比如，如果次果较多，直接拍照确认后由总部承担，门店就会更放心，不会将这些次果当作好果子进行销售，而是可以通过试吃、折价的办法给顾客让利。

品控属于关键的内控环节，传统的管理方式一般采取分段管理模式，比如入仓验收就只负责入仓验收，库存属于仓储管理的部分，门店的坏货反馈由客服跟进，这样就可以相互制衡、相互监督。但是，百果园不是基于制衡的目的，而是基于生鲜行业"又快又好"的本质采取全链条管理的模式，这是一项基于实际和行业本质的组织创新。

最开始，品控部门的人员也非常疑惑：为什么门店的坏货反馈和质量投诉工作也归自己管理？这当然是有原因的：第一，品控部门负责商品的入库和验收环节，对各种果品的特性、新鲜度、货架期是最了解的，知道果品出库到了门店之后可能会出现的问题及其原因，可以及时给门店提示或反馈。

第二，品控部门可以作为门店与其他部门的桥梁，门店只需要和品控部门沟通就可以。百果园的品控应用系统和质量投诉系统是业内独有的，门店端只需要拍照上传，直接点击反馈就可以让品控部门看到。比如，门店反映枣太青了，只要拍照上传，品控部门就可以立刻看到并查清这批货的批次。如果这批货普遍存在这样的问题，那么品控部门就需要提醒采购人员，下次这家供应商的货品需要加强源头挑选。这样的沟通方式成本是最低的，随时发现问题，随时沟通调整。经营生鲜产品很重要的一点就是反应迅速。

百果园通过承担更多责任的方式，通过全链条管理，搭建更高效的坏货处理制度，让门店端能够无后顾之忧地持续给消费者提供高标准、高质量的果品和服务。

2. 是出品管理，而不是出品销售

在百果园，门店的所有果品在出品时都须进行二次检查，以确保无坏果、次果，无过保质期、过货架期的产品，"三无退货"政策倒逼门店重视和监督前面的环节。每天早上，从店长清点货品开始，门店端的出品管理就在进行中了。

百果园总结，要做好出品管理，有三大方面需要明确标准，即果品存放要求、果品周转管理、保鲜方式处理。

首先，果品存放要求。果品入库时要标明入库日期和商品货架期，这样就可以确保在后续的销售中做到先进先出。比如，果品配送到店的时间是7月27日，在果品的外包箱上就要写上7月27日。一些特殊的果品如榴梿、椰子等就可以直接在单个果品上做记号，比如店员在上架榴梿时会将日期标粘贴在果柄上。如果发现有商品没有贴日期标，那么这个商品就要按过期处理。

温度管理是新鲜度管理的核心，因为水果生命体的呼吸强度与温度息息相关。百果园给每种水果都设置了适宜温度和冷害阈值两个标准，适宜温度是指果品生命期的最佳储存温度，冷害阈值是指果品储存温度不能低于的温度界限，否则果品将会出现冷害现象，会快速变质，或不能后熟。果品储存有常温柜、冷柜、冰柜三种选择，像西瓜、哈密瓜、柚子这些果品直接常温储存即可，进口提子、玉米、波罗蜜肉这些果品就要放置于冷柜中，猫山王冷冻榴梿则必须存放在冰柜中。

其次，果品周转管理。开剥、开切、开瓣销售的果品必须粘贴黄色不耐储的温馨提示标。不带皮开切的果品货架期只有 2 小时，超过 2 小时则须做销毁处理；带皮开切果品的货架期是 6 小时，超过 6 小时就须做销毁处理。遇到做活动的时候，一些果品会作为堆头长期放置在常温环境中，此时这些果品的货架期也会发生变化。比如在 15℃以下的环境中，椰青的货架期有 8 天，但在 15℃以上的环境中，椰青则必须当天销售完。

最后，保鲜方式处理。在这方面，百果园也总结出了很多实战经验。比如，未拆箱挑选的果品可以做整箱冷藏处理；苹果、香梨、橙子这些放在筐子里的水果要盖上干净毛巾以减少水分流失，降低氧化风险；货架上未售完的果品储存到后台冷藏柜时，严禁未封口存放，以免失水皱皮；夜里店里的空调温度，应根据水果的具体摆放进行设置。

对于上面这些出品管理的内容，公司除了有明确的标准之外，还要求店员定时检查、及时上报、及时解决问题。例如：进口香蕉早上到店时是七成熟，可能到下午已经达到九成熟了，检查人员就要及时汇报给店长，以便及时安排开箱并上架销售。

这样的管理是非常灵活的。比如，黑藤巨峰葡萄糖度高，容易掉粒，货架期只有 1~2 天，如果超过 2 天可能就会干枝掉粒，肉体发软，严重时候还会有酒味，因此店员和巡店人员在鉴别的时候就要选果体偏软、干枝少果的葡萄进行抽检。但是，如果近期产地下雨，采摘时成熟度高，葡萄就易爆裂，在这样的情况下，公司就会要求门店在一天之内上架售罄。再比如，泰国金枕榴梿有一批货在下发门店时成熟度不均，这就有可能导致门店货架期不一，甚至出现长虫、死包、不香不甜的现象，这时候店员就需要把榴梿和苹果存放在一起，进行自然催熟，同时，巡店人员也会重点抽查放置 3 天仍未熟的榴梿，开切抽检，查看这批货的问题。

高品质的商品与服务背后是许许多多的细节与努力。可能顾客想象不到，一颗小小的水果在到达自己手中之前竟然经历了这么多环节，如图 5-2 所示。

图 5-2　百果园水果流通路线图

顾客作为整个链条的最末端，接触到的仅是冰山一角。百果园的根本目的是让顾客吃上好吃的水果，但是保证好吃却是整个产业链的事情。

第六章

产品，产品，还是产品

水果这种非标的、不需要经过加工就可直接入口的生鲜食品，不像蔬菜等可以通过后期加工来改变外观和口味，我们无法借助其他手段来弥补水果产品本身的缺陷，这就进一步凸显了"产品是核心"的重要性。借用一句流行语：重要的事情说三遍，产品，产品，还是产品。

下面我们就以百果园的具体实践为例，来看看它是如何贯彻"产品是核心"的。

一、产品背后看不见的秘密

（一）不容易的西瓜

西瓜是一个比较大的品类，在百果园，它不是销售额占比最高的，但截至2021年，它是唯一的销量突破10万吨大关的单品。

这些年百果园推出了很多招牌西瓜，比如招牌甘美西瓜、招牌彩虹西瓜、招牌纸虎金瓜。纸虎金瓜，其实就是黄肉西瓜的优质品种"小兰"。这个品种瓜皮极薄，用手指轻弹一下瓜肚，瓜皮就裂开了。要种出好吃的纸虎金瓜，技术与耐心缺一不可。整枝、压蔓期，农户要一根根瓜藤去摘选，一株苗只留下长势好的 1~2 根藤；坐果期，每根藤只选择长势最好的一个瓜留下，并按生长时间分别标记，以便在采摘时分清先后。大约在开春三月，被精心呵护了 90 多天的纸虎金瓜就成熟了。

1. 西瓜最大的难题

最开始百果园在采购西瓜的时候，其实也面临着和市场上很多商户遇到的一样的难题：市面上的西瓜很多，但是品质参差不齐。百果园围绕着西瓜的探索大致可以分为五个阶段。

第一阶段：和其他大多数商户一样，百果园的采购人员也是从批发市场进货，只能根据西瓜的外表来挑选，又是拍，又是听，但是大批量采购的西瓜还总是有半生不熟的，而且无论和哪一家合作，质量总是不稳定，这次是好的，下次可就不一定了。在这一阶段，采买回来的西瓜通常只有一半能达到标准。

第二阶段：这时候百果园已经有几十家门店了，但是发现在市场上进货，无论用什么技巧都没有办法把控品质。为了保证顾客每次获得的服务体验一致、稳定，采购团队决定深入种植端，因为经过观察，他们发现决定品质的是种植。如果种好了，西瓜哪怕长得不那么周正也是好吃的，但是如果种不好，再怎么拍、怎么听都挑不出好的西瓜。

在这一阶段，百果园得到的重要经验是西瓜授粉过后 45 天就可以成熟，不过，即使是同一块地上长出的西瓜，成熟时间也有先后之分。有个瓜农告诉朱启东，他按照授粉时间在西瓜柄上系上不同颜色的绳子，假如系着红色绳子的是授粉已满 45 天的，就让人专门采摘这一批系着红色绳子的西瓜。原以为在这样的管理方式下，同一批西瓜的质量相差不大。但是，有一车从云南发往上海的西瓜却出现了大问题，上海的品控部门在抽检过程中发现很多西瓜都没有熟，复测结果也显示成熟度不达标，最后只能拉到市场上贱卖掉。这一车西瓜就损失了好几万元。

原来，西瓜的生长周期不是只由授粉时间决定的，还受到温度变化的影响：温度高的时候，西瓜的授粉周期会延长到 60 天；温度低的时候，西瓜的授粉周期会缩短到 30 天。种植户自己也不能非常精准地判断授粉时间，有些人为了尽早脱手，甚至会谎报西瓜的生长周期。对比，百果园的采购人员决定不再依靠农户给的信息，而是一定要根据自己掌握的信息来判断。

第三阶段：不以时间来推算，而以瓜苗的生长状态来判断，因为瓜苗的生长状态会随着时间的推移和温度的变化而变化。到了西瓜的坐果末期，采购人员能根据瓜苗的生长状态、叶片的老化状态来判断西瓜的成熟情况。在这一阶段，成熟的西瓜占比基本可以达到 90%，但是又产生了新的问题：为什么有的西瓜好吃，有的却不好吃？

第四阶段：在这一阶段，采购人员基本上每吃到一个好吃的西瓜都会刨根问底："你家的西瓜为什么这么好吃？"

最后得出的结论是，好吃的西瓜都有好的土壤条件，并且使用了健康的有机肥。采购人员就从最基础的生产资料开始了解，慢慢地，大家都能够区分各种肥料的优劣，更学会了识别好的土壤。如今，百果园的采购人员已经非常清楚地了解水果生产的整个过程，从土壤环境、肥料使用到管理模式，根据水、空气、温度、土壤等方方面面来判断西瓜的生长情况。在采购过程中，地里面的西瓜是不是高品质的，百果园的采购人员已经可以很快速地判断出来。

第五阶段：百果园不再是单纯从农户手中采购，而是和当地的农户或者公司合作，派驻相关的农业技术人员，提供有机肥料，提供多年的种植经验来指导农户，真正从源头上解决问题，把关品质。目前，通过这样的合作种植模式，百果园已经打造出了几个自有西瓜品牌。

这五个阶段是围绕着百果园"好吃"定位一步步展开的，即便早期还没有明确"好吃"定位，也有一个模糊的关于"好"的标准。这种战略上的坚定，推动着百果园不断精进，只为给顾客提供一口好吃的西瓜。

虽然每个阶段的试错成本都很高，但是百果园给同行和上下游伙伴提供了宝贵的经验教训，现在越来越多的企业开始深入种植端。

2. 高价收瓜

西瓜行业门槛很低，这也导致了这个行业鱼龙混杂。

每年的 3 月底至 4 月初，西瓜的主产地会由海南转为云南，这期间会有一个明显的断档期：海南产地的西瓜下市后，云南产地的西瓜大部分还都只有五六成熟，正常情况下，还需要七八天的时间才能上市。

3 月底至 4 月初，正值全国气温回升、天气转热的时候，西瓜的需求量大增，而产地货源供应不上，市场行情上涨。有些商贩为了利益，便让瓜农采摘还没有达到一定成熟度的西瓜出售。殊不知，这样会导致恶性循环，产地端的瓜农急着提前采摘，而消费者永远在吃不熟的西瓜，以至于认为当地的西瓜都不好吃，从而降低对西瓜的需求，最后陷入真正的好东西也卖不出去的死局。

面对这样的情景，负责西瓜品类采购的何专成讲，他想起余董平时说的话："作为百果园人，在我们平时的工作中，只要是有利于行业发展的事，只要是维护消费者利益的事，只要是能帮助到上游种植者的事，都值得我们去做。"于是，他带着几个采购人员下地去找了西瓜种得好的两家农户。当时其他商贩采购那些不熟西瓜的价格是 4.6~4.8 元 / 千克，何专成果断给出了 6 元 / 千克的价格，向两家各订了一车货，但条件是必须 8 天后采摘。两家农户看到百果园给出这么高的价格，欣然同意了。何专成还对瓜农说"只要是瓜种得好并且愿意在 8 天后采摘的，都可以联系我们，我们大量收购"，并留下了联系方式。

那天晚上，整个瓜地都在传：西瓜大涨了！何专成也接到很多电话，约定第二天去看瓜定价。第二天，他又以 6.4 元 / 千克的价格订了两车货。这样一来，很多瓜农都相信了西瓜大涨的消息。4.6~4.8 元 / 千克的价格连生瓜都订不到了，那些不良商贩也因成本忽然上涨，风险大增，不敢贸然下手。

于是，那几天19 000亩的产地上，再没有人采摘生西瓜了。而百果园的采购团队则利用那几天的时间，把打电话联系的农户梳理了出来，根据品质标准，以订货不定价的方式○，确定了百果园所需的货源。过了七八天，地里的西瓜正常成熟了，价格也回归到5.6元/千克的正常行情。

百果园虽然采购了几车高价瓜，但通过这件事收获了瓜农的信任，让百果园的名气在瓜农中口口相传。以前何专成要亲自去地里找人找瓜，从那以后几乎都是瓜农提前预约他，他再根据需求去选购。

过去，水果质量参差不齐，消费者常常花了大价钱还吃不到好水果，而农户也是有苦难言。2013年，何专成去内蒙古采购大花瓜（一种西瓜）的时候得知，由于上一年的行情比较好，误导了很多农户，他们盲目扩大种植面积，导致那一片的大花瓜品质不理想且供过于求。那时候百果园的B级西瓜都要求糖度在10度以上，重量在6千克以上，但是当地的大花瓜糖度只有7～8度，个头也特别小。出于对消费者负责的考虑，最后何专成没有采购这样的西瓜。

百果园很需要优质、稳定的货源，因为优质水果总是供不应求的，但是能种植出品质符合要求的西瓜且能稳定合作的农户却很少。很多人不知道的是，我国虽然是西瓜种植大国，但是大而不强，由于品质不够稳定，还需要从国外大量进口才能满足国内消费者的需求。○○

目前，百果园已经通过自建基地的形式加大了种植端的投入，也希

○ 因担心行情波动太大，双方都愿意在采摘前三天再确定价格。
○ 王英凯.基于钻石理论的中国西瓜进出口贸易国际竞争力比较分析[J].世界农业，2016(06):129-133.
○ 根据智研咨询发布的《2022—2028年中国西瓜行业产销情况分析及投资战略规划报告》，受新冠疫情影响，许多国家对进口食品采取限制措施，港口、交通等运输受阻，因此2020～2021年我国西瓜市场进口量减少，参见 https://www.chyxx.com/industry/202112/991128.html

望能在种植模式和管理模式方面引领其他种植户。这样的合作,更有利于整个行业朝着健康的方向发展。到那时候,希望百果园的西瓜不光能做到在中国最好吃,也能做到世界上最好吃。

(二)良枝苹果:有良知的人种出的苹果

百果园有这样一款招牌苹果,余惠勇第一次吃的时候非常激动,脱口而出"良知"二字。不承想,这竟成了这款苹果的名字由来。

本来,种出这款苹果的陈冲专程来拜访余惠勇,是想请他品鉴之后提一些建议的,结果余惠勇的话让陈冲一头雾水:"这是什么意思,怎么突然冒出来'良知'了呢?"余惠勇认真地说:"这款苹果,一定得是有良知的人用有良知的方法才能种出来。"后来营销中心受到这件事情的启发,结合这款苹果的健康生长特性,将这款苹果命名为"良枝",取意"良禽择木而栖,良果择枝而生",并将其定位为百果园的招牌果品。

据农业农村部消息,我国已经成为世界上最大的苹果生产国,苹果种植面积和产量均占世界 50% 以上。但是,我国苹果生产却存在着非常大的隐患,产量逐年增加,口感却逐年下降。非常残酷的现实是,高端苹果大量靠进口。以提升苹果外观和产量为核心的传统栽培模式的弊端越来越明显,土壤板结退化严重,导致苹果的口感越来越差,风味也越来越淡。

而良枝苹果一入口,顾客就能感受到非常浓郁的苹果味,不少顾客反馈吃了良枝苹果再去尝其他的苹果,会感觉到风味较淡。这正是让余惠勇如此感动的原因。如今,想要种出这么一款有苹果味的苹果,并不是一件容易的事情,为此,良枝努力了 8 个年头。

1. 从开垦荒地开始

近年来,百果园投入了近 300 名农业技术人员,参与上游种植技术的改良。每个技术员都憧憬能亲手种出一款风味好、口感稳定,还能实现规模化推广的水果。

陈冲也不例外，他毕业于华中农业大学，来到百果园后，先在子公司江西王品待了4年，重点培育柑橘、橙柚等，掌握了一套果树健康管理理论。2014年3月，山东烟台的苹果基地准备建立示范园，联合海阳津成泰公司在当地租了一百多亩荒地做研究，主攻富士苹果的口感改良。此时的陈冲决定抓住这一难得的机会。

结果第一次上山考察时，陈冲蒙了，漫山遍野全是石头，土地荒芜、贫瘠。可是地已经租下了，只能硬着头皮上。这片荒山是崎岖不平的丘陵，而种植需要平坦、块状的坡地，为了把它开垦出来，陈冲花了很多心思，还请了外援——现任优果联片区经理的张宇平，加上津成泰指派过来的王玉成，三人开始了大改造计划。最开始，陈冲并没有进行太长远的思考，只想着把示范园建好，至于定位、品类品牌、营销策划，当时还完全没有想过。

随后的半年，这片荒山上整日响彻着挖掘机的声音。挖石头、施有机肥、买苗、种苗、盖房（宿舍、库房）、挖水井、埋管道……示范园内一片繁忙的景象。

由于种小树要三四年才能结果，见效慢，陈冲就和优果联技术顾问许典信老师商量着"两步走"：一边找一批大树，试验那套成型的管理理论与技术，看结的果怎么样；一边改良目前贫瘠的土地，施有机肥、人工生草等，让土壤变得肥沃起来。

通过生态、有机种植，树形、坐果管理，以及控制最佳采收期等，2015年冬天，示范园里的90棵大树终于结了果。团队品尝后，觉得口感很好，就发了一些货到深圳（百果园总部），想看看来自市场的真实反馈，以便他们判断下一年的改进方向。

结果并不如意。苹果虽然好吃，比普通富士苹果的糖度要高出2度多，但果面不达标，采购部门给打了B级。B级意味着这款苹果的价值和市面上售卖的普通苹果一样。这个结果对陈冲及其团队的打击是巨大的，大家的心都凉了。

2. 铺膜套袋是个问题

为了不负"良枝"之名，也不负"良知"之心，2017年秋天，陈冲团队开始试验更生态的种植之法。这对良枝来说，是一次重大的转折点。

普通富士苹果生长需要套两层遮光袋，苹果长期不见光，到采收前10天把袋子拆开，晒太阳，晒完七天苹果就红了。这种完全不见光的苹果，虽然长得更规整，但风味自然要差一些，然而完全露天坐果，病虫害又很难控制。

对此，陈冲团队选择了一个折中的方法，即选择套单层白色纸袋，这样既满足了苹果需要光照的需求，又防止了病虫害侵袭。这种套袋方式是陈冲的一次新尝试，和传统套两层遮光袋的方法不同。单层纸袋有透光效果，让果实在生长过程中也能接受阳光照射，积累糖分，这样风味才更好。

此外，陈冲在试验过程中还完全摒弃了在地面铺设反光膜的传统种植方法，因为传统的铺反光膜，除了能增加苹果的着色度，让卖相更好外，没有别的用处。果农每年铺设反光膜不仅增加成本投入，还会造成土地污染。

2018年，陈冲团队开始大力推广套白袋、不铺反光膜的种植方法。当然，这只是一个环节，还需要从营养管理、栽培、施肥、采收等各个环节，来为果树和土壤定制管理方案。

经此种出的良枝苹果，风味浓郁，糖度普遍在14～15度，有的能达到16度，甚至更高。而普通富士苹果，年景好时，糖度最高也只能达到13度左右。

3. 苹果丑点才对

陈冲曾经在百果园试水销售，虽然上线半个小时，全部良枝苹果都卖完了，但是事后陈冲算了一笔账，觉得这件事做不长久。因为百果园的采购标准太高，苹果既要好看又要好吃，就像选美一样，成本太高、

"代价"太大,做下来根本不赚钱。为了满足百果园的采购要求,最后在百果园上架销售的良枝苹果都是从果农处收购的几十吨苹果里挑选出来的30%~40%的"精英"。

如果陈冲全部收购了这批不达标苹果,就会赔钱;不收购的话,果农又很为难。如果既要好看又要好吃,果农的损失太大,订单合作将无法继续下去。后来,方舜真给出了方向:"果农按我们的要求种的苹果,我们一定要收购,不能让他们承担损失,一定要让他们赚到钱。"

其实良枝苹果大部分长得丑,不是因为陈冲团队"技不如人",而是因为他们严格遵循苹果的自然生长规律,必须让苹果经历霜冻,风味才能达到最佳,所以采摘时间比普通的富士苹果晚20多天,一般是10月底到11月上旬才会采摘。此时的苹果成熟度高,口感也会更好。普通富士苹果的采摘以果实上色最佳为原则,通常在10月初进行,成熟度约为七成,糖度、风味自然要逊色许多。

因为良枝苹果在树上生长时间较长,又遭遇降温、狂风等天气,表皮粗糙、颜色深,还会出现裂口,俗称"风裂口"。收购时,有风裂口的苹果是达不到百果园的采购标准的。加上大力推广套白袋、不铺反光膜,这样种出来的苹果很显"老",如果按照百果园A级富士苹果的要求,良枝苹果全部不合格。

此外,还有农户为了让苹果好看,在其他方面做了一些不必要的投入,比如为了提高表光,农户手动摘叶、转果,让苹果的每个面都能充分接收阳光照射,使着色更均匀。像这些精细化的投入,都需要大量的人力,而这些成本最终都会转嫁给消费者。

对于良枝苹果,陈冲认为未来的努力方向是提高各个环节的效率,降低成本,减少不必要的投入与损耗,把它做得既好吃又实惠。比如,陈冲已经做了好几年的不套袋试验,一旦试验成功了,白色透光纸袋也可以省掉,因为纸袋除了防病虫害外,也很浪费资源。

中国果业有个规律,基本上每个品类都是如此:刚开始好吃,但知名度不高；等知名度高了以后，慢慢地，栽培方式、土壤环境等遭到破坏，就会从好吃变成不好吃。其根本原因就在于追逐短期利益。

陈冲认为，未来良枝苹果的发展方向应该是将日本和欧美的种植方式结合起来，借鉴日本的种植方式提高内在品质，借鉴欧美的机械化生产经验提高产量。所以，良枝苹果不会像日本苹果那么精致、好看，但也不会像欧美规模化、机械化种植的那样风味欠佳。

(三)"第一个吃螃蟹"的奶皇杏

每年夏天，百果园的消费者都能享受到来自新疆的招牌果品——奶皇杏。由于拥有得天独厚的光热资源，新疆有全中国最优质的杏——吊干杏。吊干杏的果实呈金黄色，口感非常独特，当成长至八成熟时，平均糖度可达到23度，而北方其他地方最优质的杏，糖度也只能达到11度。由于糖度高、口感好，百果园把新疆吊干杏命名为"奶皇杏"。奶皇杏只有短短一个月的销售期，但是在2020年却卖了1200多吨，门店供不应求。

其实在早些年，消费者想吃上一颗新鲜又好吃的杏并不容易。一方面，虽然北方很多地区都种植杏，但是品质和口感都不算上乘；另一方面，由于路途遥远等一系列原因，新疆的吊干杏"走不出去"，只有新疆当地人才能享受到这样的美味。不过就算是新疆当地人，吃的也更多是晒干的杏，而不是新鲜的杏，因为吊干杏的保质期很短，摘下来两三天之后就会变质。

如今，百果园已经解决了这个问题，人们经常能够在百果园门店看到货架上陈列着各种各样的新疆水果。见证了这一过程的新疆地采高建宏每每看到此景总是兴奋又感慨，因为他知道，这些跨越了几千千米来到门店的新疆水果背后有着很多故事。

1. "第一个吃螃蟹的人"

资深采购总监陶军是余惠勇的大学同学，在20世纪90年代末就和余惠勇一起做水果生意。那时候，像梨、苹果、葡萄这类常见单品有很多人在做，随便找个师傅问问就能摸索出一些门道，而且这类水果已经有很多公司参与生产，百果园可以直接和这些公司合作，共同组织种植户生产，生意并不那么难做。但是，像杏这种水果在当时还是一个非主流的小众单品，想做它，百果园只能自己当开路先锋。

由于当时百果园已经确定了做全品类水果的发展方向，因此陶军和高建宏就下定决心将这个好吃的小众单品做起来。但是，在新疆做生意并不容易。高建宏还记得2012年自己第一次到新疆市场去看蜜瓜的情景：走进市场，整个人都蒙了，一眼望去全是维吾尔族人，交流只能靠用手比画。

2015年正式开始做奶皇杏的时候，虽然高建宏已经对新疆的基本情况很熟悉，但是言语不通依然是个问题。而且，那时百果园自身的体量也不算大，所以没有人愿意合作，几经寻找后，终于在当地找到了一个愿意组织种植户生产的代办（村子里组织种植户生产的代理商）。

就算找到了代办，仍然要面临以下两大难题。

一是当地的生产方式粗放。

新疆当地的种植户普遍不在意树木的修剪，很多果树都长到了10多米高，不仅不方便采摘，而且这种没有经过修剪的果树，树顶上的果子往往会先熟，中间的后熟，最下层的果子由于长期不透光，基本上都熟不了。

针对这一问题，百果园的技术人员去到当地，很耐心地从教种植户修剪树木开始指导。现在新疆吊干杏的树木高度基本控制在2.5米左右，这样整棵树上的果子都可以成熟，而且高度刚好适合成年人采摘，再也不用像以前那样搭梯子爬上爬下，既不安全又效率低下。

除此之外，甚至新疆种植基地的每一把用来摘果子的剪刀，都是经过精心挑选的。因为采摘时，如果剪刀不够锋利，抓住果子的手就会不自觉地施力，这就容易对果子造成损伤。这样的损伤会对后续的采后处理环节造成影响。

二是种植户的经济意识淡薄。

吊干杏在当地基本上是种植户自己食用，因为这种杏的保质期很短，当地人一般都会把它们做成杏干，对杏的大小生熟都不在意，甚至好多杏带有虫眼。百果园最开始和当地种植户合作的时候，因为种植户采摘方式粗暴，很多果子在采摘的过程中破皮或被摔烂。到最后验收环节，即使百果园事前告知了采摘和收购标准，仍然至少有40%的果子不合格。

与市场上其他杏相比，奶皇杏的采摘收购标准更为严格。采摘前要实地考察，多方面测评口感、糖度和风味，合格后才会将其纳入重点采购计划。采摘时，需要分批采摘，达到八成熟的先采摘，达不到的绝不早采。采摘后和入库前，还会进行二次验收。在采购过程中，如突遇强降水、冰雹等天气，造成杏的品质下降，则会提前结束本季收购。

百果园提出的收购方案是以比市场价高一倍的价格来收购合格的杏，剩下不合格的杏种植户可以拿回去晒杏干。但是，由于当地的种植户思维还没转换过来，不太能接受这一方案，百果园只得和当地的代办一起，挨家挨户地去帮他们算这笔账，告诉他们："你们只卖一半的杏，收入比以前全卖还高。"慢慢地，种植户也理解了这种合作方式的好处。

虽然困难重重，还交了不少学费，但是最终百果园和上游建立了稳定的联系，这么多年来，当地的种植户也越来越信赖百果园。

2. 几千千米的路程怎么走

杏是一种娇嫩的水果，非常不耐储，那么，怎么才能把新鲜的奶皇杏完好地送到顾客手上呢？这是一个难题。

2011～2014年，百果园的门店数量还不算多，需要的奶皇杏比较少，所以那时采用的是空运的方式，但这样一趟下来损耗率高得吓人，几乎30%的杏都受损了，甚至有好几批货直接报废。这是因为奶皇杏是夏季时令单品，而六七月的新疆天气炎热，常常会遇到航空公司高温管制，导致出现订好了航班，飞机无法起飞或者起飞后中途变道的情况。有一次，从新疆发往深圳的奶皇杏中途转停北京两天，这两天时间对杏这种不耐储的水果来说是致命的，更何况机场也没有专业的库房，只能露天摆放。再新鲜的杏，在高温天气下露天摆放两天后再发回深圳，显然也没救了。像这样的情况，每年都会出现几次，以至于这么好的一个单品始终做不起来。

经过几年的试错，百果园在2015年首次尝试冷链汽运。先将采收回来的杏第一时间放到冷库里预冷，再装入冷链车中，最开始奶皇杏的规模小就和香梨一起"拼车"发往深圳，一辆车装18吨香梨、5吨奶皇杏。2015年一共试发了三车，不光节省了成本，而且最主要的是冷链汽运的产品品质比空运的还好。

于是，2016年，针对奶皇杏这个单品，百果园在新疆启动了大规模的冷链汽运。解决了运输问题后，这个单品一下子就实现了盈利。目前，奶皇杏的损耗率已经降到了10%左右，而且已经算上了试吃的部分，这是一个非常大的进步。

在发货包装方面，百果园也实现了从0到1的探索。一开始是简单装筐后直接发货，但杏娇嫩的外皮上几乎全是破损痕迹，后来为了在运输过程中减少磕碰，发货前全部人工套上网兜，虽然这样折算下来人工成本就达3元/千克，但是目前还没有更好的办法可替代。每年夏天，八成熟以上的奶皇杏经过冷链汽运，最终在门店上架销售时，成熟度基本可以达到最佳——颜色黄中带红，摸起来微软，口感最佳。

早些年，公司在新疆没有配备车辆，采购人员都是自己跑基地。高建宏至今仍时常想起2012年的夏天，自己坐夜班汽车去考察基地，每次都要坐一天两夜的车，花30多个小时。现在，新疆的道路越修越好，夜班车成了历史，公司也在产地专门配备了车辆。这些年来，百果园在新疆开发了很多像奶皇杏这样的爆款单品，如八六王蜜瓜、爽不让蜜瓜、沙漠蜜瓜等。每年在新疆水果陆续成熟的季节，都有几百辆载着美味瓜果的冷链运输车从新疆发送往全国各地。

（四）"特立独行"的大生鲜

自 2019 年 4 月推出大生鲜战略以来，百果园已经将积累多年的经验，比如优质的供应链和严格的采购标准，复制到了独立生鲜产品品牌——"熊猫大鲜"上面。百果园现在不光有好吃的水果，还有高品质、高性价比的其他生鲜产品。熊猫大鲜的定位是品质大生鲜，追求差异化，比如一般商家主要做白猪，熊猫大鲜做黑猪；市场上的牛奶主要是黑白花牛产的，熊猫大鲜做的是水牛奶。

为什么百果园这么"特立独行"，这背后也隐藏着普通消费者看不见的秘密。

秘密一：更高的业内标准

黑猪的饲养成本很高，一般来说，产出 1 千克猪肉，白猪需要投入 3.6 千克饲料，而黑猪需要投入 12 千克饲料。但是熊猫大鲜的产品经理还是选择开发"慢养黑猪"系列产品。这是因为相较于从国外引进高经济效益的白猪，黑猪多为我国土生土长的地方品种，对当地环境的适应性强，体格健壮。更重要的是，市面上白猪的养殖期普遍是 150 天，5 个月甚至 4 个月就出栏了，但是黑猪的养殖方法是"慢养"，一般需要养殖 300 天，10 个月才能出栏，"慢养"使得黑猪的运动量更大，猪肉口感更好，胆固醇含量只有白猪肉的一半。

熊猫大鲜其他肉类也是坚持"慢养"理念，而不是以快速增加产量为导向。很多顾客一开始总抱怨说："你们的鸡黄油太多了。"其实，黄油多恰恰是鸡吃五谷杂粮、正常长大的表现。

在奶类方面，熊猫大鲜的产品经理率先关注的是水牛奶。由于水牛主要在南方养殖、市场认知度不高，养殖的人很少，但是熊猫大鲜却发现水牛奶的营养价值很高：在脂肪含量方面，每一百毫升普通黑白花牛牛奶的脂肪含量为 4 克，水牛奶则达到 7 克；在蛋白质含量方面，水牛奶是普通黑白花牛牛奶的 2 倍。

在决定做水牛奶之后，熊猫大鲜就制定了业内最高标准。

第一，蛋白质含量为每一百毫升 4.2 克，远远高于国家标准（蛋白质含量不低于每一百克 3.0 克为优等）和行业标准。

第二，做全脂牛奶，因为牛奶的奶香味主要来源于脂肪，全脂牛奶口感更好。但是，脂肪很容易影响牛奶的稳定性，如果温度不对，高脂肪含量牛奶很容易结块、变质，因此面对脂肪含量高的水牛奶，业内企业大都选择做脱脂牛奶。熊猫大鲜是市场上为数不多做全脂水牛奶的，这就要求在上游投入大量精力，不断改进生产工艺。

在熊猫大鲜像这样挑战更高标准的例子很多，比如，可生食鸡蛋的可食用时间一般是 15 天，业内普遍的货架期是 10 天，但是熊猫大鲜的生食鸡蛋货架期只有 7 天。此外，熊猫大鲜旗下几乎所有的产品都不含添加剂，个别产品因业内技术实现有难度不得不添加的，熊猫大鲜的要求是少添加。熊猫大鲜每种产品的配料表都非常简洁，比如，一款名叫 90 分酸奶的配料表上只有生牛乳、乳酸菌、糖，连水都不加；再比如，常常有消费者用"鱼丸不含鱼，虾丸没有虾"来调侃丸子类产品含肉量不足的问题，对此，百果园专门研发了含肉量不低于 80% 的丸子，而且不添加食用香精、食用胶和防腐剂。

为什么熊猫大鲜要提出这些近乎严苛的要求呢？这与百果园一贯的定位——"好吃"有关。不管是水果还是其他生鲜产品，百果园的要求都是一致的。

秘密二："四不三高一坚持"

"四不三高一坚持"是熊猫大鲜的产品开发原则。几乎每个熊猫大鲜的员工都会把"四不三高一坚持"挂在嘴边。那么，它究竟是什么意思呢?

"四不",即不到源头不做,没有行家不做,没有专家不做,不感动自己不做。

不到源头不做。熊猫大鲜负责人孙鹏认为,标品的竞争是在"最后一公里",标品的竞争对渠道的要求是比较高的,在"最后一公里"能更好地渗透到每一个终端,让消费者更便捷地看到和购买到,但非标品真正的战斗是在上游,在"最初一公里"。因此,熊猫大鲜的每一个品类都完全深入到了"最初一公里",这与百果园一直坚持的深入种植端的原则是一脉相承的。

比如,在选择黑猪肉供应商时,产品经理王康裕走访了很多个养殖场后,才选择了一家与百果园理念一致,环境更好,并有很多创新举动的供应商。在这家养殖场,王康裕亲眼看到黑猪吃天然饲料,搭配着青草菜叶,在山林间喝着山泉水,看到养殖场中设置了自动清洁活动地板,能够及时将猪的排泄物清理干净,减少细菌滋生,同时还给每头黑猪佩戴了芯片,清晰记录它们的食量,做到营养均衡。

再比如,熊猫大鲜复购率很高的一款绿宝石贝贝南瓜,就是产品经理深入种植基地之后选择出来的产品。这款产品从选种子开始就有专门的技术人员跟踪,在全链条的水肥管理上甚至整个生长过程中,都会对农户有不同的标准要求。在采收方面,要求农户选择授粉 50 天以上的南瓜,而不是通常的 40 天就开始采收。刚采收回来的绿宝石贝贝南瓜口感偏"粉"(南瓜没有糖化之前的口感),需要在仓库里做糖化处理⊖,然后才会转为"糯"的口感,达到较高的糖度。

没有行家不做,没有专家不做。熊猫大鲜的产品经理都是有着多年开发经验的业内人士,不仅对产品的行业情况非常了解,而且能够理解

⊖ 糖化处理非常简单,将南瓜自然放置在一个温度适宜的地方即可,但是通常没有多少人愿意这么做。首先,南瓜糖化需要至少一周,冬天甚至需要半个月,仓储成本很高;其次,南瓜糖化之后,会有 5%~10% 的水分损失,这就导致南瓜的重量下降,很多人会选择在最重的时候把南瓜卖出去,从而获得更高的收益。

消费者的要求。同时，他们善于发现行业内最优秀的专家级、行家级供应商，并促成其与熊猫大鲜的合作，在每份产品开发书上面都会清晰地标明该产品的行家和专家是谁。

不感动自己不做。这看起来是个很虚的标准，但是不少产品经理却说，有时候这才是最重要的一条标准。很多百果园人都会自己吃或给家人吃公司研发的产品，因为更安心。百果园常务副总裁焦岳的女儿自从吃过熊猫大鲜的鸡蛋，就再也不喜欢吃其他鸡蛋了。

"三高"，即高品质、高营养、高安全。

百果园希望通过打通整个上游链条，组织生产高品质、高营养、高安全的商品，真正去引领健康的生活方式。

尽管合作厂家的产品品质已经很高了，但是熊猫大鲜的产品经理还是会根据百果园的标准提出更高的要求，如要求合作的酱类厂家不放防腐剂，并为此反复做试验。除此之外，产品经理还会注意一些隐形的标准，如通常人们很少重视的胶稠度⊖指标，熊猫大鲜会重视是因为胶稠度是影响大米软糯口感的重要指标。目前，熊猫大鲜的五常大米胶稠度能达到 85，这是一个非常高的数值。还有前文提到的对肉蛋奶的选择，这些都体现了百果园对"三高"的不懈追求。

"一坚持"，即坚持高性价比。

高性价比一定不能靠补贴来实现。从长期来看，一定是运营效率足够高，成本足够低，才能给顾客带来更高的性价比。

业内的蚝油蚝汁含量大多在 3%～5%，5% 以上的就相对较少了，但是熊猫大鲜出售的蚝油蚝汁含量高达 30%。其实，产品经理原本准备开发的是蚝汁含量达 70% 的蚝油，但这种蚝油有"腥味"，因担心消费者一时接受不了才作罢。熊猫大鲜蚝汁含量高达 30% 的蚝油规格是 490 克，价格是 20 元左右，和市场上蚝汁含量 5% 左右的蚝油售价差不多，符合高性价比的理念。

⊖ 胶稠度就是淀粉在糊化之后，在自然状态下拉伸的长度，胶稠度越大，质量越好。

熊猫大鲜的高性价比是怎么来的？这是源于熊猫大鲜越过经销商，从源头严选标准、产品不过度包装、不投入广告费，冷链也是复用百果园的，精打细算，把能省下来的都让利给顾客。我们前面提到的水牛奶、丸子、粮油等大部分产品都做到了在同品质产品里面拥有价格优势。

秘密三：不断拓宽的朋友圈

前面我们说过，百果园的产品研发准则中有一条是"不感动自己的不做"。可能很多人不理解，但是，正是这一原则，让百果园找到了许多同频共振的战友。

在制作生抽的过程中，人们通常会采用高温杀菌的方式，但是这样也会杀死很多有益菌。熊猫大鲜发现，有一个厂家生产的生抽 SOD（超氧化物歧化酶）活性酵素含量每一百毫升超过 7000 单位，通过特殊工艺，保留了原始的鲜味和营养。熊猫大鲜的产品经理得知后，马上上门寻求合作。

原来，这个生抽厂家的老板一开始从事的是医药行业，在一次展会上，他听一家企业的推销员说自己手上的生抽是全世界最好的，还说生抽是日本人发明的，他心里很不服气，就反驳说："据我所知，生抽是中国人发明的，怎么成了日本人发明的？"但是当时没有人理会他，而且他经过调查发现，因为日本某些品牌生抽的品质确实领先中国品牌，很多国家认为日本就是生抽的原产地。

他越想越不服气，就离开了医药行业，开了一家生抽厂。最初产品研发失败过很多次，最后他一咬牙就把医药行业的标准搬到了食品行业，又经过一系列的改进，最后终于酿造出一款他自己很满意的生抽。为了一款生抽，这位很倔的先生前前后后花了 20 年的时间，把自己变成了这个行业非常厉害的专家。

当熊猫大鲜的产品经理找到厂家的时候，这位先生一开始是不愿意合作的，但是深入聊过之后，发现双方的理念非常契合，最后百果园成为这家生抽厂在国内合作的首批企业。

开发"沙漠牛奶"这款产品的谢绮翘也被感动过。在去产地考察的时候，让她感到非常震撼的是，在穿越一片广袤的沙漠之后，忽然出现了一片绿洲，奶牛就生长在那里。更让她感到震撼的是，这家牧场不是大自然的奇迹，而是 11 年来一群人努力的结果。为了做真正的有机产品，找到一块完全没有被污染过（至少最近 10 年未施过肥料）且面积足够大的土地，他们来到了这片人迹罕至的沙漠。这里黄沙漫天，没有水，没有电，没有房子，想在沙漠上造出绿洲，简直就是痴心妄想，但是所有人都觉得不可能的事居然真的被他们做成了。谢绮翘当时就决定："就是这里了。"更难得的是，这家牧场也非常认可百果园所做的事，就这样百果园成为第一家与之合作的企业。

熊猫大鲜刚刚起步时，订单量并不算大，但是在和供应商合作方面却有很严苛的要求，每天催促上游厂商不断优化工艺。可能有人会疑惑："这么对待供应商，他们不愿意合作了怎么办？"其实，中国农业界有很多想做实事、想做好产品、想改变农业现状的志同道合者，大家都是真心地为消费者着想。熊猫大鲜这几年的尝试表明，只要足够坚决和坚持，尤其有终端力量的支持，一定能汇集起一大批志同道合的同行。农业品牌的建立，是全产业链各个环节、各个领域的同仁同心同德、通力合作、共同践行、久久为功的结果。

二、从地头到舌尖：关键在地头

曾经有一些网红主播为了强调自己带货的商品新鲜度高，号称"从地头到舌尖"，给消费者一种刚采摘的水果直接送到家门口的感觉，其实这是一个伪命题，中间环节一个也不少。无论以何种方式购买，只要是选择快递发货，那么整个物流链路和履约链路其实就没有什么不同，哪怕是从产地直发到消费者手中，同样要经历每一个环节，整个物流流程一步都不会省。

我们来分析一下，看看水果从产地到消费者手中的旅程到底是什么样的。

产地直发有两种情况：一种是规模非常小的个体农户自己采摘打包后，从自己家里发快递；另一种是供应商将从农户手中收购来的商品集中存放到仓库中，从仓库发快递。这两种情况的物流链路其实是一样的：基地收集（自行采收）—快递收集—当地区域级仓—分拨中心大仓—目的地城市站—目的地服务站—消费者。

在上述环节中，如果在发货量较小的情况下，可能还需要"拼车"，比如只有一箱杨梅的情况下，可能要等整个冷链车装满后才能奔向下一个目的地，这意味着整个链条还会增加等待的环节。

我们再来看看百果园的物流链路：基地收集—各地中心仓—销售地分仓—门店—消费者。

这样看来，百果园的物流链路更短、更快。但是，更重要的其实不在物流，而是在地头。好吃的水果都是种出来的，如何找到和赋能种植户种出好吃的水果，这是关键中的关键，而水果行业的问题恰恰就在这里。当然，网红的竞争优势主要是他们能突破空间和距离的限制，在坪效上发挥巨大优势。这也一直是余惠勇想要解决的种植行业的痛点问题。

2016年，一次偶然的机会，余惠勇品尝到了一个很美味的瓜，他了解到这个瓜之所以美味，是因为采用了一种先进的种植方法——日本农业专家小祝政明创立的BLOF技术。BLOF技术，是一套现代化、科学化的农业生产方式。

于是，余惠勇亲自去日本考察。这套系统化的种植技术让他非常震撼，相当于是把"中医和西医"结合起来了。小祝政明很喜欢《黄帝内经》《汉方》中的药学理论，他创立的BLOF技术也有中医思维，即站在整体来看植物和土壤的关系，同时还引进了西医的检测手段。有意思的是，小祝政明非常推崇种植的目的就是生产美味的产品，这种"美味"与余惠勇提出的"好吃"理念不谋而合。

这套技术引起了余惠勇很大的兴趣，但是同时他也很疑惑，为什么在日本这套技术没有得到推广？小祝政明解释说这主要是因为日本推广体系的限制，因为日本农协的力量非常强大，基本上控制了所有农药化肥的销售，甚至会影响金融、选票等方面，而他的这套技术几乎不用化肥和化学农药，会动摇农协的利益。

余惠勇认为这是中国种植业的一个机会，在经过三年的考察之后，2018年4月百果园正式引进BLOF技术，并成立优农道公司。

BLOF技术如何能改变我们的种植业呢？余惠勇将其概括为通过"五位一体"实现，这也是小祝政明在从事了多年有机农业工作后的总结，其核心就是"系统"和"精准"。

一是土壤改良系统。很多人都认为植物生长的好坏取决于肥料，没有人考虑到土壤才是一切的根源，植物的健康取决于土壤的健康。土壤有三种性质，即物理性（比如疏松度）、生物性（比如微生物菌群）、化学性（人工肥料或者有机肥），如果物理性和生物性都难以达到种植要求，那么加多少化学物质都没有用，因为植物很多时候无法直接吸收外界物质，只能吸收土壤中已经代谢过的物质。

传统的土壤改良方法没有十年八年很难见成效，而小祝政明的土壤改良技术（太阳热养生技术）能够在30天内快速让土壤形成适合种植的结构。在北京平谷有一块撂荒三年多的地，土壤板结严重，能够插下去的深度只有20多厘米，但是经改良之后，深度能轻松达到80多厘米。

二是土壤检测系统。国内土壤检测程序复杂、价格昂贵，一份土壤样品至少需要十天半个月才能拿到检测结果，而且能够检测的项目也非常少。但是，小祝政明创立的这套土壤检测系统非常简便，普通农户也能够快速检测多达几十种营养元素、微量元素，而且成本特别低，这就为实时对土壤进行监控创造了条件。

优农道曾经检测过一片种植基地，根据检测结果，土壤中的镁元素远远超标，可奇怪的是，生长于此处的植物却显示严重缺乏镁元素。后来经过走访和研究才发现，当地人得知植物缺镁后，就一味地施镁肥，殊不知这样导致土地中的镁元素达到上限，反而使镁元素无法在土壤内循环流动，更无法提供给植物。可见，不重视土壤的整体性造成了植物缺镁的恶性循环。

三是肥料使用系统。BLOF 技术非常讲究肥料的精准使用，施肥是非常容易的，但是控肥很难。我国以化学种植为主，更注重大量元素的使用，却鲜少考虑到土壤条件、水汽以及作物需要的营养，尤其是一些重要但占比非常小的微量元素。小祝政明认为，作物中的不同营养元素，甚至是含量非常少的微量元素和菌群之间都会相互影响，因此需要根据不同作物、不同情况进行肥料的精确配比，并且全部使用非化学肥料。

肥料方案的制订应该是因地制宜的，最好能做到种植基地内部形成生态循环，比如如果周围有养猪场、养鸡场，就可以充分利用起来。优农道技术人员更愿意根据当地环境教给农户肥料的制作方法，一方面这样更有利于农场内部形成生态循环，另一方面也是因为小祝政明的"利他利己"思想——自制肥料能够帮助农户减少成本，这也和百果园的"利他"精神很相似。

与作物出现了问题才施肥的粗放式种植理念不同，优农道技术人员关于施肥节点的选择也有一套系统，比如果树结果之后要施 1 个月的"月子肥"；不是到春天果树快要发芽的时候才施肥，而是在冬天就给果树施肥，让它在冬天好好休养生息。

四是作物本身的系统。作物本身就是一套系统，只有了解了作物的基本情况，才能遵循作物本身的生长规律。对于作物病虫害，BLOF 技术的核心是以防为主，更注重提高作物本身的免疫力，帮助土壤和作物摆脱"亚健康"状态。健康的作物可以自己很好地吸收营养，抵御风险，而不是一味地依靠外界的帮助。

小祝政明有一句很经典的话，"植物健康的时候，才能看出植物本身应该呈现的样子，也可以称为'基因显现'"。2020 年，优农道技术人员在深入陕西宝鸡徐香猕猴桃基地时就深有感触。当时宝鸡的农户告诉技术人员，他们种出来的徐香猕猴桃长得和新西兰佳沛猕猴桃很像，农户还觉得挺高兴的，但是技术人员却说：长得一样就大错特错了，基因都不一样怎么会长得一样呢？徐香猕猴桃应该是扁的、绒毛较长，佳沛猕猴桃是圆的、绒毛稍微短一些。品种都不一样，却长得像，并不是什么好事，反而说明植物处于不健康状态，果子长出来变形了。

经过BLOF技术改造，一个季度之后，果树和果子都发生了很大的改变。果树的叶子又肥又大，果子长出来和佳沛不同了，而是原本应该长成的模样，果子的大小也变得很匀称，糖度也提高了，猕猴桃的销售周期也延长了。

五是大数据系统，也是BLOF技术的核心。早在60年前，小祝政明就开始研究BLOF技术并进行数据积累，如今已形成了数字化、IT化的大数据系统。你把作物的属性等要素输入大数据系统，比如作物情况、土壤改良情况、检测情况和肥料元素，这套系统就会自动输出一个定制方案，最终实现高品质和高产量的目的。

其实，最初余惠勇决定引入BLOF技术，主要是想要改造水果种植业，现在却率先应用在了蔬菜种植方面。百果园推出的三个零蔬菜就是采用BLOF技术种植出来的。在三个零蔬菜上也能非常显著地看到农作物的"基因显现"，如黄瓜是直的不是弯的，番茄的色泽更鲜亮。更让百果园检测中心工作人员感到惊讶的是，三个零蔬菜的检测标准非常高，要求不得检测出任何化学农药残留（一般的检测标准是低于某个数值就算合格），这在检测界是一个非常有难度的要求，因为蔬菜从采摘到入库变量很多，一不小心就可能会影响到检测结果，但是三个零蔬菜反而是所有品类里面最少出问题的一个。由此可见，上游的精细化管理是多么重要。

这五个系统构成了一个体系，让过去非常复杂的高品质果品生产变得简单、可复制、标准化，尤其是在目前土壤质量水平整体下降的情况下，对整个生态朝着更加可持续的方向发展有着很大的价值和意义。

三、品类品牌孵化器：优果联

这些年来，百果园发展出了很多独家招牌单品，如良枝苹果、红芭蕾草莓、纸虎金瓜等，这些自有强单品的背后是一个个专业的"苹果公司""草莓公司""西瓜公司"……而将这些品类公司联合起来的，正是神秘的优果联。

之所以说优果联神秘，是因为它从不抛头露面，可是品类公司却离不开它。这么多年来，它在背后主要做两件事：一是集结志同道合的伙伴一起把产品种好，二是把产品卖好。

（一）以产品为原点构建产业体系

余惠勇是百果园产品开发的第一人，自百果园成立以来，一年大部分时间都在外面考察。在百果园刚刚成立的时候，余惠勇对产品就有自己非常明确的认知——"做好水果"，后面进一步提炼为"做好吃的水果"。

2011年，虽然当时基本没什么人知道百果园，但是余惠勇已经构思出了全产业链运营的模式，想要往这个方向去搭建，比如这个生态链里有做种植的企业，有做加工的企业，有做商超配送的企业（当时的电子商务还没有广泛普及）……基于这种想法，他设立了一个专门做产品开发的部门，当时这个部门一共两个人，条件也很简陋。

其中一人就是现在优果联的负责人谢凌云，他也是百果园第一位正式的产品经理。谢凌云是在2008年加入百果园的，当时百果园只有100多家门店，让他印象最深刻的是余惠勇的一次演讲。余惠勇讲整个行业的竞争力最终体现在供应链和产品上，这句话给了谢凌云很大的触动，让本来在市场营销部门工作的他做起了产品开发工作。

产品开发部门的第二个人是一位技术总监（现任优果联技术顾问），就是来自我国台湾地区的种植专家许典信。许典信老师之前就和百果园有过合作，余惠勇是他的粉丝，总是向他请教一些技术问题。其实许典信老师是一位跨界人士，他原本是一名银行职员，因为单纯喜欢农业才改行从事了农业工作。当初他决定转行的时候家里人并不同意，也没有业内资源可借力，为了学知识，他去农场里面当杂工，开始两三年只能看别人如何修剪、如何施肥，他也没有怨言，因为只要能做相关的事他就很满足了。他就是通过这么一种很笨的方法进入了农业圈子。

产品开发部门刚刚组建的时候，谢凌云每天跟着许典信老师去农场，听老师讲他自己的成长经历和从业感受，还有对未来中国农业的发展期望。许典信老师讲，随着经济的发展和消费者消费需求的升级，中国农业一定会从追求高质量转变为追求精益求精。但是当时二人在走访的过程中发现，整个行业氛围都很悲观。虽然很多农业从业人员都有将产品升级的预想，但是还没人做成功，看不到成功的希望，不知道通往成功的道路到底在何方。

百果园当时也没有任何优势，没有任何积累，没有专业人才，于是把许老师以前在农场培养过的工人引入团队，组成了产品开发部门的第一支队伍。有一次，许典信去华中农业大学讲了一堂课，吸引到了黎召云和陈冲两个年轻人，他们两个暑假来实习了两次，毕业后就加入了百果园。

最开始，产品开发部门的人也不知道该怎么做，但是知道百果园有一大优势就是有门店，更懂市场，于是大家就从现有的产品里面找机会，从研发开始尝试和圈子里的同行合作。许典信总是和工作人员讲农业的匠心精神。他讲自己之前跟着一位亚洲顶尖的老师学习种葡萄，学了七八年后，他就问老师："作为学生，我可以打几分？"老师笑了笑告诉他说："你呀，60分吧。"许典信感到很震惊，因为那时他已经小有名气，还学习了那么久，结果只能拿及格分。老师还告诉他："幸亏你天天跟着我，要不然的话，你可能就不及格了。"从这以后，许典信就知道做农业这件事是需要不断精益求精的。

优果联的第一个阶段是从零开始的，是许典信的热爱、故事和眼界帮助大家初步明确了产品到底应该怎么做。

（二）农业是实践的科学

在 2013 年前后，产品开发部门经过摸索得知农业是实践的科学，于是下定决心把理论落到实地，准备从种植开始自己干。

在这一阶段，百果园建立了第一批种植基地，一共四个，山东的苹果园、云南的蜜瓜园和冬枣园、陕西的冬枣园。所有有实操经验的技术人员全部下到种植基地去实践，这个时候，慢慢有了团队的感觉。在优果联，大家对待种植基地都像对待自己的家一样，直到现在，优果联的所有技术人员还是以师哥师弟相称。在种植基地实践，不是主要坐在办公室里看书学理论知识，而是跟着师傅边干边学。

优果联一路走来也是坎坎坷坷。开始时优果联运营情况有好有坏，也做出了一些表现突出的产品，但更多的是按照经验主义在做事情，没有数据的积累和好的机制。比方说北方自建了一个种植基地，但是没有做土壤检测，结果种下去才发现那块地是盐碱地，出现了死苗的情况。此外，也因为团队不成熟，出现过一些合作方面的难题。比如，百果园曾经和一家西瓜供应商有过不太愉快的合作，当时百果园的要求比较严格，派出去的工作人员又经验不足，不会和供应商打交道，有一次发到深圳的瓜熟过了，工作人员打电话询问，供应商满腹怨气，说："你们不是要保证熟度吗？这瓜十成熟，就是最好的！"

经过多年的摸索，谢凌云慢慢总结出了一套运营模式。

一是明确产品定位，倒推出种植中可能需要考虑的因素。比方说青枣，如果要求水分充足性达到 5 分（总分为 5 分），那么果树的水分补充就要做到 5 分；如果要求肉质化渣性做到 4 分，那么又需要做哪些努力；还有，考虑到果树年龄、枝条成熟度、土壤中富含的养分，生长出达到标准的青枣需要消耗果树和土壤多少营养，对应地，要补充多少营养……根据这些制订出青枣整个生长周期的方案，并按时间线拆解，明确从萌芽、开花、授粉、结果到采摘，每个阶段的注意事项。

二是总结经验，抓住关键。每个技术人员都要记录每天的工作，即写农夫日志，还要填写物候记录表，定点拍照和用文字记录植物每天的生长变化。这两项记录看似简单，但是对技术人员成长的帮助是巨大的。对于很多知识，老师明明强调过很多次，但是只有自己亲身实践之后才能深刻理解。优果联青年技术人员李伟记得，刚工作种植葡萄的时候，有一年雨水特别多，导致那一年霜霉病特别严重，产量大幅下降。后来黎召云和许典信在诊断的时候发现，这个病在物候记录表上早有体现，只是当时李伟没有注意到，这才导致了最后的严重后果。

在优果联，技术顾问许典信老师基本上每天都在全国各地的基地做现场指导，实践出真知，终于取得了一些成果，种出了一些好的、有发展潜力的产品。

（三）招牌水果是怎么炼成的

优果联聚焦优质果品的种植和销售，目标是打造一系列世界知名的水果品牌。这些年国内市场的销售业态非常发达，但是做产品的公司并不多，所以优果联创立的初衷是想联合大家的力量，探索出一条能够把产品做好的路。

黎召云刚加入百果园时，公司正在引进进口猕猴桃，猕猴桃原产于中国，却被新西兰做成了国际知名品牌。当时，一个佳沛猕猴桃就卖十几元，还很难拿到货，一千克国产猕猴桃卖4~6元，还不好卖。这种巨大的落差感使黎召云深刻地体会到，只有有了技术支持，一切操作才会有标准，品质才会有保障，国产水果才会在市场竞争中脱颖而出。

"如果哪一天能把国产猕猴桃的价格和品质做到佳沛猕猴桃的一半，那都不得了。"余惠勇提出这样一个愿景。这让黎召云未来的路一下子清晰了许多，他想既然国产猕猴桃大有可为，那就从这里开始吧。

当时，百果园在陕西省西安市周至县斜里村有个猕猴桃合作基地。

周至县是中国猕猴桃之乡，已有上千年种植历史，现如今几乎家家户户种猕猴桃。但由于缺乏系统管理，每家种的品种不一且品质也不稳定。问题背后必然蕴藏着巨大的机会，黎召云做好了打持久战的准备。

刚去的时候，基地没有一个同事，黎召云只能顶着压力从头摸索。他先在村里租了房，把自己安顿好后便一心扑在试验地里，专心种果树、搞研究。有些品类的水果可能研究十年八年都难有技术突破，但做产业也得讲究效益，时间不等人。黎召云是幸运的，他凭着坚韧、吃苦耐劳的品格，钻研了三年，终于攻克了影响品质稳定的技术难题！

可是没过多久，又出现了一个令人头痛的问题。黎召云一直研究的品种叫"华优"，果肉呈黄色，属于中华系猕猴桃。这个品种在当时的市场上接受度低，且不抗溃疡病。做了几年，产量一直提不起来，黎召云遇到了瓶颈。此时，他把目光转向本地的绿色果肉品种，即美味系猕猴桃。在这期间，黎召云发现秦岭北麓的自然环境可能不太适合种植中华系猕猴桃，种植美味系更有优势。

找到这个方向后，黎召云便把重心放在美味系猕猴桃的研究上，通过不断地观察和试验，最终发现"翠香"这个品种值得发展。翠香是早熟品种，口感比较优秀，但产量一般，品质差异也非常大。黎召云尝试把在"华优"上积累的技术经验用在翠香上，发现品质竟也有明显改善。

此外，他还通过不断总结，对造成品质差异的原因进行分析，并逐年排除。几年下来，基本上把翠香的口感做得比较均匀，糖度不低于16度，整体风味也提升了。随着后期技术日渐成熟，翠香品种无论在果形、风味，还是在耐储性等方面均得到稳步提升。至此，制约果品商品化的一些关键问题都得到了解决。

2017年，黎召云团队正式开始品牌化运作，打造了一个高端猕猴桃品牌"猕宗"，这个名字既有猕猴桃发源于中国之意，也有做中国最正宗的猕猴桃之意。猕宗猕猴桃面市后，市场一片叫好。猕宗猕猴桃的售价已经达到佳沛金果的三分之一，几乎与佳沛绿果的售价持平。

如今优果联已经孵化出了越来越多像猕宗这样的水果品类品牌，包括良枝（富士苹果）、红芭蕾（草莓）、黑藤（巨峰葡萄）等，如图6-1所示。

图6-1 优果联孵化的部分品类品牌[一]

越来越成熟的孵化形式主要依靠以下几种已经成熟的运作模式：一是自营基地，公司自建的种植基地主要起种植示范作用；二是试验研发地，这种模式一般适用于开发品类的最初阶段，一到两个人就可以负责，大部分品类的开发都要经历这个阶段；三是和散户合作，猕宗猕猴桃就是这样操作的，百果园提前下订单把农户聚集起来，要求他们按照优果联的技术种植，再按期采购他们的产品；四是与农场合作，这种方式比和散户合作更好管理，也能帮助合作公司做大做强，如红芭蕾草莓就是百果园和南京金色庄园公司合作的。

如今优果联的种植技术团队占到优果联员工数量的80%，老中青三代中年龄最大的是年近80岁的教授，年龄最小的不到25岁，80后、90后大学生逐步成为主力军。这些大学生刚从学校毕业出来，就耐着性子在乡村、大山里种地，的确很不容易。

虽然社会上很多人对"种地"这件事的认可度不高，但是优果联还是有很多技术人才一直坚守着。种出良枝苹果的陈冲说，他觉得做农业

[一] 这些品类品牌有些来自百果园投资的公司，有些来自优果联内部组建的果品事业部，如香风翡翠青提事业部等。

是有前途的，他希望能通过一代人、两代人的努力，改变大家农业从业人员的看法，尤其是让大家觉得农民也是个让很多人向往的职业。

据优果联技术总监黎召云回忆，优果联技术团队一直有个"光荣传统"叫"带上干粮，上门服务"。刚开始的时候，几乎每个技术人员都是翻山越岭，挨家挨户地劝说果农应该怎样种果，怎样施肥，但当地果农却不听这些年轻人的建议，技术人员免费为果农提供自己研发配制的肥料，果农也不愿意用。不过经过好几年不厌其烦的劝说，当地的很多果农越来越相信百果园了，也意识到了自己种植技术的落后，更愿意接受技术指导。

有一次，团队去外地参观一个冷库，一条当地政府的扶贫标语戳中了所有人的心。这条标语写的是"做给农民看，教会农民干，帮助农民把钱赚"。

黎召云说："这就是优果联正在做的事情。"

四、技术研发：百果园的三大支柱之一

只有真正介入生产种植环节之后，才知道农业有多复杂和多少风险，但是百果园从来没有后悔踏入这个领域，并且一直把技术研发作为公司的三大支柱之一（其他两大支柱为数字科技与金融服务），目前在种植和采后研发两方面都取得了一些创新成果。

（一）改造痛点

这些年来，百果园在水果种植方面通过改造痛点，引领行业解决了一些共性问题。

1. 从重产量到重质量

20世纪，所有的农业活动基本都是服务于让人"吃饱"，自然没有

精力重视质量。如今消费已经升级，但农业重量不重质的现象依然存在，这主要是因为我国农业集约化程度低。

百果园想孵化一大批集约化程度比较高的企业，来共同改造农业的现状，并且努力让消费端和生产端都切实认识到质量的重要性，特别是独创的水果分级制度，已经让整个水果行业都对质量更加注重。

这些年优果联技术人员劝说农户做的一项很重要的工作，就是疏花和疏果[⊖]。以前为了能够丰产，农户不愿意做这样的工作，但是这样长出来的水果就会非常不标准，比如特别大的葡萄串如果不进行疏果的话，里面一层葡萄就可能会因为光照不足难以成熟，个头也会很小。而且，果树本身的营养物质是有限的，如果过分强调产量，就会导致果树本身的营养物质被过度消耗。

通过疏花和疏果这样的工作，农户慢慢发现虽然产量没有以前高了，但是出售时符合标准的好果率提升了，比如从以前的80%提升到了90%，虽然产量低了，但是收入并没有下降，甚至反而增加了。所以，现在农户也非常认可这样的种植方式。

在优果联的影响下，百果园的合作公司也越来越认识到种植技术的重要性。作为草莓种植的龙头企业，南京金色庄园一直在探索草莓产业的绿色可持续发展。2022年，南京金色庄园获得江苏省农业科技自主创新项目（CX（21）2019）支持，与南京农业大学联合研究出设施草莓连作土壤生物熏蒸修复技术和设施草莓高架基质生物修复技术等创新技术，全程不使用化学试剂。

2. 拉长单品黄金期

国外的佳沛、都乐公司有上百年的历史，有非常成熟的产区，单品长期畅销，但是国内的很多单品只有三五年的黄金期。

很多人进入种植领域，是奔着赚快钱去的，只看产量，不管手段，

⊖ 疏花和疏果，即人为地去除一部分过多的花和幼果，以获得优质果品和持续丰产。

更不会注重对果树和土壤的长期保护。这样大肆掠夺的种植方式破坏了自然规律，本来很多果树挂果 30 年没有问题，但是在这样的风气之下，基本上五年就会出现危机。

这几年大火的阳光玫瑰青提就有这样的趋势。优果联技术人员李伟在决定种植阳光玫瑰青提之前，足足调研了一年的时间。这个品种在 2008 年引入中国，在 2018 年得到大范围推广，其中就有百果园的功劳。后来，随着国内大面积推广，越来越多人注意到这一价格高昂的水果，纷纷入局开始种植。李伟估算，2022 年阳光玫瑰青提在全国的种植面积可能已经达到了 80 万亩。

由于种植面积广，阳光玫瑰青提的品质并不一致，价格相差非常大。种得好的很容易卖出高价，种得不好的连普通葡萄的价格都卖不到，而且，各个产地也有一些乱象，比如云南产区就是典型的早熟产区，为了抢先上市，这里的阳光玫瑰青提通常没有达到应有的熟度就会被采摘下来。

其实，阳光玫瑰青提对种植技术的要求非常高，由于这个品种的果实不能沾水，必须建造大棚种植，所以前期投入资金量较大。但是，很多人一拍脑门儿就开始种了，而且还是露天种植，结果种子种下去了就是不发芽。很多人都觉得不就是种提子吗，有什么难的，其实种好真的不简单。

只有立足长远，坚持长期主义，做品质水果匠人，愿意下"慢"功夫，才能像佳沛、都乐那样，让一个个单品长久地畅销下去。

3. 帮助解决农业污染问题

由于缺乏环保健康意识和科学的指导，水果种植中使用膨大剂、化学催熟、过度使用化肥问题都比较严重，带来了很多不良的生态问题。

在这方面，优果联技术人员从结果出发，用好产品倒逼前端农户减少使用不必要的化肥农药，在肥料的选择上以有机肥为主，并在科学技术上给予农户指导和支持。

比如，有一个产区的枇杷酸涩味偏重，质量不稳定。百果园对枇杷的糖度要求在12度以上，但是这个产区的枇杷在天气好的时候有60%~70%的达标率，在天气不好的时候只有30%~40%的达标率。优果联没有使用任何化学农药，只是根据植物的具体情况，制订了一套营养加强方案，就解决了问题，减轻了酸涩味，而百果园也给予了优先采购。

再比如，一家有着几百亩冰糖橙的农场，根据时间推算，有一批冰糖橙的成熟期将和雨季撞在一起，这就非常不利于采摘和采后保鲜工作。有没有可能通过技术手段让冰糖橙成熟期提前？完全可以。在优果联技术人员的指导下，没有采用打激素这样不健康的方式，而是通过检测发现当时冰糖橙的生长状态并不是最佳状态，采用加强作物营养的方案，一方面可以使得冰糖橙的口感更好，另一方面作物得到充分的营养之后，会长得更快，从而完美避开雨季。

4. 将农业经验转化为数据进行管理

农业非常复杂，涉及种子、苗木、土壤、设施、肥料、植保、田间诊断、营养管理等方方面面的知识，但是很多农户都是凭着经验种植的，这既不利于经验传承，也不利于精准分析。

2013年，吕明雄教授加入了优果联团队。许典信是从底层成长起来的实战派技术专家，而吕明雄是学术教授，有着很扎实的学术知识，也给优果联团队带来了更加系统的理论思考。当时在种植领域，优果联已经进行了一些很好的技术实践，但是黎召云觉得成长的速度好像到了瓶颈期。在听了吕明雄教授的系统讲解之后，黎召云生出了将技术体系提炼出来的想法，并于2019年主导成立了技术支持中心，将好的经验沉淀下来，这不光可以培养优果联技术中心的人才，未来还可以帮助更多的农户。

（二）与时间赛跑

技术研发工作除了体现在种植端，还有很大一部分体现在采后处理上，百果园首席水果采后研发专家杨少桧老师做了一个有趣的类比，说水果和人一样，也是"生死有命，富贵在天"。

这句话的意思是，水果从树上采摘下来后，不同品种能储存的时间长短是先天决定的，如苹果就是比香蕉更加耐储，从这个角度来说，采后处理工作是难以拉长水果的"生命"的。反过来说，这句话想强调的是要通过营造合适的环境，让水果能够舒服地"寿终正寝"。如果耐储的苹果比香蕉的"生命"还短，那一定有环节出现了问题。比如曾经在运输过程中发现哈密瓜的温度明明已经控制好了，损耗却依然很大，后来才知道是不恰当的堆放方式导致中间的哈密瓜没有足够的呼吸空间，最后因温度过高"烧"坏了。之后几个部门一起总结出经验，即像榴梿、哈密瓜这样的水果要堆成"井"字形，留出呼吸空间。

百果园采后研发中心近年来一直在做的事情就是帮助水果和时间赛跑，一方面降低水果在储运期间的损耗，另一方面保证水果的储存时间、新鲜度和品质。采后处理的研究主要分为五个部分。

一是病理病害的研究。

果品在储存或者售卖的过程中，有时会发生一些变质现象，除了外在环境的影响，也有自身病菌侵害侵染的原因。

余惠勇在南宁考察时尝到了一种很好吃的芒果——桂七，但是工作人员告诉他，他们已经关注了桂七芒果四年，这种芒果虽然很好吃，但是目前不太可能大面积种植，因为非常容易腐烂。这个问题由来已久，如果得不到解决，这个品种就发展不起来。

百果园采后研发中心发现，桂七容易腐烂是因为受到了病害侵染，与生长地的土壤环境有关。通过检测土壤样品发现，土壤中含有炭疽病菌，很多水果在衰老期才会被侵染，但是桂七在早期就已经被侵染了。进一步识别出炭疽病菌的具体种类之后，就可以有针对性地采取防范措施，做好芒果的保鲜处理。

二是保鲜技术的研究。

研究保鲜技术的目的主要是让果蔬更好地保持新鲜状态，如在什么条件下采摘，采摘之后用什么样的温度来储藏和运输，以什么样的包装形式下发到门店，等等。比如说常见芒果用保鲜膜打包，但是通过实验发现，用保鲜膜打包芒果，果肉可能会呈现水渍状，不利于保鲜，研发部门建议门店端用保鲜盒打包芒果，这样可以延长货架期。

三是生理状态的研究。

果蔬是有呼吸的，研发部门可以通过果蔬的呼吸判断果蔬的生命状态，判断果蔬是否经过低温胁迫或者高温运输，或者有没有受过病害侵染等。

比如，蔬菜尤其是叶菜类对温度要求特别严格，研发部门通过实验可以得出，不同蔬菜在运输期间的合适温度，从而指导门店根据蔬菜不同的生命状态设置不同的温度。

四是催熟工作的研究。

榴梿、香蕉、牛油果这些后熟品类果品，是没有办法成熟之后才采摘的，但必须要确保"成度"——水果在树上已体现出来的内在品质，只有"成度"达到一定标准，才可以采摘，采摘后就是催熟过程，这也是采后研发中心关注的内容。

五是感官测评的研究。

感官测评是为了调研出不同人群的不同喜好，都有哪些因素会影响喜好度，并会对大众比较喜欢的口味进行研究。

比如，如果西瓜的口感好，那么究竟好在什么地方？针对这一问题，采后研发人员会对产地、供应商、酸甜度、风味、色泽、单品特性进行详细的对比和记录。尤其是一些招牌果品和 A 级果品有时候会很难区分，做出精准的判断要建立在大量的实验数据之上。一般招牌果品有一项非常突出的指标——香味浓郁，采后研发人员会通过设备分析水果中的香味成分，探究背后的影响因素。百果园有一款招牌冰糖梨，香味特别浓郁，但是后来不少人跟风种植，还给梨打膨大剂，导致这款梨的风味物质和香味物质明显减少。针对这样的现象，检测香味成分的工作就变得重要了起来。

除了上述工作之外，食品安全一直是采后研发部门工作的重点。2020年6月，百果园顺利通过了SGS[⊖]专业团队的审核认证，获颁ISO 22000：2018食品安全管理体系认证证书。这意味着，百果园在经营过程中，所有涉及食品安全的环节均在该体系的要求下得到科学严谨的管控。

农业已经存在了几千年，看似很简单，其实很多环节都要去研究和开发。百果园的毛利率仅为10%左右，净利率却在2%左右，不得不说运营非常高效，高效的背后有着系统性原因，而研发是其中重要的组成部分。

[⊖] SGS是全球领先的检验、鉴定、测试和认证机构，是公认的质量和诚信的标杆，也是食品安全解决方案的全球领导者。作为水果零售龙头企业的百果园，将ISO 22000：2018食品安全管理体系引入业态，相当于将SGS领先于标准行业的经验与自身领先于水果行业的经验结合起来，从此规范和引领行业的发展。

第七章

生鲜经营的"快逻辑"与"慢功夫"

一、终端驱动 + 一体化协同的运作模式

"好"是人类共同的追求,但生鲜尤其是果蔬,要"好"就必须"快"。因为生鲜的保鲜期非常短,大部分叶菜上架后只能售卖一到两天,否则就会蔫掉,不好卖;相对而言,水果的保鲜时间稍长,但不新鲜了也很难卖掉。而且生鲜的物流成本高,往往需要全程冷链运输,一些不耐储的水果包装成本也更高,只有足够"快",才能最大限度地节约成本。

如何解决"快"的问题,成为生鲜经营最大的难点。由于水果的新鲜度和品质是相联系的,品质会随着新鲜度(时间)的变化而显著变化,因此生鲜经营的本质也是"鲜度经营"。只有做到"快",才能实现"好"。"快"是生鲜行业的"牛鼻子"。

要想实现"快",首先要有规模化终端,即能直接面向消费者的大规模门店或大流量的线上平台,否则"快"就无从谈起。

由于种植业具有刚性和不确定性,生鲜经营的风险很大,如果没有

规模化终端，产业链协同就失去驱动。可以说，规模化终端不仅仅是形成百果园产业生态的引擎，也是种植业升级的引擎。

其次，"快"的实现绝不是靠某个高效率单点，而是需要整个价值链、管理链的高效协同。这又加大了生鲜经营的难度，因为与工业品经营相比，生鲜经营做计划非常难，种植前端发生的任何变化都需要后面的采购、销售、仓储、配送等环节灵活协同，这对整个产业链的协同性提出了更高的要求。

比如，百果园曾经发生过这样的协同事故。蓝莓上市前一周，线上线下的活动营销方案已经准备好，各家门店也做好了物料，但是这时总部突然接到电话说，由于产地下大雨，蓝莓全部被雨打掉，无法正常到货了，这意味着前期投入的人力、物力全都白费了。

这次事故的核心原因是当时企业采用依赖供应商的批发模式，没有深入产地源头，导致没有能够根据变化及时做好协同工作。

因此，经过多年实践，百果园总结出了"终端驱动+一体化协同"的高效运作模式，来解决生鲜行业的难题，实现又快又好的经营目的，如图7-1所示。

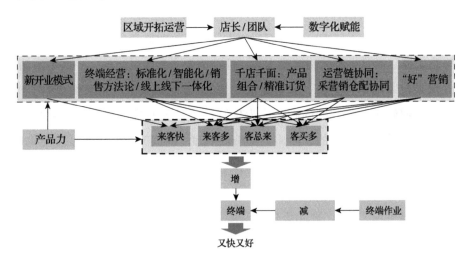

图7-1 百果园的"终端驱动+一体化协同"模式

首先，实现"又快又好"的载体是规模化终端。截至2022年，百果园拥有5000多家门店，拥有5000多家门店的店长、店员，以及线上平台的运营团队。

其次，门店采用"增减法"。一方面做加法——来客快，来客多，客总来，客买多；另一方面做减法——减少不必要的终端作业，提升门店的作业效率。

最后，不管是做加法还是减法，决定这个模式成功运转的还是整个价值链和管理链的高效协同。百果园的价值链协同主要涉及新开业模式、终端经营、千店千面、运营链协同、"好"营销五个方面。

新开业模式是让新开的门店迅速蓄客到一定的数量，继而进入良性循环的关键。终端经营是指基于百果园"四轮驱动"⊖的成型打法进行日常销售活动，并基于线上线下一体化进行不断改造，把门店终端经营成社区明灯、邻里伙伴，不仅仅是社区商业场所，更是社区里有温度的归属地。千店千面是指店面基于商圈甚至天气，提供适配的产品组合，实现精准订货。运营链协同是指采购、营销、销售、仓储、配送环节要做到高效协同，比如前面提到的蓝莓事故发生之后，采购人员深入源头，掌握更多的信息后才发现蓝莓市场很大，进而制订营销和销售计划，带动更多的农户种植和同行业的关注，加之仓储、配送环节以及门店团队的支持，如今这个曾经的小单品已经被百果园做出了亿级的市场。"好"营销，是为了让顾客感知到百果园产品的品质。

正是这五个方面的协同，促进了"来客快、来客多、客总来、客买多"，从而实现了最终目的——"又快又好"。当然，产品力、区域开拓运营、数字化赋能等也在其中起着重要作用。

百果园"一体化协同"涉及的每一个环节都需要经历从0到1的突破，没有成熟的经验可套用，哪怕是物流这样一个已经成熟的系统，到

⊖ 关于"四轮驱动"的具体介绍，请见本章第四节"十六字诀"经营哲学。

了百果园这里还是需要持续优化和改进。百果园一直在路上，还有不断精进的空间。

二、信任前置的新开业模式

百果园的新开业模式自 2019 年开始推行，是指新店（开业 0～12 个月内的门店）为了更快地吸引顾客、减少加盟商的成本而进行的一系列打法。也就是说，在开业后的 12 个月内，百果园都会对新店的会员经营、员工管理和销售做出相应的指导。

百果园将新店周期分为开业筹备期、新店培养期、新店提升期、新店成熟期四个阶段，以在新店周期内保障会员来客数为核心，提升新店健康度，缩短新店爬坡期，同时坚守"不达标准不开业"的底线。

（一）开店样本：热开业与冷开业

与一般水果店的开业模式不同，在装修完成、工作人员到位之后，百果园会派遣专门的开业组人员去新店检查，在确保所有流程都合规后，加盟商还需要提交两项审核结果：一是拥有至少 1000 人的社群（这一项并非强制要求，会根据门店的具体情况上下浮动）；二是门店必须有正规的营业执照，员工要有食品从业人员健康证明。此外，还要进行一系列开业准备工作，新店才能正式开业。

很多时候我们可能会发现，楼下不知道什么时候悄无声息地开了一家店铺。这家店新开业的时候红火了两天，但那两天你正好工作忙，没来得及光顾，然后这家店就被"淹没"了，你也把"去这家店看看"的念头抛到了脑后。像这样的店铺开业模式就叫作冷开业。好处是刚装修完就开业，减小了租金成本的压力，但缺点是难以最大限度地吸引周边人流量，导致新店爬坡期过长。

与冷开业相对应的是热开业，很多大型商场就是采用热开业的模式，在开业前制订详细的开业活动方案，甚至专门空置一两个月的时间，就是为了让开业时间和节假日的时间相重合，同时拉长开业流程，有些店甚至会将开业分为试营业和正式营业两个阶段来提高人流量。这样的好处也很明显，店铺能多次曝光在消费者的视线中，提高人流量，但是这样一来，租金成本的压力也会大大增加。

有没有又快又好的方法，能在短时间内迅速获得大量人群的关注呢？当然有，百果园的热开业模式就是首选。

百果园青岛市清江华府店虽然只花了短短10天做开业准备，但是开业首日营业额就突破了10万元，招牌青尼榴梿被卖爆，占总营业额的一半左右。在百果园，这样的店铺很多，它们的开业期一般都在7天左右。

（二）7天的开业期

根据百果园的经验，开业期最好控制在7天之内。我们来看看百果园在这7天里具体都做了哪些工作，这或许对大多数零售业企业都有借鉴意义。

开业前第7天：发布新店开业通知。开业组收到工程完工通知后，与加盟商和督导经理共同确定开业时间，公司相关部门开始运作，如有的部门开始储备新员工，有的部门开始跟进加盟商的培训完成情况。

开业前第6天、第5天：这一阶段的工作内容较多，包括市场调研、设定开业目标、制订开业预售方案。

1）市场调研。调研主要分三个方面：一是调研顾客群体，了解商圈住户数和人口数，以及居住人口结构等信息；二是调研竞争对手，线上及线下的商家都卖什么、怎么卖、卖给谁、卖得怎么样；三是调研果品种类及价格。市场调研关系到开业果品订货和经营，是门店经营向好的前提和基础。开业组或运营团队只有全面了解门店商圈及竞争环境，才能更好地完成开业订货。

2）设定开业目标。一般来说，开业组会核算出1天的成本，然后将开业第一天的净利润目标设置为覆盖门店 5 天的费用成本，将开业第二天的净利润目标设置为覆盖门店 2 天的费用成本。除了总体目标，在销售额、毛利率、客单价、来客数、果粉拉新、会员拉新等小目标上也要设定精确的目标。

3）制订开业预售方案。根据商圈市场调研结果及门店或区域的实际情况，制订最优的果品组合方案，比如设置 1~2 个平进平出的客流品、3~4 个低毛利率的好吃果品和部分高毛利率的果品的组合，将方案中的非鲜果优先订货下单。同时，设计营销方案，制作营销物料。

开业前第 4 天：验收学员宿舍后，安排人员到岗。在人员到岗之后，对他们进行营销活动宣传引导的培训，随后与开业组一起完成地推拉新活动。地推拉新主要通过好吃的果品拉新，强化顾客感知。同时，通过资源置换的方式，和附近商家合作，进行低成本、低投入的社群拉新。

开业前第 3 天：开业组或督导经理指导加盟商按照装修标准，进行工程验收、设备验收等工作。

开业前第 2 天：鲜果订货下单。开业组指导加盟商根据开业预售方案，进行果品订货。开业组行使建议权，店长和督导经理评估果品订货计划，没有问题即可下单。

开业前第 1 天：实操演练。开业组按照百果园的开业标准，带领加盟商与门店员工完成开业前的导购用语、专业技巧和注意事项的培训，并针对开业当天的工作内容进行人员分工。

开业当天：根据人、货、场进行统筹安排。在开业当天的晚上，开业组要做好新店的交接，并复盘当天的活动，就开业的经营数据、人事、装修工程等进行分析。

在百果园，开业一年内的新店都会得到公司的扶持，公司会在各个时间段提供优惠政策，并搭配回访和加盟商满意度调研，确保这样的新开业模式可以为加盟商赋能。

（三）打法亮点

这 7 天的打法，从最初的确定开业时间到最后的经营结果复盘，我们可以总结出以下四个亮点。

一是信任协同。把信任前置，在开业准备及正式开业期间，让加盟商充分参与进来，让采营销配、开业组与加盟商充分协同，相互信任。

二是社群拉新。开业前需要按照一定的门店半径范围，提前拉新。在品牌知名度高的城市，门店目标顾客的范围可能是方圆 500 米或 1000 米内，社群基数需要达到 1000 人甚至 2000 人，但在品牌知名度低或没有品牌知名度的空白市场，即下沉市场，方圆 5 千米、10 千米乃至 20 千米都属于目标顾客范围，因此，社群基数需要达到 3000 人甚至 5000 人。青岛市清江华府店在开业前就被下了死命令，要求必须拥有一个至少 800 人的社群，少一人都不能开业，最终店面实际建成了 1040 人的社群。

三是选品能力。开业选品，要紧紧围绕新店的持续经营能力。根据当地的市场情况，常见的组合方式是 1~2 个平进平出的客流品、3~4 个低毛利率的好吃果品，再搭配部分高毛利率的果品。即使是客流品，也要注意定价的可持续性。比如，开业当天砂糖橘折后定价为 2.99 元 / 斤，对恢复正常定价 3.99 元 / 斤的影响就不大。同时，及时调整陈列位置，客流品要注意限购限量。另外，要注重百果园差异化果品的介绍，保证门店的毛利。当然，无论是客流品还是差异化果品，一切都要紧紧围绕选品的核心标准——"好吃"。

四是组织能力。曾经有店铺在开业前做过探店营销的活动，引来了大量的顾客核销，开业组人员看到来客数太多，果断调整了人员安排，分配一人在门口位置专设收银台进行核销，这样不仅不会影响店内销售和堆头销售，从外面看起来还有爆场效果。

传统的冷开业模式，由于缺少营销环节，对打响店铺的品牌知名度没有太大帮助，而且门店的工作人员未经培训，经验不足，也没有办法通过选品来吸引大众的眼球，更难以在线上形成影响力。特别是如果遇上恶劣天气等特殊情况，原本的冷开业将会更加冷清。

百果园这一套标准化的开业方法，不仅做到了又快又好，树立了好的品牌形象，让店铺更有人气，同时还能利用这次宝贵的实践经历带领新店员工成长。开业初期的保驾护航，能让新店走得更快更稳，在成长初期积累大量的顾客，也为日后经营更好地服务顾客打下基础。

三、"千店一面"还是"千店千面"

连锁运营高效的前提是标准化，也就是需要跑出一个高度标准化的单店模型，以便快速复制，这就意味着需要做到"千店一面"，这也有助于保证顾客的体验一致、稳定。但是，高颜值、个性化和差异化是现在年轻顾客的主流追求，这又要求每个店铺的设计、陈列和选品不光要尽善尽美，还要与众不同。

如何让店铺既有"千店一面"的共性，又能满足"千店千面"的个性化、差异化需求？这个命题也是百果园一直在探索的。

如今，百果园在全国范围内已经开了5000多家门店，虽然掌握了一套快速复制的标准化流程，但是在实际经营过程中，每个门店的情况都是千差万别的。比如，门店所在的商圈不同，面对的顾客群体也不相同，因此，在实现门店管理标准化的同时，要尊重门店的"个性"，因店制宜地制定营销策略，才能为门店精准赋能。

（一）边交学费，边建"金矿"

1. 非标也能标准化

百果园的标准化，是一个在实践中不断摸索和总结的过程。这么多年来，百果园虽然踩了无数的坑，交了一次又一次的学费，但是也沉淀下来了许多管理经验和实践心得，就像建了一座金矿，经过专业提炼后又能反哺门店，为门店业务赋能。

今天的百果园显然不是一蹴而就的，而是在摸爬滚打中不断演化而来的。下面我们就通过一个小故事来看看百果园是如何从0到1，实现运营体系标准化的。

现在的零售业企业都有自己的库存管理系统，如果库存数据紊乱，就无法正常运营，更别谈分析经营数据，再指导经营了。这个如今看来是常识的概念，在那个"蛮荒时代"能被摸索出来却并不容易。

2002~2009年，百果园还没有库存管理系统。张林凤是百果园第一家门店的营业员，那时一个月才算一次总账，只有在算总账的时候才可能发现这个月水果进了50千克，卖了40千克，剩下的10千克消失不见了，只能登记为损耗，但实际上没人说得清这消失的10千克水果到哪里去了。或许是坏掉扔了，或许是做活动试吃了，也或许是收银时漏掉了，甚至有可能被偷走了……各种各样的情况都有可能，但这些都是猜想，种种猜想并不能为门店提供任何行之有效的经营指导。

2009年百果园在经营上遇到了困难，痛下决心要改革门店。公司管理层意识到如果只有几家门店还可以采取粗放式管理，但是如果拥有成百上千家门店，势必需要进行精细化管理，为此，公司于2009年正式启动了库存管理系统建设项目。

为落地该项目，项目组的成员兵分两路，一路和IT工程师详细梳理库存管理系统需要的每一个功能，另一路从早到晚蹲守门店，了解门店的每一个动作和细节，并就每一个动作和细节制定标准和规范。在两路人马的共同努力下，百果园终于在两个月的时间内建立起了库存管理系统。

在最开始的时候，库存管理还需要手动登记，将数据上传至系统内部的后台，现在系统已经有了更加智能的升级版，只需要将商品放在电子秤上，数据就会自动同步到相应的后台。库存管理系统对实现标准化经营的帮助是显而易见的，如今每一位百果园的店长都可以在移动端实时了解门店的经营状况。

2. 从标准化走向智能化

现在，运营体系不但标准化了，而且迈向了信息化、数字化和智能化。而门店经营的信息化、数字化和智能化则主要通过管理层的"总经理驾驶舱"和门店端的"百果秘书"这样的数字化工具体现。

门店经营的第一个关键：订货。

订货量不足，会丧失销售机会；订货过量，又可能会增加损耗或销售损失。百果园门店的订货发生在门店销售的前一天晚上，因此订货是否精准取决于店长对第二天经营状况的预判，这对店长的个人能力要求非常高。通常情况下，店长只能根据自己门店的库存状况和第二天的天气做出判断，这样的判断精准度显然存在问题，而且因人而异。

现在，有了"百果秘书"，门店店长订货只需要提前一天在手机端操作即可。"百果秘书"除了提供图文并茂的商品信息，还会提供丰富的市场信息供门店店长参考。具体来说，"百果秘书"会在商品界面提供近日该商品的价格变动、损耗率，以及处于应季早期还是尾期的信息，此外还会根据市场数据分析，给出推荐销售果品组合和订购数量的建议。

门店经营的第二个关键：经营问题分析。

十几年前，为了探索出更好的门店模式，帮助店长树立信心，徐艳林带队，张林凤和方爱平分别管理深圳市的一个大区，三人团队每天到各个门店巡店，找出问题点和改善方法。她们没有正式的办公场所，就在门店后台、咖啡厅或者家里办公，常常一起工作到凌晨两三点。

现在，得益于"总经理驾驶舱"的研发，管理难度大大减小了，企业可以将许多工作流程、标准植入系统，管理者可以获得决策建议，还可以直接在移动端查看所有门店的经营数据，大到一个区域，小到一个单店的数据都能够被追踪到，门店或者区域如果存在共性问题，也可以更快地被发掘出来。比如一家门店的毛利率是23%，如果同比的其他门店毛利率普遍为 28%，这就粗略地说明了这家门店的经营是有问题的。

门店经营的第三个关键：要求落地。

百果园运用数字化工具和技术，解决了其非常看重的两个要求的落地问题。

其一是百果园坚持在品类管理上符合"铁三角"原则，即品类全、品质优、独特性。

这一要求有效避免了一些门店只愿意订购毛利率高的商品。当门店在平台进行订购时，系统会默认品类达到一定数量才能发货，有些品类还设置了最少发货量，这就确保了每个门店的品类数量都能符合"铁三角"原则。这其实也是对商家的一种保护，帮助他们发掘一些近期销售额不高但是有巨大潜力的品类，以及通过不同品类、不同价格的商品组合保障或提升来客数，强制门店关注长期利益。

比如，杨梅刚刚上市的时候，价格会略贵，口感也未达到最佳状态，所以很多区域门店就不愿意订购杨梅。但是市场上有一部分消费者是有需求的，如果他们在百果园没有买到，势必就会去竞争对手那里购买，为了避免这部分顾客流失，早期百果园也会推荐门店订购小盒的杨梅。等到杨梅口感最佳的中尾期，这时候每盒的分量会增加，价格也会一并调整。

其二是百果园坚持的"鲜度经营"策略，这也是百果园 20 多年来不断投入精力、大力优化的重点。

"鲜度经营"本质上是快速销售，只有快速把水果在新鲜的前提下卖出去，才能让顾客享受到新鲜的水果，提高品牌美誉度，同时也能避免损耗。

继续以杨梅为例。杨梅是一种极不耐储的水果，所以百果园针对这一特性率先提出了"日清杨梅"的口号。也就是说，要求门店在一天之内将所有的杨梅全部销售出去，不允许销售隔夜的杨梅。"日清杨梅"这样一句简单口号的落地，需要百果园 5000 多家门店同时配合，如果使用传统的管理方法，那简直是一项不可能完成的任务，这时候就显示出了"总经理驾驶舱"和一系列标准化流程的优越性。

比如，"日清杨梅"的活动规则是，19点时购买杨梅享9折，20点时购买享8折，21点时购买享5折，等到23点之后就免费送。门店可以直接将活动规则设置到系统中，结账时店员只需要扫描水果包装上带有到货时间和到期时间的标签就可以自动打折，无须进一步操作，这样就能利用系统去规避门店执行不到位的问题。

不少门店一开始听说"日清杨梅"，内心还是担忧的，但是系统保证了出色的活动执行能力，让顾客对百果园的"鲜度经营"记忆深刻，2018～2022年，这四年杨梅的销售额和毛利率逐年上涨，杨梅也成了百果园的爆款果品。

百果园在"鲜度经营"上下了大力气，一步一步攻克不同品类的水果，下一个要探索的日清水果是草莓。虽然现有的冷链技术可以保证草莓至少存放两天，但是百果园还是在不断地寻求"更新鲜"的突破。

（二）"千店千面"背后的逻辑

1. 数字化使"千店千面"成为可能

"准"是生鲜经营做到"又快又好"的基础，也是实现千店千面的必然要求。

在数字化时代以前，"千店千面"只能说是一个方向，实现起来难度非常大。很多零售企业可能觉得"千店千面"可以通过划分不同商圈来实现，即不同门店根据各自的客流量和客户群体结构，找到更合适的订购量、产品结构和更有竞争力的价格。百果园最初的设想也是将商圈划分为甄选、尖高、高档和中档四个等级，但是后来发现，这样的划分在实际运营过程中难以落地。因为除了商圈的划分之外，店长的经营能力也很重要。一些店长经营能力强的门店也可以在消费水平没有那么高的商圈中卖出比较高档的水果，这样的门店所需要的果品组合与同商圈内的其他门店是不同的。

在数字化时代,从理论上讲,影响门店的因素可以无限细分,因此,更加精准就成了可能。根据各种因素将门店标签化,是实现"千店千面"的数字化基础。当然,由于水果行业的非标程度太大,需要人机结合,目前做到完全智能化还有很大难度。

比如,百果园目前的分货方式主要有两种:第一种是按片区分货,即根据各片区内门店的表现,导入经营数据进行分货;第二种是系统自动配比分货,这种方式是按照门店的销售占比进行分配,也是最常见的分货方式。为确保全品类运营,系统中除了会设置"必上果品",还会提供给门店分货的货品量,而店长也有自己的订货需求,但是最终起到关键决策作用的还是督导经理,督导经理会审核自己所管理门店的具体订货安排。在审核页面,每家门店都有标签,比如是不是尾灯店、新店等,督导经理再结合自己对门店的分析,根据门店的库销比和仓库面积等具体情况,帮助门店制订更好的果品组合和订货计划。

门店标签可以很好地帮助门店锁定目标顾客群体。如果门店位于写字楼商圈,就可以上架一些客单价较高的商品,也可以在线上加大果切品类的销售力度。

标签精准化不是一件一蹴而就的事情,而是一个精益求精的过程,商圈只是设定门店标签的一个因素而已。未来,百果园会继续将标签精准化,让数据推荐能更多地帮助督导经理决策,也让加盟商更加信任这个系统,利用数据分析结果实现精准订货。

随着标签细分越来越精准,系统适配到门店端不光可以辅助督导经理更好地完成日常工作,还可以提升督导经理与加盟商之间的沟通效率,让督导经理可以将更多的精力放在日常经营上,让门店运营更高效。

2. 适应不同场景的业态创新

不管是传统商超还是便利店,零售业态大都呈现出"千店一面"的现状，然而，店"面"的创新不仅能促进顾客形成品牌记忆，还能提升不同场景的适应性。因此，百果园一直在更新自己的风格，目前已经更新到第五代门店。

在第五代门店中，田园风是其装修的最大特色。陈列柜是全国统一定制的，选用实木材质。店内布置也是清新的田园风，主要分为两侧商品区、进口水果区、收银台、礼品区以及操作台几个区域。天花板光源设计了环绕式灯源，背景是质朴的原木色。穹顶风格的屋顶加上灯光的装饰，相比路边的水果店而言，百果园的店面更有品质感，更温馨。风幕柜①也被田园风的装饰包裹着，内侧铺以绿色假草垫，风幕柜最上方是百果园的品牌宣传语："好吃是检验水果的重要标准。"

尽管第五代门店的装修设计很优秀，但是为了避免消费者产生审美疲劳，百果园还在不断突破"千店一面"的传统零售业困境，积极制订方案并推荐门店根据不同商圈进行特定升级。比如，在机场、高铁站、企业园区、医院、大学或者景区等这些位置的门店，在装修风格上与百果园的传统社区店会有些区别，为了提升这类门店的消费体验，百果园成立了创新业态开发中心。

创新业态开发主要包括两个方面。一是门店升级。由于公司采用的是线上线下一体化经营模式，这就决定了门店需要不断进行功能升级和品牌升级，以满足新的消费需求，匹配公司发展，因此未来新一代门店升级方案的研发工作也十分重要。二是体验店业态创新。体验店在商品品类、装修和主题上都区别于常规店铺，更倾向于根据当地的市场情况个性化定制店铺，比如通过品类的延伸，开发果切、果汁、沙拉、果茶等新品，以及在装修方面进行改进，除了能够满足顾客的购买需求，还能满足顾客打卡、社交等更多的潜在需求。体验店还处于摸索阶段，但是已经引起了许多加盟商的关注，2022年百果园营业额全国排名第一的门店（深圳市福田区八卦二路店）就是一家体验店。

---

① 风幕柜是一种制冷设备，用于存储食物，有保鲜作用，常见于超市。

值得一提的是，现在的新业态负责人陈方宇是个典型的"果二代"，他的父母都是在 20 多年前百果园成立之初就加入了公司，所以他自小耳濡目染的都是百果园的故事。但是，这个在互联网时代成长起来的年轻人，其思维逻辑跟父母辈可不一样。他曾经用 8 个月的时间，带领团队取得线上业绩增长 10 倍的战果，不仅证明了互联网思维对于百果园的重要性，也促进了线上线下一体化的发展。他认为未来零售业的发展更偏向于体验，所以投身于新业态的发展创新。与很多人想象中的传统企业不同，百果园吸引了越来越多年轻人的加入，也非常愿意给他们提供施展才华的舞台。

总体而言，抓住消费者需求的特点是百果园店实现"千店千面"的前提，而数字化是实现"千店千面"的关键。

四、水果动销有方法

据朱启东回忆，百果园前四家门店开业的时候都赶上了大雨。早上不下雨，送货到门店的时候就开始下大雨，他和余惠勇就举着帆布给水果遮雨，等待雨停。一般来说，下雨天开业生意往往不会太好，但是百果园这几家门店却不一样，下雨天生意也异常火爆。

一般人可能会觉得卖水果有什么难的，夫妻店也不见得比百果园差。经营过夫妻店的范枫枫夫妇就曾为取经到百果园打工，结果干了一段时间后得出结论——一般夫妻店肯定竞争不过百果园。最后，他们选择留在公司，一干就是十几年。

百果园到底有什么经营秘诀呢？这背后其实有一系列的方法论。

（一）"十六字诀"经营哲学

百果园水果的快速动销背后有一套经营哲学——"十六字诀"，即情感商品、计划经济、动态销管（动态销售管理）、鲜度比拼。

1. 情感商品

百果园从商业属性上，将水果定义为"情感商品"。这一定义非常关键，它决定了整个经营要围绕情感来行动。换句话说，就是"人好，果也甜"，你人不好，果也就不甜了。这形成了整个运营的核心逻辑——基于果品质量的顾客体验。百果园光是水果品质好不行，还要让顾客有愉悦感。

这也是为什么百果园除了在果品上花大力气，还要投入那么多精力在装修风格、"三无退货"服务上。百果园主要经营社区门店，更想营造一种邻里之间的友好关系，所以会要求门店员工就像对待街坊一样对待顾客，打造有温度的门店，更好地为顾客服务。

2. 计划经济

计划非常重要，生鲜行业的很多损耗都是非计划性造成的。计划贯穿了百果园的整条价值链，计划协同是百果园实现高效运营的一个核心，那么，落到门店销售环节，整个销售活动也是有计划的——"四轮驱动"。

"四轮驱动"就是根据市场调研，将这个月准备上的、有潜力的果品分成四类，区域和门店可以按照这个清单根据自己的具体情况进行货品组合，这样既能确保门店品类全，还能形成价格带差异，使门店的果品组合更加合理。

"四轮驱动"中的"四轮"具体指以下四类。

好吃特荐：主选 A 级、招牌级的好吃果品，不以降价、让利为目的，以差异化卖点、加大试吃导购的营销方式，扩大影响，拉动销售。

回馈会员：主选大众熟知的价格弹性大的果品，直接降价让利，回馈会员，以价格驱动的形式实现销售增长。

人气爆品：主选人气高、口碑好、复购率高、"物超所值，进店必买"的商品，以低价格、低毛利率的形式促进成交和提升来店频率。

新品上市：主选新品种、新改良、新品名、新上市的时令"尝鲜"

水果，满足顾客的尝鲜心理，驱动顾客主动购买。

在"四轮驱动"的指导下，门店就可以更好地设计自己的果品组合了。比如在 6 月刚刚入夏的时候，西瓜是一个主流单品，百果园特有的彩虹西瓜、纸虎金瓜等这些差异性果品可以作为"好吃特荐"；选择苹果这样的价格常年稳定、大众熟知的水果"回馈会员"；选择荔枝这样的时令单品作为"人气爆品"，做一些低价活动吸引顾客；6～9 月是百果园的招牌香风翡翠青提全年口感最佳和产量高峰的时候，适合将其作为"新品上市"类果品，推荐顾客尝鲜。在价格带组合方面，高价位的商品可以选择香风翡翠青提，中价位的商品可以选择澳洲无核珍珠红提子，低价位的商品可以选择无核夏葡萄，以此满足不同商圈门店的消费需求。

3. 动态销管

明确计划后，想要实现计划，做好动态销售管理非常关键。

百果园在动态销管方面的工作可分为无声导购和有声导购。

无声导购主要体现在店面的环境和布局上，特别是陈列，因为陈列也是经营的一部分。陈列过多会增加水果损耗，但陈列过少也会抑制顾客的购买欲望。

一般的超市大卖场通常都是直接将果品平铺陈列，不会将果品单独打包。而百果园在陈列方式上，则是用最少的果品陈列出最丰富的感觉。在两侧货架上用绿色假草垫铺底，单独打包的水果在上面错落地摆放开来，显得品种齐全，再配合玩偶、礼盒、道具等制造出景观的感觉。同时，巧妙地利用假草垫和波浪形摆件，以小筐方式陈列未包装的散果，并做到相邻果品的颜色不同，价格也有高中低三个价位，让顾客感觉到饱满、丰富、可选择。

在包装方面，百果园采用的是 3D 打包法，一般是奇数个的果品按照三角锥形打包，这就让打包的果品能占据较大空间，立体又好看。这种打包法在水果打包方面属于创新之举，不但便于顾客快速做选择，而且减少了果品在挑拣过程中造成损耗。

有声导购主要指店员引导试吃和介绍果品。

首先，门店的试吃数量要够，要至少有四种水果可以试吃，再搭配一款饮品和一款干果。其次，门店店员需要主动介绍水果品名、产地和最新的优惠活动。最后，每种水果试吃也有相应的技巧，比如猕宗猕猴桃，由于成熟度比较高，果体较软，所以大块比小块更方便试吃。

一般门店会有5个店员，但是日常只有3个店员，如何分配员工的职责，才能实现门店的利益最大化呢？这时候就可以安排其中一人全权负责主销品，他无须走动，主要负责吸引顾客和向顾客推荐；一人全权负责后勤事务，即主要负责打包和一些果品的开切服务；一人负责收银。对于介绍果品，百果园每个月月初都会召开经营大会，与员工同步经营和果品知识。平时各家门店的店员都会接受果品培训，每一个果品都要求店员掌握"三好"，还会提供一句话导购语，比如招牌青妮王榴梿的相关资料如下。

果品的"三好"：

- 好吃在哪里？榴梿味浓，号称泰国猫山王。
- 为什么好吃？ 10年树龄挂果，成熟度八成以上才采摘。

什么样的更好吃？表皮呈青色，敲打时有"空空空"的声音，这样的榴梿口感风味更好。

一句话导购语：

- 试吃时的导购语是"青妮王○榴梿，泰国的猫山王"。
- 打造爆品的导购语是"想要生活不辛苦，青妮王榴梿补一补"。

这样的培训可以促进员工快速掌握每种果品的情况，从而为顾客优选果品，在门店经营的高峰期抓住机会，做到快速动销。

集团运营总监张林凤曾经接到过一款棘手的果品，是名叫"不知火"的柑橘。余惠勇曾经说"不知火"这款果品一定会有市场，可是当时"不知火"已经连续卖了两年，销售业绩一直不太理想。

○ 青妮王是百果园针对青尼这一品种的榴梿开发的品类品牌。

到了第三年，张林凤和方爱平一起带着运营团队扎进门店，决定亲自针对"不知火"做爆品营销。通过现场观察，她们发现这款果品的卖点一直没有抓准，顾客普遍爱吃甜味足的水果，可"不知火"的特点是口感脆、酸酸甜甜，准确的卖点应该是这种独特的口感和风味。抓住这一点，大家重新梳理了"不知火"的导购语，慢慢地，这款果品被顾客接受了，销售业绩也提升了。

经过"不知火"这次试验，大家对公司的产品更加充满信心。只要用心，深入研究，没有解决不了的问题。

4. 鲜度比拼

鲜度是百果园的兴衰线。既然致力于给顾客提供好吃的水果，那么水果至少必须是新鲜的。由于随着时间推移，水果的品质会发生变化，价值也会随之变化，这倒逼着门店要快销。

关于快销方面，百果园也总结了一些小妙招。

一是要遵循先进先出原则。根据产品标签判断到货时的成熟度，成熟度高的应陈列在上方，优先销售。

二是线上线下协同销售。门店一定要做好主销果品的陈列，比如夏季时西瓜是客流品，那么门店至少要陈列出4瓣开切瓜，每瓣西瓜上面还要贴上不耐储标识并附上勺子。很多门店因为怕西瓜卖不出去就不敢开切陈列，但不开切陈列就无法激起消费者的购买欲望，反而更加卖不出去。

同时，也要优化线上门店的场景，比如在第三方平台的店铺首页做好果品组合图片的陈列，利用客流品和差异化果品，提升点击率和转化率。另外，每个门店都有微信社群，可以直接在社群中发起群接龙等活动。百果园的店长有充分的经营自主权，门店打折促销，不用按照流程申请，因为水果经营就是"鲜度经营"，如果还要审批的话，最后，大量的水果只能扔进垃圾桶了。

三是出清倒逼。对断货、换季、尾货果品的处理一定要当机立断，比如针对已剥肉的榴梿进行分时间特价处理，9～10 点 50 元 / 千克，10 点之后 39.8 元 / 千克。定价的原则是动态的，主要根据附近商圈、竞争对手、果品耐储程度等多方因素而定。

四是求助片区。在销售压力大的时候，还可以联系片区督导经理，对鲜度较好的果品进行调拨消化。

鲜度管理是一天工作的重中之重，要做到每日一小清，每周一大清，用出清方式倒逼门店销售。张林凤从第一家门店一步步成长起来，到后来管理几个片区的几十家门店，她一直有个习惯，一旦业绩出现波动，就一定会去门店，去一线找答案，到"战场"的最前线诊断经营问题。

张林凤不认同有些区域反映说，某款果品不好卖是因为天气、门店位置等因素。她认为，要想做好销售，一定要用心盯住一线。如果能从卖场氛围好不好，员工导购有没有做到位，陈列组合是否符合原则，基础维护是否一直坚持这几个问题出发，那么就成功了一大半。

（二）把握线上线下的机会

发展线上可以突破门店面积的限制，很显然能够提高销售效率，提升坪效和人效，百果园很早就认识到了这一点。

百果园最早在 2008 年就开始主动探索线上的电商模式，但是没有成功。2016 年，百果园和生鲜电商一米鲜宣布正式战略合并，一米鲜创始人焦岳带领团队加入百果园，正式开始线上线下一体化新零售探索。彼时，新零售概念还鲜有所闻，这样的想法是非常超前的。

也是在 2016 年，百果园以门店为依托的一体化电商平台正式上线，成为首批与线上第三方平台达成合作的水果渠道商品牌。

但线上线下一体化没有想象中的那么简单，也需要从 0 到 1 搭建。百果园的老员工没有线上经验，新加入的一米鲜团队虽然有线上经验，但是不懂如何将线上场景与线下门店协同起来。对于线上与线下有什么不同，线下门店服务线上顾客会遇到哪些问题，所有人心里都没有底。

如今，对于线上线下一体化，人们早已习以为常，比如在线上平台购买一个可以及时享用的椰青是非常方便快捷的，但是你可能不会想到，光研究椰青的打包方法，百果园就试错了足足两年时间。从线上团队到门店店长，每个人都从头学习，大家都经历了一个慢慢读懂线上的过程。

1. 线上的顾客需求与线下不同

以椰青为例。同样都是卖椰青，线上线下的顾客需求却不一样。线下的顾客最多只需要店员帮忙打开，但是线上的顾客不光需要帮忙打开，还需要附赠一根吸管，最重要的是送到顾客手上的椰青不能洒，否则还要花费大量时间去解决顾客投诉问题。此外，打包也要非常快，不然容易和外卖小哥起冲突，也会让顾客久等。

为了让线上顾客得到一个"万无一失"的椰青，百果园研究过很多椰青打开方式，开发过一批工具，甚至尝试过用电钻，最后终于找到了一种既安全又卫生的方法：在椰青顶端开四小刀，只打开外面的壳，不破坏里面的白色果肉，这样可以保证椰青整体不会裂开，再将这四小刀切下的部分重新盖回去，最后用保鲜膜紧紧包裹。这样的打包方法经过统一培训后只需要花费店员 5 秒钟，尽管对店员的手法和力道都有要求，但这样打包椰青可以确保百分百不会洒。

再以甘蔗为例。由于线上购买有及时反馈的特点，通过线上顾客的留言反馈，店员可以发现线下容易忽略的需求。比如，顾客留言说吃完甘蔗手会黏黏的，百果园就在配送时附赠顾客一次性手套；再比如，顾客留言反馈甘蔗在常温下口感会变差，百果园就在配送时加冰块保鲜，使果品在送到顾客手中时依然口感如初……这样的细节又可以反过来复用到线下的服务场景。

如今，百果园已经进入大生鲜领域，并根据生鲜顾客群体的需要，提出了"预售＋次日达"的模式。百果园认为大生鲜与水果的不同之处是大生鲜更具有计划性，很多顾客确实有提前一天规划第二天全家饮食的习惯；次日达模式能使前店后仓的门店效率发挥到最高。此外，蔬菜购买一般发生在早上，而水果购买则更多发生在傍晚，如果专门腾出货架来放置蔬菜，傍晚来购买水果的顾客看到空荡荡的蔬菜货架，就不会产生购买的欲望。因此，线上次日达如何挖掘顾客的核心需求也是一个新的课题。

生鲜经营中关于满足顾客需求的细节问题还有很多很多，百果园甚至专门成立了标准部门，并在近五年中将这些细节问题的处理逐步标准化，一步步变成门店的常规流程与规范。

2. 线上的顾客群体与线下不同

线上顾客很多都是以个人而不是以家庭为单位的，会更喜欢小包装产品，更追求产品组合的多样性，希望可以以同样的支出买到不同品种的水果。线下客户则多以家庭为单位。注意到顾客诉求不同之后，百果园马上做了调整，比如提供250克的提子和3根香蕉等小包装产品。后来，这种小包装产品也在线下得到推行。这样的包装策略更适合现在年轻的顾客，一些单品按个卖的销量反而比按斤卖更好。

线上还会吸引很多写字楼商圈的顾客，这些顾客由于身处工作场所，不方便处理整果，一般都会备注"切开"等处理需求，这也引起了百果园工作人员的关注。

3. 线上化被动为主动

值得一提的是，现在已经有了专门的果切企业，其实，百果园早在2017年发展线上业务时，就发现了"果切"这一机会，并且通过果切业务，进一步加快了线上发展。

可以说，果切业务就是基于线上顾客的属性产生的。在果切业务正式开展之前，百果园线下门店其实一直都在免费提供果切服务，只不过在线上平台开放了以后，大家才逐渐注意到这一需求。

能不能不是被动地满足顾客切开水果的要求，而是主动地给顾客提供这样的服务？能否在线上下单页面就告诉顾客可以选择已经切开的水果，让用户更方便？一个全国首创的新鲜业务——"果切"就这样诞生了。

果切业务掀起了整个水果行业的变革，为顾客创造出了新的消费模式，上线之后一炮而红，用户需求量飙升。后续，百果园还根据写字楼下午茶的需求，设计出了多种果切组合的套餐服务。现在，百果园在美团的果切业务占线上总业务的比例已高达40%。

同时，百果园果切业务的创新也带动了市场上的果切热。如今，不管是夫妻店还是连锁店，都非常热衷于提供这项服务，甚至还出现了专门进军果切赛道的企业。

4. 把握线上线下一体化机会

刚开始，线上业务面临各种各样的困难，很多门店都不愿意做线上生意。

第一个困难是大家质疑线上业务的盈利模式，卖果切会比卖整果更挣钱吗？百果园的工作人员当时花了一个月的时间在深圳十几家门店做了各种测试，最后得出，只要把每种水果的"系数转化"标准化，就肯定能盈利。

"系数转化"是一个用来核算成本的概念。比如一个西瓜在线下卖10元/千克，这10元是包含果皮和果肉的，如果在线上只卖果肉的情况下，西瓜的果肉需要定价多少才能盈利？这时候我们就需要计算出西瓜的平均出肉率。假设10千克的西瓜可以切出7千克的果肉，我们就认为西瓜的出肉率是70%，也就是线上7千克的果肉需要按10千克的西瓜来核算成本。

这么一来，大家都算明白了，原来250克的果切要卖多少钱，取决于10千克的西瓜卖多少钱，再加上可能带来的损耗和其他方面的效率损失，毛利率可以设得更高一些。有了标准化系数，企业就能清楚地看到每一份果切的盈利是多少。

第二个困难是大家觉得线上的项目太麻烦，收益也不确定，还不如老老实实做线下生意。比如，切水果一定会付出更多的人工成本，可是果切能带来多少销售额呢？那时候，线上平台为了更好地引流，将毛利率控制在很低区间，实际收益不如线下高，因此大家都不看好。更重要的是，不少人认为这样的操作只是把线下流量导流到了线上而已。

但是，这样想就走进了一个误区，我们不能将顾客简单粗暴地分为线上顾客和线下顾客。正确的思考方式是一切为了更好地服务顾客，这就要求门店不光要在线下满足顾客的需求，还要在顾客产生线上需求的时候也能够及时满足，不然，这部分顾客可能就会选择其他商家。这是一个机会损失。从这个角度来说，线上业务是完完全全的增量。当然，百果园对线上业务也给予了一定的支持，只要门店线上业务金额超过一定的比例，就会免除一些基本费用。

为了解决大家认知上的问题，百果园线上团队花了一个月和区域负责人一对一地沟通，说服区域负责人上线果切项目。如今，百果园已经做到线上与线下完全同步，包括品类、规格等，实现了线上线下一体化的高效运转。

2017年7月，虽然百果园线上单月销售额突破了1.2亿元，但线上项目的落地经历让大家感受到线上线下的协同存在严重问题。线上重大项目要落地时，不知道找谁沟通，因为很多区域没有专门的线上业务负责人。公司意识到，线上线下协同必须更深一步。

之前，公司线上线下团队虽然都负责同一板块业务，但是在人事划分上属于两个部门，随着线上线下一体化逐渐深入，一些业务根本无法做到泾渭分明。

2019年，集团运营中心总监办应运而生，由焦岳全权管理。线上线下团队合并到一起办公，组成一个团队，线上线下关系的"裂痕"终于被修复。

合并之后，线上团队更了解门店体系和工作，线下门店运营团队在思考问题时也能更加全面，线上线下只有一个共同的目标，都为整体成果负责。线上线下真正实现了一体化。

（三）把"好"说出来

许多消费者对百果园的第一印象就是"太贵"，实际上，如果大家了解了百果园水果的"好"，了解到百果园背后的故事，大概率会觉得百果园的水果是具有品质性价比的。

百果园是一家"内敛"的公司，我一直认为百果园在"好"营销方面做得不够。现在，百果园也开始在传播一种文化，以及基于产品力尝试"好"营销。

1."好"营销传播公司的文化主张

2019年是百果园实施"三无退货"的十周年，营销部门决定做一次品牌推广活动，分享一些三无退货的数据。刚开始时，余惠勇是反对的，觉得这没有什么好营销的，做好就行了。营销部门解释说，活动不是宣传百果园好，而是宣传中国人好，推行"三无退货"，要不是中国人好，百果园早就倒闭了。余惠勇觉得这个想法很好，立刻拍板去做，最后专门在北京召开了一场新闻发布会，叫"十年数据说，可信中国人"。

为了这场发布会，百果园拍摄了一部关于"信任"的宣传片，讲述了三个根据百果园的真实故事改编的小故事，发生在送外卖、打车和买水果三个场景，传播量很大，但是其中却几乎没有百果园的任何标识露出。

其实一开始，营销部门把百果园的标识放在了一位外卖骑手的衣服背后，余惠勇看到后说道："为什么这个外卖骑手一定要是百果园的骑手呢？在现实生活中，其他平台的骑手应该更有代表性，我们要更大方一点。"事实上，在这个故事中，原型也确实是第三方外卖平台的骑手，于是，最后片子中外卖骑手衣服上的百果园标识被模糊处理了。

在营销领域，大多数企业会选择和自己品牌强关联的文化去做营销，比如卖内衣会针对性感文化做营销，卖咖啡会针对职场文化做营销，卖护肤品会针对女性文化做营销……但是卖水果的百果园却针对信任文化做起了营销，外人看来这是风马牛不相及，何况还没有明显的品牌露出。但这恰恰是百果园文化的核心——信任。

前文中我们已经提过百果园内部对信任文化的重视，其实，百果园一直走在建设"信任"的行业生态的路上。百果园对上游供应链是基于信任不断优化合作模式，而门店是扎根于社区，门店员工和顾客之间不是简单的买卖关系，而是像邻里间朋友一般的温暖、可信的关系。

2. 好产品有"好"故事

好产品一定有"好"故事，尤其是水果这种产品，表面看起来相似，但品质可能千差万别。只要品质定位不同，种植、采摘、加工、储运、配送甚至门店销售就会有大的不同。从前面的内容大家应该已经能体会到了。

那么，到底如何让消费者感受到产品的"好"呢？百果园视奔波在一线的采购——产品经理为最好的产品代言人。

百果园会定期邀请多位资深果粉组成"猎人团"，由资深采购师带领，深入水果原产地，了解种植、采摘、加工、储运等各个环节的秘密。

比如"猎人团"就曾经参观过一个优质的妃子笑荔枝园，荔枝园总面积约600亩，共7000棵树，每棵树树龄都在26年以上。园主通过精心管理，使妃子笑荔枝的整体口感与品质均达到百果园采购标准。资深采购师程国良在现场一边工作一边为果粉讲解，果粉能亲眼看到荔枝从采摘下来到筛选、称重、预冷处理、装车、发车的过程，全程只需要40~50分钟。冷链车出发后，一般24小时内可到达广州和深圳，3~4天可发至全国其他各地。届时，远至北京的消费者也可以品尝到南方新鲜又好吃的荔枝。

当真实可感的过程展现在消费者面前时，企业不仅会赢得消费者的信任，提升他们对产品质量差异的认知，而且，面对好产品，消费者也会自发变身为"代言人"，主动在社交平台分享第一手资讯和心得。

百果园心享会员夏青在参加了一期"猎果之旅"后说道："这样的活动不仅让我学到了荔枝的相关知识，还让我知道百果园的水果好吃是有原因的。比如厚嘟嘟荔枝都出自树龄在30年左右的老树，采摘时间必须在早上5点至10点半，单颗荔枝不低于18克，糖度在17度以上，当天测试的几颗荔枝糖度都高于20度。我和家人及身边的朋友都对在百果园购买的水果及食材更放心了。平时只能在网上感受到百果园的客户服务，当天在现实中切身感受到了产品背后的东西。"

五、要计划，也要灵动

水果市场的供求关系非常不平衡，水果上市周期、价格和产量都不稳定，最理想的状态是，商品供应量与实际销售量相当，这样既不会增加损耗成本，也没有缺货损失，销售额和利润同时趋向最大化。

百果园在实践中总结出了一套有效平衡供求关系的采销协同方法，"采"对应供应端的订货链路，"销"对应渠道端的销售链路，两条链路并行推进，互相协同配合。

（一）宏观"以销定采"，微观"以采定销"

在每年的11月，百果园就要根据下一年的水果上市时间制订下一年的年度计划，并分解到月度和季度。百果园制订计划的原则是宏观"以销定采"，微观"以采定销"。

所谓宏观"以销定采"，是指百果园根据上一年的销售情况，先对大部分果品的市场需求量进行估计，再按照与往年持平或有所增长的原则制订销售计划，这样才符合整体业绩良性增长的预期，然后按照销售计划，与上游供应商签订采购计划。这一做法对整个行业效率的提升都很有帮助。

在具体执行上，对于很多重要果品和时令性单品，在上市前的3～4个月会再次召开会议确定好具体细节。特别是时令性单品，因为受气候等条件影响很大，如果遇到"小年"（收成不好的年份），原先的计划就要有所调整。

所谓微观"以采定销"，是指百果园针对差异性果品和自有品牌（Private Brand，PB）果品，提前向供应商下订单，并根据前端采购的果品量分配每个季度具体的销售量。

采销协同的第一步是制订计划，但计划往往赶不上变化，在果品上市的关键节点常常还需要灵活机动。尤其是在以下三种异常情况发生时，更需要充分发挥采销协同的作用。

第一种异常情况是产量过剩。果品集中爆发式上市，会导致区域销售压力大增，但是没办法，果品已经在地里熟透了，怎么能不摘呢？这时候就需要采购、运营、销售协同沟通，针对这一单品做促销活动。其实这样的情况看似区域压力大，实则可能是一个销售机会。由于这时候采购价格相对合理，加上营销活动的大力宣传，门店大批量陈列之后，很容易做出客流爆品。

水果有集中上市的规律，很多时候会出现多种果品同时产量过剩的现象，但是百果园在这种情况下还是会选择聚焦于一个单品，这样门店才有足够多的精力去做促销。如果确实出现了"撞车"现象，就会让不同区域聚焦不同的单品，以便对每一种产品都能做到全力以赴。

第二种异常情况是产量不足。2021～2022年的冬草莓，由于10月天气异常，导致第一茬果大量减收，产季推迟，在春节销售高峰期的时候出现了缺货，不仅错过了上市前期的推广黄金期，也错失了春节这个营销节点。这时候就需要采销协同发挥作用，调整相应的销售策略，尽可能减少销售机会的损失。

百果园在日常销售中遵循着"雁阵原理"，也就是说，尽管门店上架的鲜果数量在 70~80 种，但是实际上被重点关注的果品品种只有 20% 左右，这 20% 的果品要创造出 80% 的销售额。每个月百果园都会给出预估销售额前十的果品组合，让门店端重点关注，其中"头雁"（第一名）尤为重要，一般是当季最时兴的果品。比如，四五月的"头雁"是榴梿，六月的"头雁"是西瓜，春节期间的"头雁"是草莓。如果春节期间草莓缺货，难以拉动销售，就可以将车厘子调至"头雁"位置，给予其资源倾斜。但是这样的话，采销就要协同起来，采购要联系车厘子的产地端，确保货源稳定、可大量供货，而销售端也要通过门店销售导购尝试将顾客原先的购买草莓的意愿转化为购买车厘子。

前两种情况都是产地端影响销售端的情况，反过来，销售端也有可能影响产地端。

第三种异常情况是销售端滞后。一旦销售端在果品销售方面出现滞后的现象，就会导致果品的流转速度下降，这时候就应该告知产地端减慢发货速度，同时复盘导致销售滞后的一些问题，及时做出调整。比如，连续的暴雨天气就非常影响门店的来客数，导致果品流转速度下降，这时门店就应该加大线上渠道的销售力度。下雨天顾客不方便进店，并不意味着顾客没有水果消费需求。

另外，还有很多零碎的"异常"，也需要高效、灵动的协同。比如产地端出现果品早熟现象，采销需要及时协同，尽快安排好果品的促销活动，帮农户更快地把早熟果品销售出去。

虽然百果园将这些情况称为异常情况，可实际上这也是水果流转的普遍问题，采销协同是必然要求。也正因为做到了采销协同，百果园又进一步提升了的产品力。

比如，为了减少腐烂损耗，企业通常的做法是提前采摘，打个比方，市面上的某种瓜果往往在七成熟就被采摘，但百果园由于能做到采销协同、高效运转，可以等到九成熟甚至以上才采摘。

再比如，冷链车上的果品在卸货时必须"冷对冷"（货物在冷链车中的温度与在冷库中的温度基本保持一致），百果园之前在这个环节也经常出问题，直接导致门店端的损耗增大。如果这个环节处理不好，还有可能出现顾客有需求但门店无货可卖的尴尬场面。目前，百果园推行的是"配送预约到货"制度，即司机发车之后要预约一个到货时间，这样到货时就有相应的工作人员接应，快速卸车，实现高效、精准的"冷对冷"。果品到达区域仓库后，在2~3天内就可以全部分发到门店，到了门店之后，店员会做货架管理，每天精准监控每一个水果的状态。这样一来，水果自然更新鲜，品质更好。

（二）灵动且有一套固定模式

采销协同讲究灵动性，但是日常的沟通流程却要有固定模式，这样才方便跨部门沟通，及时解决问题。

百果园每个月都会召开月度采销会，就当月的果品及销售数据，以及下月的营销活动及果品规划进行沟通，那么，如何基于会议结果将信息、计划、采购方面的协同沟通流程模式化，并融入每一天的日常工作呢？

百果园创造性地发明了一种叫"三周制"的工作方法，即以周为时间单位，依次分为信息周、计划周和采购周"三周"，这"三周"有不同的工作重点，滚动式向前推进。

第一周是信息周，主要整理信息，在每个星期三的果品资讯会上交流前"三周"的相关数据信息；第二周是计划周，这一周的主要任务是为下个周期制订销售计划，不光是集团要制订销售计划，区域和门店都要为下个周期制订销售计划；第三周是采购周，采购人员按照销售计划采购发货。这三周一直不断地循环，确保每个周期的采销协同工作都能正常推进。

有意思的是，这三周虽然每周为期七天，但都是从周四开始的。这和水果的经营逻辑有关，每周二都是销售的低谷期，周末会迎来高峰期，因此在周四的时候就要提前做好计划，以保证高峰期有充足的准备时间。

其实最初每周的开始时间是周五，后来实践中发现从周五开始还是太匆忙，于是改成了周四。因此，百果园人的一周都是从周四开始的，周末是最忙碌的时候。

除了协同沟通流程的模式化，百果园之所以能够"计划+灵动"地做到采销协同，最重要的是统一了思想——"利他"。

在百果园内部，利他是非常重要的观念，也是沟通合作的基础。对于外部供应商，百果园也把利他放在第一位。无论产地端有什么困难，百果园都会想办法帮助供应商渡过难关。余惠勇经常说："利他就是利自己。"帮助供应商就是帮助百果园自己，百果园的本意也是带着大家一起赚钱。"果贱伤农"，百果园不能让供应商吃亏。如果产地端出了问题，坚持不下去了，那么来年的货源和品质都将得不到保障，消费者的利益也会受损。更何况，每一个供应商都是采购人员花费大量的时间和心血扶持起来的。哪怕总部压力大一点，区域和门店压力大一点，百果园也要尽可能帮助供应商活下去。

每一次总部给门店分配任务，负责采销协同的人员都会认真将产地端的来龙去脉和区域负责人讲清楚。只有保证了思想上的一致性，才能保证最后行动的统一性。

有了固定的流程和统一的思想，百果园的采销协同效率进一步提高，不断地发挥着优势。

2019年，百果园想把这么多年来老员工的协同经验传承下来，植入系统，至2022年这个系统的搭建已经完成了70%左右。未来，系统可以从资讯、计划、价格三大方面入手，快速、简单地做好选品、定量、定价的协同，让新员工也能掌握诀窍，形成全链条合力，不断提高协同效率。

百果园之所以不光能提供业内高标准的生鲜，还能做到品质性价比，就是源于采、销、仓、配等各个环节的持续改造、精进和协同，它们大幅度地提升了企业本身乃至整个行业的效率，让企业能够将节省下来的成本花在消费者最关心的产品上。

附录 A

百果园上市仪式活动上余惠勇的讲话《天下公器为天下》㊀

21年前,我怀着要创建世界第一的水果专卖连锁品牌的梦想,带着一群人懵懵懂懂地上路了,踏入了一个世界性的无人区。我隐约感觉到百果园会很难做,如果不难,就轮不到我们了,但难在哪里我不知道。我依稀明白,这么难的事,如果想要做成,必须靠众人的力量,而要靠众人的力量,公司就应该是大家的。

21年过去了,今天,百果园终于上市了,成了一家公众公司,终于实现了"百果园,我们大家的果园"这一夙愿,站在了一家上市公司的新起点上。

这21年来,我目睹了许多上市公司的兴衰沉浮,引发了我对"应该如何把握一家上市公司的命运"的思考,这就是"天下公器为天下"。上市公司是公众公司,既然是公众公司,它就应该是公器,而非个人的私

㊀ 演讲内容有删减。

器；既然是天下公器，就应该为天下。上市公司要为天下谋利，而非谋一己私利，这是天经地义的事，也是大势所趋，顺之则昌，逆之则亡。

从今天开始，我就给自己戴上这个紧箍咒，时刻警醒自己"天下公器为天下"，以此谋求百果园持续、稳健、永续的发展。

那么，何为"为天下"呢？

为顾客即为天下。我们将牢牢确立一切为了顾客的观念，永远追求顾客满意，永远对顾客心怀感恩，心怀敬畏。坚持"让天下人享受水果好生活"这一伟大使命，坚守为顾客提供"好吃"这一核心价值，因为根据经验，对水果而言，好吃的才是营养的，好吃的才是安全的，好吃的才是生态的。同时，我们要不断地想尽一切办法去降低成本，不断追求好吃与不贵的高性价比产品，我们要把百果园开遍全国，开到全世界，真正让天下人享受水果好生活。

为员工即为天下。首先，公司要发展，发展才是硬道理。一个能不断稳健发展的公司，才是真正为员工负责的公司。百果园经过20多年的发展，已经从一个单一水果零售店发展成了一个具有科技和资本属性的、以现代零售为龙头并贯穿全产业链、涵盖一二三产业的生态型经济体，可以为各类型人才提供广阔而巨大的发展空间，让什么样的人才都能在百果园拥有一席之地。

其次，我们会坚守家文化，把员工当亲人看待。正是因为我们把员工当亲人看待，所以我们把提升员工信心，培养堂堂正正的百果园人作为首要任务，并且从我做起，带领全体百果园人共同追求身体好、家庭好、事业好的"三好"人生。

曾经有一段时间我的身体状况非常糟糕，甚至需手拄拐杖，为了事业，根本不顾家庭，不顾孩子、妻子的感受，后来我醒悟了，人的终极追求就是"三好"人生。所以从我做起，将带领所有百果园人去追求这一圆满人生的崇高目标。

为加盟商即为天下。我们坚定地选择了加盟发展的道路，实践已经证明，我们的选择是正确的，我们将长期坚持不变。与加盟商结成一损俱损、一荣俱荣的命运共同体，永远追求加盟商满意，确保绝大多数加盟商能持续稳定地赚钱，是我们的根本策略。

同时，在不断对加盟商的培训以及与他们的沟通、互动中，增强加盟商对百果园文化和战略的认同感，提升加盟商信心，使加盟商成为真正的百果园人，这既是我们加盟发展的方法论，也是我们追求的目标。

为供应商即为天下。以百果园文化和理念筛选、培育志同道合的供应商，在种植技术、生产资料、采后处理、品牌营销、信息技术、财务管理、金融资本等方面对供应商进行全面赋能，帮助供应商提质增效，以促进供应商的发展，提升供应商的供应能力。

为行业即为天下。果业是健康产业，水果市场是不需要教育的健康食品市场。我相信新冠疫情之后，全民更加认识到了，水果是一种健康食品。我们庆幸，我们选择了一个善业，一个永不衰落的朝阳行业，但这一切都要以良知为根基，因为我们非常清楚地认识到，好吃的水果一定是以良知为根基的。水果有水果味，蔬菜有蔬菜味，始终坚定"行业兴，企业兴，行业旺，企业旺"的观念。

我常常跟我们的团队讲，在即将沉没的泰坦尼克号上，你去追求头等舱是毫无意义的。我们要以企业自身健康发展促进行业健康发展为己任，高举良知旗帜，抵制黑科技在果业中的应用。

科技只有在良知的驾驭下，才是真正的第一生产力。否则，以私利去驾驭科技，科技将会成为第一破坏力。我们将自觉维护行业的长远利益，引领行业朝正确的方向发展。

为社会即为天下。百果园坚持"一肩挑两民，一头农民，一头市民"的理念，坚持做好吃的水果，不仅为顾客提供美味、营养、安全的食品。更重要的是，让种植者因为想种出好吃且能卖上好价钱的水果，从而尊重自然，遵循规律，敬畏自然，敬畏规律，减少化肥和农药的使用，爱护土壤和环境，进而促使我们人类社会朝更好的、可持续的方向发展。

我们坚持践行"三无退货"的承诺，奉行信任文化，百果园开到哪里，就把信任文化传播到哪里。我们始终把乡村振兴和参与公益事业作为己任，我们跟佳沛已经合作多年了，共同发起公益项目。我们急农民所急，忧政府所忧，积极参与"三农"公益事业。

为股东和投资人即为天下。克己奉公，全身心投入事业，为股东和投资人谋求长期、稳定的收益和回报，是你作为一个公众公司经营者的基本职责，否则你的公司就没有上市的资格。百果园信奉"天下武功，唯慢不破"（原文为长期主义），坚持做正确而艰难的事情，坚持不懈，直至成功。百果园经过二十余年的发展，已经打下了百层楼的地基，但我们现在才刚刚盖了10层楼，上市只是我们的一个新起点，未来仍然有巨大发展空间和引领空间。

我经常跟团队说，上市意味着真正的发展才刚刚开始。深圳是百果园的发源地，我们从一家店开到现在，目前在全国才拥有1%的市场占有率，还有很大的提升空间，在毛利方面亦有很大的提升空间。

近三年来，在行业竞争加剧及新冠疫情影响的双重压力下，百果园依然有非常不俗的表现。三年内，我们净增加了一千多家新店，同时销售额也在增长，盈利水平也比较高。我觉得这确确实实证明了一点，百果园的经营模式经受住了寒冬的考验。

同时，这也充分说明了百果园的道路正确、核心正确，百果园的核心竞争力和护城河已经形成，具备极强的抗风险能力。

到今天，全球已经有四五个国家跟我们对接，希望我们去开百果园。汉堡都能卖向全球，为什么水果不能呢？世界上有人不吃肉，但没有人不吃水果，所以我充满信心，我们的目标是千亿营收、全球发展和百年品牌。

上市前夕，公司上下已充分酝酿并达成共识，为上市后的发展做好了充分的思想准备和组织准备。

我们将围绕三大机会——**零售机会、批发机会和品类机会**开拓发展。

零售机会应该说是门槛最高的，但是未来的空间和潜力也最大，因为它直接面对消费者，它就在消费者心中。

批发机会是最传统的机会，过去做得比较大的是批发商，今天批发机会仍然存在。它的核心是要做出局部品牌，也就是说，最终要靠规模效应和强大的运营能力达到极高的效率，为所有渠道提供价值。在中国，我认为批发机会还是很大的。

品类机会，即孵化品类品牌的机会。全世界范围内有很多顶级水果品牌公司，比如新西兰以猕猴桃为代表的佳沛公司和美国以莓类为代表的卓莓公司，是全球果业的标杆。中国地大物博，借鉴国外先进企业的实践经验，理应能孵化出不少类似的享誉世界的水果品牌。百果园很早就意识到了这一点，立志和行业协会联手，打造中国自己的水果品牌，目前第一批已经有二三十个品牌"破土"而出了。

认识论决定方法论，百果园认识到了这三大机会，并针对这三大机会布局了三大曲线，成立了三大事业群。

第一曲线是全面巩固零售。第二曲线是布局整个批发领域。我们从2019年就开始布局，相信不久的将来会在这一领域引起广泛的关注。百果园已经搭建起了平台，能很好地支撑批发领域所需要的服务，批发也能反过来增强百果园的供应链能力，进而促进百果园的零售。第三曲线是孵化品类品牌。在这条曲线上，百果园已经赋能了60多个供应商，希望在未来，在百果园上市后，能够借助投资人和资本市场的力量在全球布局，形成更大的生态圈，为全球供应链赋能。

这三大曲线照顾到了百果园的近期、中期和远期的发展，以确保百果园业绩持续、稳定地增长。

我们希望一如既往地得到老股东的理解和支持，通过大家共同的努力，能在资本市场树立战略清晰、长期主义、持续增长、创新进取、财务健康、诚信可靠的公众形象，从而最大化地保障股东和投资者的长期利益和良好回报。

我们庆幸我们生长在这个伟大的国家、伟大的时代，我们有幸参加到全面建设社会主义现代化国家和实现中华民族伟大复兴的实践中。全面促进乡村振兴，既是我们的责任，也是我们的重大发展机遇，我们将以塑造民族品牌，振兴中华果业为己任，全面投入到乡村振兴的伟大实践中，为我们中华民族伟大复兴承担百果园应有的责任，贡献百果园应有的价值。

附录 B

关于百果园商业逻辑的文章[一]

这两年新零售很是热闹，事件频出，阿里巴巴四处布局，拼多多在美国上市，各大线上巨头与各大线下巨头联合……其中，有一家企业好像游离在这喧嚣之外，不显山不露水，一直心无旁骛地做着自己的事情，其实，它已是该行业的"全球第一"；但它又在这喧嚣之中，因为它早已把大家现在热热闹闹地讲的很多概念，比如产业生态、新零售，做得很扎实，或早已布局。这家企业就是全球规模最大的水果连锁销售企业——百果园。

一、百果园的奇特

百果园是一家很奇特的企业，比如说：

1）百果园在传统商业连锁行业，是水果连锁销售业态的开创者，也

[一] 原文《别忽悠新零售了，还是看看独角兽百果园是怎么干的！》首次于 2018 年 8 月 10 日发表于"华夏基石 e 洞察"公众号。

是水果连锁销售的"全球第一"（规模）。"开创者"和"全球第一"不仅仅意味着百果园的行业地位高，也意味着水果连锁销售很难做，以至于百果园在创业初期居然找不到相关对标企业。那么，为什么水果连锁销售很难做呢？难在哪里？百果园又是怎么把它做成功的呢？

2）百果园还有一个特点，新店实现盈亏平衡的周期和有些竞争对手相比，是较长的，但是，几乎每个门店的经营业绩都在随着时间的推移持续增长，包括开创地——深圳的早期门店至今还在增长。百果园很多会员都说，一旦吃了百果园的水果，就不想在其他地方买了，甚至有个会员用"百果园的水果'有毒'"来形容离不开百果园的水果。百果园是如何做到这一点的呢？

3）在经营上，百果园在一个产品极其不标准的行业坚定地推行"三无退货"——无小票、无实物、无理由；在管理上也有很多我们认为很奇特的现象，比如"老将"能持续发挥作用，"空降兵"能够很好地融合，并购的也能继续壮大；很多公司规定不许与亲属在同一家公司，但百果园很多人的家庭成员都在公司，我们却能感受到百果园的凝聚力和文化氛围都很好……那么，百果园企业文化的底层逻辑是什么呢？

带着这三大疑问，我们走进百果园一探究竟。

二、百果园是以数据驱动、文化驱动为基础，产品为王，全产业链管理的生态型商业连锁企业

百果园的创始人余惠勇先生大学毕业后就去了农业科学院。1992年邓小平南方谈话后，余惠勇南下深圳闯荡，到深圳开始做水果生意。百果园正式开业是2002年，迄今已16年了。现在的百果园是一家什么样的企业？我用图B-1来概括。

百果园现在已不仅仅是一家商业连锁企业。线下门店、线上线下融合、供应链管理等，这些都是现代商业连锁企业的一般要素。当然，拥

有终端并已形成引擎力量是百果园成功的第一步,没有终端,不可能延伸出现在的商业模式。

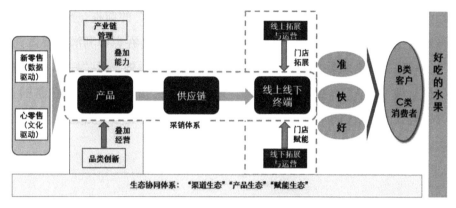

图 B-1　百果园商业模式示意图

但百果园最为突出的是,围绕"好吃的水果"——产品为王,延伸到全产业链管理,并在产业各环节整合优秀合作者,形成产业生态协同的生态型企业。

而数据化(新零售)和"善、信、真"文化(心零售)是实现产品为王的运营基础和管理基础。

因此,百果园的商业模式可以概括为:终端为王与产品为王,全产业链管理与产业生态协同,新零售与心零售。

1)终端为王与产品为王。百果园首先是一家商业企业,终端为王是本分,它的独特之处是在终端为王的基础上,清晰定义自己销售产品的定位——"好吃"。因此,百果园不仅仅是终端为王,更是产品为王。

2)全产业链管理与产业生态协同。做到产品为王,必须延伸到全产业链管理。在种植业做到全产业链管理,这是一个极大的难题。而实现全产业链管理,百果园并不是独立去做好每一个环节,而是以实现"好吃的水果"为目的,以终端为引擎,以标准为抓手(后有详述),在渠道、产品、赋能三个方面,联盟一切可以联盟的优秀力量,形成渠道子生态、产品子生态、赋能子生态的大生态体系。

3）新零售与心零售。余惠勇先生总结生鲜领域的本质是"又快又好"。"好"，代表了一种趋势，人们向往美好的生活，也都希望购买到好的产品；"快"不仅仅是效益的前提，也是"好"的前提，周转不快，再好的生鲜产品也会变成不好的产品，而且损耗会吞噬掉利润。要做到"又快又好"，必须要"准"，这就需要数据驱动。另外，做"好产品"的前提是做"好人"，百果园已形成了突出的"善、信、真"的文化氛围。可以这么说，数据驱动的"新零售"和文化驱动的"心零售"是实现"好吃的水果"的运营基础和管理基础。

下面，我就这三个方面做更加详细的阐述。

（一）终端为王与产品为王

一说到商业连锁，我们首先想到的是终端为王、门店网络、线上线下、供应链效率等。百果园也不例外，2017年百果园营业收入达85亿元，门店有2800多家，线上会员超过3000万人。

如果只是这些，那么百果园和其他的零售商或新零售商没有什么不同。百果园独特的地方不在于门店终端，不在于线上线下融合，而在于百果园的"产品"，在于"产品为王"。

那么，百果园是怎么做到"产品为王"的呢？

1. 明确"好吃"定位

首先，百果园对自己销售的产品进行了明确的定位——"好吃"。为什么"好吃"？最初，百果园只是本着初心，要卖好水果。但到底什么是好水果？是外观鲜艳的，还是个头大的，抑或有营养的，每个人的定义往往都是不同的。在百果园开始跨区域发展后，就这个问题达成统一认识就显得越来越重要。2003年，余惠勇先生专门组织公司团队开会讨论这个问题。最后，明确了公司销售产品的定位——"好吃"。

为什么是"好吃"？余惠勇先生做了系统的阐释，他认为：

1）好吃的才是营养的。水果有没有营养，通过是否好吃直接体现出来；风味浓郁的背后是营养，寡淡的一般是没有营养的。

2）好吃的才是安全的。好吃的前提是充分成熟，充分成熟的前提是树体要健康，树体健康就会少打药，没有不正当催熟（因为靠激素催熟的水果味道都不会正）。

3）好吃的才是生态的。好山好水好环境，才能种出好水果。

百果园就抓住了"好吃"。在所有食物里面，水果是少数不需要经过加工就可以直接入口的。经过加工的食品，好吃的不一定是健康的，但好吃的水果一定是健康的，因为它是天然的。

基于"好吃"，百果园又把它延伸到门店环境和服务，要创造一种令人愉悦的氛围和体验，否则，会间接影响到"好吃"的体验。

2. 把"不标准"变"标准"

那么，问题就来了：百果园怎么保证采购的水果就是好吃的？水果这种东西变数太多了：产地不同，味道不一样；同样的产地，不同的种植方法，味道不一样；同样的产地，同样的种植方法，气候不同，味道也不一样。而且，水果的味道还和采摘时间、储存运输等都有关系。

这就需要制定产品标准。

百果园基于自己多年经营水果的经验，通过三次大讨论，将水果标准分为"四级三等"——招牌、A级、B级、C级四级，大、中、小三等，共12个等级。比如"四级"标准就是从"四度一味一安全"（即糖酸度、新鲜度、爽脆度、细嫩度、香味、安全性，其中，糖酸度、新鲜度、安全性是共性标准，香味、爽脆度和细嫩度，这三个标准有的水果有，有的水果没有）六个维度，明确每一种水果每一个等级的标准。

举个例子，招牌巨峰葡萄，它的标准是什么呢？一个关键指标是糖酸度要大于19度。糖酸度大于19度意味着什么？意味着必须要用有机肥，不然糖酸度不可能大于19度；必须要控产，种植密度要降低，不然也达不到 19 度；必须杜绝过早采摘且不能打激素催熟，不然，糖酸度也不可能大于 19 度。标准的明确首先解决了客户体验问题，只要是同一个级别的水果，全国的客户体验都是一样的，同时，标准恰恰是百果园商业模式的"眼"，有了标准，百果园在经营管理中遇到的难题都迎刃而解了，从而形成了其独特的商业模式。

（二）全产业链管理与产业生态协同

由于百果园一开始就定位要卖"好水果"，所以余惠勇先生很早就意识到：要卖好产品，不进行产业链管理是不太可能的。百果园已深入到整个产业链的管理，目前，超过 20% 的产品，百果园深度参与种植管理，包括种子、肥料、种植技术、采摘、采后管理等；超过 50% 的产品，百果园至少参与采摘和采后管理，比如，在开花时、授粉时、要采摘时，百果园的技术人员都要到现场。我问余惠勇先生他的时间是如何分配的，他回答大概 60% 的时间在上游，在全球寻找好吃的水果，寻找志同道合的上游合作者。

但产业链怎么管理？种植户分布在各地，水果生长周期长，产品品质的影响因素多，与种植、采摘、存储、运输都有关系。就拿种植来说，有种子、肥料、气候、种植水平等诸多影响因素。在百果园的实践中，他们很快就找到了全产业链管理的关键——"标准"和"种植"。

1. 全产业链管理

（1）标准是"牛鼻子"

2003 年，余惠勇先生带领团队梳理出各类水果的"标准"，这在百果园的发展过程中是关键因素，让百果园找到了为什么全球没人做大水果连锁销售模式的核心原因，也让百果园找到了解决水果连锁销售模式发展的"牛鼻子"，许多问题迎刃而解。

比如，首先是客户体验问题。同样的果品，每次体验可能都不同，甚至会出现物丑价高、物美价廉的现象；再比如，水果的非标准化也给运营管理带来了很大的难度，由于水果的生长周期长，不确定性大，与市场匹配会是一个问题，好卖时可能缺货，不好卖时可能压货；又比如，到底采购了什么样的货，货没到时是不知道的，由于没有标准，因此一旦有分歧，就会出现沟通很难、协同性很差等问题。

"标准"就是解决这些问题的"牛鼻子"。比如，在客户体验上，相同标准的水果，体验是一致的；定价，按照标准定价；检验，按照标准检验；采购也是依据标准采购。那么，上游管理呢？如上所述，比如巨峰葡萄的糖酸度标准是超过19度，如果要超过19度，种植户必须使用有机肥，且不能按照以往产量导向的密度进行种植，绝对不能通过激素催熟，也不能过早采摘。根据标准定价收购的利益机制，倒逼上游种植优化。

当然，我国的水果种植水平是比较落后的，尽管通过倒逼会起到一定的作用，但是整个产业链效率低下，高标准的产品也会供应不足，怎么办呢？

（2）关键在种植

正常来讲，百果园制定标准，做好门店和供应链管理工作，这是一个商业连锁企业的本分，种植环节应该和商业连锁企业没有多大关系了。但是，种植业还太落后，比养殖业至少落后15年，因此要做到真正的"好吃"，必须进行全产业链管理，而水果全产业链管理的关键短板在上游——种植。

余惠勇先生认识到上游的重要性，是源于1998年做中华寿桃的一次教训。前两年做得很好，第三年余惠勇先生花了很大力气在山东收购了不少桃子，结果栽了一个大跟头，这些寿桃外观都很好，但核是黑的，口感很差，基本上不能吃，原因是农民打了一种叫"矮壮素"的激素。那个时候，他就意识到：一定要从种植开始管控，光靠外部收购是不行的。

因此，对百果园来说，不仅要制定一套水果品质的标准，还要制定一套达到这个标准的生产标准。这是一件极具挑战的事情！

2003年开始，百果园就自己建种植基地或寻找深度合作基地，余惠勇先生将大部分时间放在种植基地上，自有基地分布在江西、山东、海南、云南、新疆等地，仅江西省就有19 000多亩，全球合作基地有230个。

但种植管理的背后是技术和生产资料，归根到底是人才。2003年，百果园开始搭建技术团队，并从我国台湾地区引进核心技术；2004年，引进了台湾地区的水果种植顶尖高手许典信先生，他不是学院派，而是应用型人才，无论什么品种，经过他之手，应用他提出的技术措施，快的一年见效，慢的三年见效。目前，种植技术团队发展到了60多个人，在组织上体现为公司的研发中心，负责在全国各个基地进行技术指导。

2. 产业生态协同

百果园基于"好吃的水果"，早已围绕渠道、产品和赋能体系，构建了自己的生态体系，如图B-2所示。

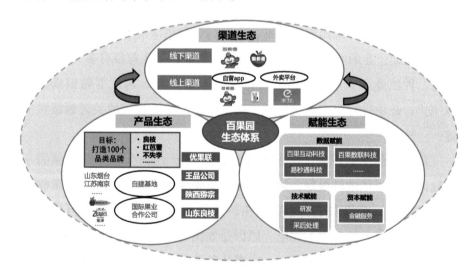

图B-2 百果园生态体系示意图

百果园生态体系基于"好吃的水果",由渠道生态、产品生态、赋能生态构成。

1）渠道生态。线下有百果园、果多美,线上有百果园 app 以及与其他外卖平台的合作,百果园线上线下已完全实现一体化。

2）产品生态。成立生产资料公司比如有机肥公司,并通过优果联和投资公司,不断孵化、联合优秀的种植公司,打造自有品牌,比如良枝、红芭蕾、不失李……到 2020 年,百果园要打造 20 个品类品牌,未来的目标是打造 100 个品类品牌。百果园深度参与这些品类品牌产品的种植管理,这些产品都是独立经营的,优先供应给百果园,超量的也可以供应给其他渠道商。

百果园对上游产业链的管理,不仅实现了产品品质可管控,更实现了与上游伙伴共同发展的双赢合作。比如,深圳有一家主要做西瓜的企业,与百果园做好产品的理念较一致,应该说也做得挺不错,但因为什么都做,西瓜也做,其他的也做,也开一些店,多年来销售额一直在4000 万元左右徘徊。后来,百果园与其进行投资合作,通过业务重组,砍掉其他业务,只做西瓜,并在技术指导、生产资料供应、渠道保障、资金支持等方面赋能,帮助其实现了快速发展,3 年时间销售额做到 8 亿元。

3）赋能生态。百果园目前已形成了数据、技术、资本三大赋能体系,未来可能要形成品牌、渠道、技术、数据、人才、资本六大赋能体系,而且,百果园的赋能体系也将形成一个个子生态。比如,金融服务联合投资公司、银行等,形成对整个产业生态成员的资本赋能子生态;再比如,百果园投资百果数联科技等公司,全面引进日本技术,实现种植的数字化、智能化,形成数据赋能子生态。

（三）新零售与心零售

1. 新零售

要实现"好吃的水果",必须"又快又好",而数据驱动是保障"又快又好"的运营基础，因此，未来百果园会是一个数据驱动型企业。百果园在创立之初就非常重视信息系统建设，2003 年，花了当时是一笔巨资的费用，与农业生鲜领域的领先信息公司合作，并持续坚持完善；2008 年，开始在网上卖水果；2016 年，并购了一米鲜，创始人为从阿里巴巴离职创业的焦岳；2017 年，与上游种植数据公司智果科技合作；等等。

百果园早已是一家名副其实的新零售企业，而且还在不断布局，未来将在交易、供应链、门店管理、分货、种植等方面实现全面的数据驱动。

1）交易环节。实现线上线下一体化，买水果可以去线下门店，也可以直接在线下单。

2）供应链环节。在实现订单管理系统（OMS）、配送管理系统（TMS）、仓储管理系统（WMS）一体化的同时，百果园率先改革门店、仓储、配送体系，通过店仓一体化——在一定的辐射范围内，将门店作为后仓，服务线上订单的配送，解决了最后 500 米的配送效率和成本问题。

3）门店管理环节。水果零售和其他零售有很大的不同，陈列位置要不断改变，比如，某类水果存放达到一定时间，鲜度和口感都会变差，为此，可以通过改变它的陈列位置，吸引顾客关注和购买，实现快速销售。

4）分货环节。由于水果不是订单式生产，完全"以销定采"不太可能，所以，经常会出现缺货和压货的情况，无论是缺货还是压货，都需要向各门店进行分货。缺货时可以直接按照先来后到的原则分货，但压货时需要根据以往的数据，总结出最佳的销售模型，进行智能化分货。

5）种植环节。比如，根据土壤条件、品种判断如何配肥，根据气候、授粉情况判断何时采摘等，以前主要依靠人的经验，未来则会将这些经验进行数据化、智能化，并应用到实践中。

2. 心零售

百果园更值得一提的是"心零售"。

没有好人，哪来好产品。百果园可以说是正确的价值观导向成功的典型，"善、信、真"文化在百果园体现得非常突出。我列举几件事情。

1）百果园差一点就不存在了，因为善念才硬着头皮做下来。百果园成立于 2001 年，直到 2008 年才实现盈利，其间一直在亏损。2004 年，余惠勇先生以及投资合作伙伴投资的钱都"烧"没了，余惠勇先生就到合作伙伴家里，跟他讲连锁很难做，赚钱还不知道是什么时候的事。当时他的合作伙伴就问：既然这样，可不可以不做，关掉算了。余惠勇先生说："关不了了，70 多家店在开，都是加盟店，看着水果生意很好，其实他们不知道水果行业的深浅。现在靠百果园配货，他们还能支撑；如果百果园不配货了，他们肯定要关门了，每家店都投资了几十万元，很不容易。""不能让人家倒"这个念头在当时很关键。这位合作伙伴又问余惠勇先生："到底能不能做起来？"余惠勇先生说："肯定能做起来，只不过是时间问题，百果园不做，也会有其他人做起来，因为顾客喜欢。"这时合作伙伴就说："既然这样，我们死活也要顶下去，怎么也要拼出来。"他又跟余惠勇先生说："大哥你先顶着，我去找钱！"

余惠勇先生与我说起这事时，一直感慨这位合作伙伴的难得。

2）信任提升效率。水果是生鲜产品，百果园能够做到配送中心直接送到门店，不需要验货，这大大节省了时间，提高了配送效率。百果园的这种信任文化在创业初期就形成了。

2002 年底，百果园大概有十几家自营店，开始发展加盟。原来，货配送到门店，门店是要验收的，起码门店到货要过秤。但这样验收过程太长，一辆车本来能送 5 家店的货，上午 9 点就能送完，但是一一验收的话，到下午 4 点都送不完。如果一辆车送一家店，物流成本又会飙升。余惠勇先生当时就大胆提出了信任交接——现场不验货，照单全收，有问题总部认账，只要提出来，总部就相信。这样一来，大大地提高了配送效率，解决了生鲜行业的一大难题。

另外，百果园坚决坚定地推行"三无退货"。这也是需要极大勇气的，而这种勇气背后也是信任——对消费者的信任，百果园坚信绝大多数消费者都是诚信的、自尊的。

3）百果园贯穿着一个"真"字。百果园从不会把 B 级果当 A 级果卖；每一批货都要进行抽检，农药残留限量等安全性指标必须达标；所有的后熟处理必须采用无毒无害的方式（比如，核桃一定不会漂白，木瓜一定采购非转基因的，等等）；参加促销活动（不是指滞销果品的推销）的商品一定选口感最好的时候；对待消费者要像对待亲朋好友一样；等等。

综上所述，百果园的独特性表现为"终端为王与产品为王，全产业链管理与产业生态协同，新零售与心零售"，尤其是通过制定水果品质标准，打通了产品、产业链、产业生态，这是百果园商业模式成功及其独特性彰显的关键。我曾在一篇讲新零售的文章里写道：未来是"品牌为王、产品为王、生态为王、能力为王"。百果园正是践行这个观点的典型企业。尤其要说明的是，百果园的独特性不是指一夜之间获得模式创新的成功，而是一步一步地认真、坚持、做透，最终获得能力为王的成功。

结语

在近几年的咨询过程中，我明显感受到中国已经有了很多优秀的企业，它们有使命感，志存高远，认真、坚持，追求做到极致。于是，我萌发了一个念头，研究这些优秀的企业，研究它们的成长过程，研究它们的商业模式，研究它们的成功之道，尽管这些企业的体量可能还不算很大。百果园就是其中之一。

后记

一直在路上

经过20多年的创新发展，如今百果园已成为全球领先的水果连锁销售企业，不仅如此，它还是一家品类品牌公司、一家数字科技公司，还有金融业务，是一家真正的生态型公司。

从纵向看，百果园的业务覆盖了从上游种植端到中间配送环节再到下游零售终端的整条产业链，形成了全产业链一体化的经营模式；从横向看，全国5000多家百果园门店每天都在不间断地从事经营活动，终端驱动、全域顾客经营及一体化协同的运作模式使得百果园的未来发展充满想象。

无论是过去摸索着蹚过"无人区"的初创企业，还是今天已取得一定成绩的庞然大物，百果园都在一刻不停地迭代。

站在消费者的角度，最直观的感受可能就是门店在不断迭代。

百果园第123家门店——深圳东大街店于2008年开业，在2012年底进行的田园装修风格试点活动中大获成功，是现在百果园第五代门店的最初模型。随着线上化的不断深入，第五代门店还起着前店后仓的作用，支撑及时达和次日达两种业务模式，将自身的功能发挥到最大。如今，第六代门店陆续上线，第七代和新业态门店的研发也已经开始了。但是，无论是新业态门店的研发还是无人零售的探索，目前都仍在试错阶段。

具体到门店的日常工作中，百果园一直将线上线下一体化作为重要的工作推进。但是从 2019 年开始，不少第三方外卖平台改变了规则，之前为了搭建生态圈优先给头部商家做推荐的情况逐渐消失了，百果园也面临着越来越凶险的线上流量竞争。这一方面倒逼着百果园不断优化线上线下策略及操作方案，比如掌握线上渠道评分、排名等规则，突破传统线下门店 1 公里内的服务半径，辐射到方圆 3 公里甚至范围更广的人群；另一方面也使得百果园更加重视自营平台。这对门店的服务能力提出了新的要求，比如要进行社群管理、app 拉新，以及激活"沉睡"的顾客。此外，激活百果园门店端的店员也是一道难题。特别是公司的新业务大生鲜业务、2B（面向企业）业务，如何有效地复用已有能力，这也是百果园目前正在迭代解决的问题。

除此之外，百果园现在还面临着管理复制的难题，一贯坚持的"心零售"也有渗透不到的地方。比如，一些加盟商的经营思想还停留在夫妻店水平，没有做到完全的利他，不愿意相信区域总经理的分货决策。如果有加盟商为了利益放弃信仰与信任，那么"三无退货"就不能百分之百地执行。再比如，因为公司规模庞大，有一些在加盟店工作的员工对百果园的归属感不强，只是机械地打工，在这种情况下，可能会导致门店顾客体验的一致性被破坏。这一系列的问题都是摆在百果园面前的课题。

未来百果园还要持续不断地开店，提升单店盈利能力，平衡种植端、消费端等各方的利益，不断提升产业的整体效率，既避免"果贱伤农"，又满足好吃不贵的顾客体验，同时，让加盟商获得合理的利润。

除了门店，在消费者难以直观看到的地方，百果园也一直在探索精进的空间。

在种植端，百果园面临的最大挑战是近些年愈加严重的土壤恶化问题。据 2020 年 12 月 27 日的《焦点访谈》报道，东北黑土地退化、南方耕地酸化以及北方耕地盐碱化，所涉耕地面积已达 6.6 亿多亩。

这对水果行业有着无法忽视的影响，最典型的例子就是国内水果种植的第一大单品——苹果。根据百果园历年的数据，2012 年国产苹果的销量占比超过 14%，到 2017 年销量占比下滑到 7%，这几年还在下滑。虽然下滑的一部分原因是水果品种丰富了，顾客的选择多了，但更多的原因来自产品本身，大家总是在抱怨现在的苹果没有以前的好吃了，"吃不出小时候的味道"。

很多人提到的"小时候的味道"，其实是指水果的风味。任何水果都有自己独特的风味，这是由不同地区、不同气候状况和不同土壤条件决定的。比如江西赣州的脐橙就有独特的风味，这得益于赣州地处山区，四季分明，而且土壤不光是红土，还富含一些稀土物质，是世界上为数不多的最适合种植脐橙的地方。简单来说，土壤保护得越好，土壤的有机质含量越高，长出来的水果风味就会越纯正。反过来说，风味不足的主要原因是土壤问题，而土壤问题主要是人为原因所致。

资深采购总监陶军在 20 世纪 90 年代就开始做水果采购，他还记得那个年代用化肥的农户并不多，但是现在家家户户都在使用。化肥、除草剂会让土壤的有机质含量降低，而果农很少去做土壤改良，种出来的苹果味道就会变差。

不光是苹果，在全国范围内，几乎所有的水果都面临着品质下滑的问题。百果园在 2014 年开始和新疆的种植户建立起蓝莓合作关系，到现在还没满十个年头，也出现了风味问题——其实蓝莓的糖度和其他一些指标并没有太大变化，但是风味消失了。在海南，由于当地的气候适宜种植，种植户一年种三四茬作物都是常有的事，这是对土地资源的一种掠夺式利用，土地得不到应有的休息，自然也长不出美味的水果。

百果园在捕捉到这一信息后，没有消极地面对"现实"，而是尝试从源头解决这一问题。首先，把"风味"这一指标引入水果评价标准，并且尝试量化难以量化的"风味"并制定衡量标准，使得整个产业链上的玩家都必须直面土壤恶化这一问题；其次，有意识地从种植源头入手，通过自建种植基地的形式直接管控，加大对农户、农资、土地改良的投入。

百果园的几位种植专家近年来都不约而同地在土地问题上投入了巨大的精力，目前已经掌握了以 BLOF 技术为代表的几套先进的种植技术，并且已经进行了不少像良枝苹果、三个零蔬菜等这样的成功实践。不过，土壤问题是一个全国性的农业危机，尽管近年来已经引起了学者和社会的广泛关注，百果园也在积极连接上下游，打造共生共助的种植业生态圈，但还有很长很长的路要走。

在品类品牌开发方面，百果园每年都在紧锣密鼓地筹划开发新的自有品牌商品，但并不是每一步都一帆风顺。有些水果可能研究十年八年都难有技术突破，但经营又讲究效益，时间不等人，而且，即使已经开发出了好商品，也不能放松。比如曾经爆火的"吸个椰子"单品，由于产区的产品品质下降，没有达到百果园的标准，哪怕曾经销量很好，也被停撤了一段时间。

在采后研发方面，百果园也做了很多创新尝试，虽然已经取得了一些科研成果，但是并不意味着所有的成果都能够真正落地，有的目前只停留在学术试验阶段，还需要再精进。比如百果园的相关专家曾经研发出了延长杨梅货架期的方法，但是因条件限制，一直没有投入使用。

为门店提供支持服务的中台也在不断进行数据化、智能化的建设和优化，但是同样也有许多地方需要不断精进。比如，百果园"千店千面"的设想最初是打算基于数据分析得出不同商圈所搭配的最佳果品，但最终发现忽视了店长经营能力这一重要因素，应该具体问题具体分析。于是，百果园现在设计了更多、更精准的标签来定义门店，以帮助区域负责人更合理地给门店分货和做决策。

在协同方面,"四轮驱动"等计划的执行使区域和门店可以有效地利用总部的采、销、配资源拉动销售,但是具体计划和灵动执行有些时候是难以掌握尺度的。区域和门店如何做到灵活调度,不被束缚手脚,这本质上取决于经营能力,而这样的能力需要经过持续不断的实战和总结才能形成。

面对这些无休止的挑战,百果园从未停下过探索和精进的脚步,并且踏上了新的征程——成为一家接受公众监督的上市公司。相信,未来百果园将一如既往地坚守初心,为顾客提供好吃的水果,让天下人享受水果好生活。

做好企业是一场没有终点的马拉松,百果园一直在路上!

欧洲管理经典 全套精装

欧洲最有影响的管理大师
（奥）弗雷德蒙德·马利克 著

超越极限

如何通过正确的管理方式和良好的自我管理超越个人极限，敢于去尝试一些看似不可能完成的事。

转变：应对复杂新世界的思维方式

在这个巨变的时代，不学会转变，错将是你的常态，这个世界将会残酷惩罚不转变的人。

管理成就生活（原书第2版）

写给那些希望做好管理的人、希望过上高品质的生活的人。不管处在什么职位，人人都要讲管理，出效率，过好生活。

管理：技艺之精髓

帮助管理者和普通员工更加专业、更有成效地完成其职业生涯中各种极具挑战性的任务。

战略：应对复杂新世界的导航仪

制定和实施战略的系统工具，有效帮助组织明确发展方向。

公司策略与公司治理：如何进行自我管理

公司治理的工具箱，帮助企业创建自我管理的良好生态系统。

正确的公司治理:发挥公司监事会的效率应对复杂情况

基于30年的实践与研究，指导企业避免短期行为，打造后劲十足的健康企业。